MANUEL

DU

PROPRIÉTAIRE

ET DU

LOCATAIRE

LES MANUELS DALLOZ

MANUEL

DU

PROPRIÉTAIRE

ET DU

LOCATAIRE

LÉGISLATION — JURISPRUDENCE

USAGES

PARIS

LIBRAIRIE DALLOZ

11, rue Soufflot, 11

1912

AVERTISSEMENT

Les relations entre propriétaires et locataires sont au nombre des questions auxquelles les nécessités journalières de l'existence donnent un caractère essentiellement pratique.

Ce *Manuel* a pour but de renseigner les uns et les autres sur leurs droits et obligations.

Laissant de côté les exposés purement doctrinaux, il s'inspire principalement des solutions de la Jurisprudence. Les progrès réalisés, au cours de ces derniers temps, en ce qui touche l'aménagement des habitations urbaines ont suscité, dans la matière du louage, des difficultés nombreuses et entièrement nouvelles. L'œuvre de la jurisprudence se trouve ainsi, sur ce point, particulièrement riche, actuelle et pleine d'intérêt pour chacun.

Mais, à côté de la jurisprudence, l'usage local joue, en ce qui concerne les baux de toute nature, un rôle prépondérant. Le *Manuel du Propriétaire et du Locataire* s'est proposé de mettre ce rôle en relief. Non content de se référer aux usages en général en s'abstenant de les préciser, il s'est efforcé, — pour quelques-unes, du moins, des principales villes de France : Paris, Lyon, Marseille, Toulouse, Bordeaux, Rennes, Lille et Nancy, — de les indiquer avec autant d'exactitude que possible.

Enfin, les actes sous seing privé relatifs au louage, qu'il s'agisse de biens urbains ou de biens ruraux, sont au nombre de ceux que chacun est couramment appelé à rédiger. Aussi un *Formulaire* a-t-il paru le complément nécessaire de ce travail.

Le *Manuel du Propriétaire et du Locataire* envisage successivement le bail en général, les particularités relatives aux biens urbains, celles qui se rapportent aux biens ruraux et, en dernier lieu, celles qui ont trait aux fonds de commerce.

Il a semblé utile et intéressant de consacrer à ces derniers une place à part. Les difficultés qui peuvent s'élever entre deux locataires du même immeuble exerçant des professions similaires sont nombreuses et donnent naissance à des litiges quotidiens. D'autre part, la loi récente du 17 mars 1909, relative à la vente et au nantissement des fonds de commerce, a fait ressortir l'importance particulière du droit au bail en ce qui concerne ces fonds.

L'ouvrage est complété par un index alphabétique et une table analytique des matières, qui abrègent et facilitent les recherches du lecteur.

EXPLICATION DES ABRÉVIATIONS

Art.	Article.
C. civ.	Code civil.
C. com.	Code de commerce.
C. pén.	Code pénal.
C. pr. civ.	Code de procédure civile.
Civ.	Arrêt de la Chambre civile de la Cour de cassation.
Comp.	Comparez.
Cons. d'Et.	Conseil d'État, arrêt du Conseil d'État.
D. P.	Dalloz, Recueil périodique.
Décr.	Décret.
L.	Loi.
P.	Page.
Req.	Arrêt de la Chambre des requêtes de la Cour de cassation.
S. ou **et s.**	Et suivants. Exemple : 693 et s. *signifie* n°s 693 et suivants.
T.	Tome.
Trib. civ.	Jugement d'un tribunal, chambre civile.
Trib. comm.	Jugement d'un tribunal de commerce.
Trib. corr.	Jugement d'un tribunal correctionnel.
V.	Voyez.

MANUEL
DU PROPRIÉTAIRE
ET
DU LOCATAIRE

PREMIÈRE PARTIE
RÈGLES GÉNÉRALES APPLICABLES A TOUTES LES LOCATIONS

CHAPITRE PREMIER
ÉLÉMENTS ET FORME DU CONTRAT DE LOUAGE DE CHOSES

SECTION Ire. — Définition et objet du contrat.

1. Le louage de choses est une convention par laquelle l'une des parties (propriétaire ou bailleur) s'oblige à procurer à l'autre (locataire ou preneur) la jouissance temporaire d'une chose.

2. On peut louer toutes espèces de biens immeubles : maisons d'habitation urbaine ou d'exploitation rurale, usines, constructions ou bâtiments quelconques, terres et bois, ces derniers lorsqu'ils ont été mis en coupe réglée ou, du moins, lorsque l'acte de bail lui-même les soumet à un aménagement. On appelle *bail à loyer* le louage des maisons, *bail à ferme* celui des héritages ruraux.

3. Les baux d'immeubles sont seuls étudiés ici, à l'exclusion des baux de choses mobilières. Il suffit de signaler, relativement à ces dernières, que des choses mobilières se consommant par l'usage peuvent être l'objet d'un contrat de louage accessoirement au bail du fonds rural ou de l'établissement industriel à l'exploitation duquel elles sont nécessaires. Il en est ainsi des meubles affectés à l'exploitation d'un fonds et qui ont le caractère d'immeubles par destination ; notamment, le fermier entrant a droit aux pailles et engrais qu'il trouve dans la ferme, à la charge de laisser, lors de la sortie, ceux de la dernière année.

4. Pour qu'un bail soit valable, il faut que l'usage en vue duquel il est fait n'ait rien de contraire aux bonnes mœurs : la jurisprudence en a conclu, notamment, que la location des locaux destinés à servir de maisons de tolérance est nulle. Spécialement, lorsque les locaux sont loués pour servir de maison de prostitution, une pareille convention, contraire aux bonnes mœurs, est absolument nulle, et ceux qui y ont participé ne sauraient avoir aucun accès devant les tribunaux à l'effet d'obtenir soit l'exécution, soit la résiliation du contrat, soit la répétition des choses qui auraient été livrées. En conséquence, le bailleur serait sans droit à obtenir soit la restitution du mobilier qu'il avait livré à son locataire, soit la résiliation du bail, à raison de la destination des immeubles qui en faisaient l'objet, son seul droit étant d'exercer l'action en revendication de l'immeuble, en se basant uniquement sur son titre de propriété.

5. De même, le bail d'une maison de jeux de hasard est nul et ne peut produire aucun effet, en sorte que le bailleur ne peut réclamer aucun loyer en exécution de cette convention, ni poursuivre en justice l'exécution des clauses du bail. — Au contraire, le bail est licite et le bailleur peut en poursuivre l'exécution lorsque la convention porte tout à la fois sur un théâtre, un café, des chambres meublées et un casino, quoique un jeu de petits chevaux doive être installé dans le casino, ce jeu ne formant qu'un accessoire dans l'ensemble de l'exploitation.

SECTION II. — Parties contractantes. — Capacité.

§ 1er. — Capacité pour donner à bail.

6. Les personnes qui, sans avoir la plénitude de capacité, ont cependant le pouvoir de faire des actes d'administration, peuvent donner leurs biens à bail (femme séparée de biens ou ayant l'administration de ses biens en vertu de son contrat de mariage, mineur émancipé, personne pourvue d'un conseil judiciaire); de même, l'administrateur du bien d'autrui, le tuteur, le mari suivant le régime matrimonial, l'envoyé en possession provisoire des biens de l'absent, peuvent donner à bail les biens des mineurs, de l'interdit, de la femme mariée, de l'absent.

7. Mais les incapables investis du pouvoir d'administrer leurs biens et qui peuvent passer des baux n'ont pas, en général, pleine liberté pour fixer la durée de ces baux. Ainsi, la femme mariée ayant l'administration de ses biens en vertu de son contrat de mariage ou à la suite de séparation de biens, le mineur émancipé, la personne pourvue d'un conseil judiciaire, ne peuvent passer de baux pour plus de neuf ans sans l'autorisation du mari ou l'assistance du curateur ou conseil judiciaire.

8. D'autre part, la loi limite, au point de vue de la durée des baux, les pouvoirs des administrateurs du bien d'autrui. Ainsi le mari, sous le régime de la communauté légale, ne peut consentir, quant aux biens personnels de la femme, des baux qui soient obligatoires pour celle-ci après la dissolution de la communauté pour plus de neuf ans (C. civ. 1429).

9. Les renouvellements de baux, consentis plus de trois ans avant l'expiration du bail courant, s'il s'agit de maisons, ne sont point opposables à la femme après la dissolution de la communauté, à moins que l'exécution du nouveau bail n'ait commencé avant la dissolution de la communauté (C. civ. 1430).

10. Ces règles s'appliquent aux autres régimes dans lesquels le mari a l'administration des biens de sa femme (régime sans communauté et régime dotal quant aux biens dotaux). Elles s'appliquent aussi à la durée et au renouvellement des baux des biens des mineurs et des interdits.

11. Quant aux administrateurs provisoires de personnes non interdites placées dans les asiles d'aliénés, ils ne peuvent passer pour ces personnes de baux excédant trois ans (L. 30 juin 1838, art. 31).

12. L'usufruitier peut passer des baux obligatoires pour le propriétaire lors de l'extinction de l'usufruit, à la condition de se conformer, pour leur durée et les époques de leur renouvellement, aux règles établies pour le mari à l'égard des biens de la femme (C. civ. 595), et de ne pas les consentir frauduleusement, à vil prix, pour avantager le preneur au détriment du propriétaire.

13. Le propriétaire saisi immobilièrement ne peut plus louer l'immeuble saisi à dater du commandement qui lui est signifié au début de la procédure d'expropriation forcée (C. pr. civ. 684).

§ 2. — Capacité pour prendre à bail.

14. Les incapables (mineur, interdit) ne peuvent prendre à bail. La femme mariée, même non séparée de biens, a qualité, en l'absence du mari, pour prendre en location le logement nécessaire à la famille. Quant à la femme séparée de biens, elle peut prendre à bail sans autorisation. Le mineur émancipé a le droit de prendre à bail sans l'assistance de son curateur, et le prodigue pourvu d'un conseil judiciaire sans l'assistance de son conseil, pourvu que la location n'excède pas ses ressources ou ses besoins. Le tuteur ne peut prendre à ferme les biens du mineur, sans autorisation du conseil de famille (C. civ. 450). Mais la prohibition d'acheter, établie par l'art. 1596 C. civ. contre certaines personnes à l'égard de certains biens, ne s'étend pas à la prise en location de ces biens (1).

SECTION III. — Durée des baux.
Règles générales.

15. Le louage ne peut être fait à perpétuité ; il est essentiellement temporaire. Mais il peut être valablement conclu pour toute la vie des preneurs ou pour celle de plusieurs personnes successivement, pourvu que le nombre de ces personnes n'excède pas trois (L. 18 déc. 1790, art. 1er). Les parties peuvent même stipuler que la durée du bail dépendra de la volonté soit du bailleur, soit du preneur, soit de l'un et l'autre à la fois.

16. Le consentement réciproque des parties sur la durée du bail est une condition essentielle de la validité du contrat, et, tant qu'il n'y a pas accord sur la durée du bail, il n'y a aucun engagement entre le preneur et le propriétaire, alors même qu'un escompte sur le premier terme du loyer convenu aurait été payé au propriétaire, sauf, dans ce cas, la restitution de cette somme. Mais il n'est pas nécessaire que cette durée soit expressément stipulée dans l'acte ; il suffit qu'elle puisse s'induire du rapprochement des diverses clauses et conditions stipulées.

17. Il est de l'essence du contrat de bail de ne conférer au preneur qu'un droit temporaire ; mais, en l'absence d'un temps maximum fixé par le Code civil, on doit considérer comme devant avoir une durée de quatre-vingt-dix-neuf ans, un bail consenti à perpétuité.

18. On peut valablement faire un bail à périodes successives, renouvelables au gré de l'une ou de l'autre des parties, ou des deux à la fois.

---

(1) D'après l'art. 1596 C. civ., « ne peuvent se rendre adjudicataires... les mandataires des biens qu'ils sont chargés de vendre, les administrateurs de ceux des communes ou établissements publics confiés à leurs soins, etc... »

19. Le bail peut être consenti pour une durée illimitée, si cette durée est subordonnée à une condition, toujours sous-entendue, qui doit y mettre fin.

SECTION IV. — Prix. — Règles générales.

20. Le prix peut consister en autre chose qu'en numéraire et, notamment, en denrées.

21. Dans les baux à ferme, *le pot-de-vin* (1), pour peu qu'il soit considérable, fait partie intégrante du prix et n'en est que le paiement anticipé. Le pot-de-vin payé par les fermiers devant être supposé réparti sur chaque année de jouissance, si la durée du bail a été abrégée, une portion proportionnelle doit en être restituée au dit fermier.

22. Le prix doit être certain et déterminé. Il peut cependant être laissé à l'arbitrage d'un tiers. Si la détermination du prix donne lieu à contestation, elle est faite par le juge d'après les circonstances de la cause et l'intention présumée des parties. Ainsi, lorsque l'immeuble a été affermé à tant l'are, les talus et fossés doivent, quoiqu'ils soient improductifs, entrer dans la mesure à estimer pour déterminer le prix du bail.

23. On doit considérer comme valable la clause d'un bail qui, après avoir fixé le prix du loyer, autorise le bailleur à l'élever, dans les limites d'un maximum déterminé, si le commerce établi par le preneur dans les lieux loués est prospère, en ajoutant que la seule appréciation du bailleur s'imposera au preneur. Et, dans le cas où le bailleur ayant avancé des fonds au preneur, sous forme d'ouverture de crédit, il est convenu que la balance du compte sera faite chaque année, et qu'à ce moment le bailleur retiendra les loyers des divers locaux occupés par le preneur, c'est au moment de ce règlement de compte annuel que le bailleur doit indiquer son intention d'élever le prix du loyer ; il ne

---

(1) On entend par pot-de-vin ce qui se donne au delà du prix convenu dans un marché.

saurait plus tard et en cours de liquidation se prévaloir d'une clause dont il n'a pas usé en temps opportun.

24. Il n'est pas indispensable que le prix soit exprimé dans le contrat : il suffit qu'il y ait un prix *tacitement* convenu. Il en est ainsi notamment, en cas de tacite reconduction : on appelle ainsi le nouveau bail qui s'opère dans le cas où, à l'expiration d'un bail écrit, le preneur reste et est laissé en possession.

25. Le prix du bail doit être *sérieux.* Il ne le serait point si un immeuble, dont la jouissance est d'une grande importance, était loué pour un prix extrêmement vil. Mais il n'est pas nécessaire toutefois, pour que le prix soit sérieux, qu'il soit égal, ou à peu près, à la valeur de la jouissance. Quelle que soit, d'ailleurs, la vileté du prix du bail, il n'y a pas lieu à rescision pour cause de lésion (1). Ce principe a été appliqué aux baux passés par l'usufruitier ; il en est ainsi des baux de biens de mineurs consentis par le tuteur.

SECTION V. — Forme du contrat.

§ 1er. — Acte authentique, Acte sous seings privés, Bail verbal, Transcription.

26. Le louage n'est soumis à aucune forme particulière : ainsi on peut louer soit par acte authentique, c'est-à-dire notarié, soit par acte sous seing privé, soit verbalement (C. civ. 1714), soit par lettres missives, soit même tacitement. Lorsque le bail est fait par acte sous seing privé, l'écrit doit être rédigé en double original.

27. La clause d'un bail qui oblige le locataire à remplir à première réquisition les démarches nécessaires pour faire

---

(1) Il y a lésion, dans un contrat, lorsqu'on ne reçoit pas l'équivalent de ce que l'on donne, spécialement, dans un partage, lorsqu'un des copartageants reçoit une part inférieure à celle des autres. Dans les cas où elle est admise, la lésion donne lieu à la rescision, c'est-à-dire à l'annulation du contrat. V. notre *Dictionnaire pratique de droit,* v° *Contrats et conventions en général,* n° 32.

authentiquer son bail, reste obligatoire pour lui alors même que le propriétaire a laissé s'écouler plusieurs années sans exiger l'accomplissement de cette formalité. L'authenticité du bail est nécessaire pour faire acquérir des droits d'hypothèque et d'exécution.

28. En principe, le bail sous seing privé, comme tout contrat synallagmatique, c'est-à-dire comme tout contrat qui entraîne une obligation réciproque, doit être fait en autant d'exemplaires qu'il y a de parties intéressées ayant un intérêt distinct (r). Toutefois, la partie qui reconnaît l'existence du bail ou qui l'a exécuté ne peut pas opposer le défaut de mention des doubles.

29. L'acte qui constate un contrat de bail est dénué de force probante à l'égard du bailleur, lorsque le double dont celui-ci est en possession ne porte ni sa signature, ni celle de l'un des preneurs, et il importerait peu que l'autre double remplît les conditions exigées par la loi quant à la signature des parties et à la mention du nombre des originaux.

30. Quand le preneur est entré en jouissance d'un immeuble sans opposition de la part du bailleur et que les parties ne sont pas d'accord sur toutes les conditions de la location, il y a lieu de soumettre ces dernières aux règles des baux faits sans écrit. Dès lors, le preneur a le droit de rester dans l'immeuble conformément à l'usage des lieux sur les baux verbaux (2).

31. Les baux de plus de dix-huit ans, de quelque espèce qu'ils soient, sont soumis à la formalité de la transcription (L. 23 mars 1855, art. 2, § 4). Il n'est pas nécessaire que, pour être transcrits, ils soient constatés par acte authen-

----

(1) Cette règle est édictée par l'art. 1325 C. civ., qui exige aussi que chaque exemplaire contienne la mention des originaux qui ont été faits.

(2) D'après les usages de Toulouse, les baux à loyer peu importants et d'un prix peu élevé sont en général verbaux. Mais, en principe, ils sont écrits quand ils ont pour objet des appartements considérables, surtout des magasins ou locaux destinés soit au commerce, soit à l'industrie. (V. Mérignhac, *Précis élémentaire de la législation et des usages toulousains*, n° 383. — C'est à cet ouvrage que sont dus tous les renseignements contenus dans ce travail relativement aux usages toulousains.)

tique ni par acte reconnu devant notaire ou en justice. On admet généralement que, si un bail d'une durée inférieure à dix-huit ans a été prorogé, avant son expiration, pour une nouvelle période n'excédant pas dix-huit années, il n'y a alors que deux baux successifs individuellement exempts de transcription, alors même que la durée du nouveau bail, jointe à la partie de l'ancien bail restant à courir au moment du renouvellement, forme une durée supérieure à dix-huit ans. Il n'en est toutefois ainsi qu'à la condition que le renouvellement ait été consenti de bonne foi et non en fraude de loi.

§ 2. — Enregistrement des baux.

32. *Taux.* — Les baux, à ferme ou à loyer, des biens meubles ou immeubles sont soumis au droit de 0,20 pour 100 sur le prix cumulé de toutes les années (L. 16 juin 1824, art. 1). Les baux immobiliers faits pour une durée illimitée ou pour la vie du bailleur ou du preneur sont soumis au droit de 4 pour 100 sur le prix multiplié par dix (L. 22 frim. an VII, art. 65, n° 3).

33. *Délai.* — Les baux d'immeubles constatés par acte sous seings privés doivent être enregistrés dans les trois mois de leur date ou de la date de l'entrée en jouissance, si cette dernière date est antérieure à celle de l'acte (L. 22 frim. an VII, art. 22 ; 23 août 1871, art. 2). Ceux constatés par actes notariés sont soumis au délai ordinaire imposé à ces sortes d'actes ; ce délai est de dix jours ou de quinze jours, suivant que le notaire réside ou ne réside pas dans la commune où le bureau d'enregistrement est établi (V. notre *Dictionnaire pratique de droit*, v° *Enregistrement*, n° 62).

34. *Baux verbaux.* — Lorsqu'il n'existe pas de conventions écrites constatant la location, il y est suppléé par une déclaration détaillée et estimative qui doit être faite par le bailleur, dans les trois mois de l'entrée en jouisance (L. 23 août 1871, art. 2 ; L. 28 févr. 1872, art. 6). Le bailleur est tenu au paiement des droits, mais sauf son recours contre le preneur.

35. Les déclarations sont rédigées sur des formules imprimées, tenues à la disposition du public ; elles peuvent être souscrites dans n'importe quel bureau d'enregistrement ; et, dans les communes où il n'existe pas de bureau d'enregistrement, elles peuvent être reçues par les percepteurs des contributions directes. Si la location est faite suivant l'usage des lieux, la déclaration doit en contenir la mention. Les droits d'enregistrement deviennent exigibles dans les vingt jours qui suivent l'échéance de chaque terme, et la perception en est continuée jusqu'à ce qu'il ait été déclaré que le bail a cessé ou qu'il a été résilié (L. 23 août 1871, art. 2).

36. Les locations verbales ne dépassant pas trois ans, et dont le prix annuel n'excède pas cent francs, ne sont pas assujetties à la déclaration. Toutefois, si le même bailleur a consenti plusieurs locations verbales de cette catégorie, mais dont le prix cumulé excède cent francs annuellement, il est tenu d'en faire la déclaration et d'acquitter personnellement et sans secours les droits d'enregistrement (L. préc. 1871, art. 2).

37. *Mode de liquidation du droit proportionnel.* — Le droit proportionnel est liquidé, lors de l'enregistrement ou de la déclaration, sur le prix cumulé de toutes les années pour lesquelles le bail est consenti. Toutefois, si le bail est de plus de trois ans, et si les parties le requièrent, le montant du droit peut être fractionné en autant de payements égaux qu'il y a de périodes triennales, c'est-à-dire de trois ans, dans la durée du bail. Le payement des droits afférents à la première période est seul acquitté lors de l'enregistrement ou de la déclaration, et celui des périodes subséquentes a lieu dans le premier mois de l'année qui commence chaque période : le fractionnement est de droit et doit être appliqué d'office.

38. Le prix des baux qui doit servir de base à la liquidation du droit d'enregistrement se compose, non seulement du loyer ou fermage en argent payé par le preneur, mais aussi de toutes les charges accessoires qui sont mises à son compte.

39. *Sanction du défaut d'enregistrement ou des déclarations* *insuffisantes.* — A défaut d'enregistrement ou de déclarations dans les délais ci-dessus fixés, le bailleur et le preneur, pour les baux écrits, et le bailleur seul, pour les locations verbales, sont tenus personnellement et sans recours, nonobstant toutes stipulations contraires, d'un droit en sus, lequel ne peut être inférieur à 5o francs en principal (L. 23 août 1871, art. 14; L. 28 févr. 1872, art. 6). Le droit en sus ne peut, sauf l'application du minimum, dépasser le montant du droit proportionnel exigible; il se liquide donc comme le droit simple, même en cas de fractionnement.

40. Au cas de bail écrit, le bailleur peut s'affranchir du droit en sus qui lui est personnellement imposé, ainsi que du versement immédiat des droits simples, en déposant dans un bureau d'enregistrement l'acte constatant la location. Un délai supplémentaire d'un mois lui est accordé pour effectuer ce dépôt (L. 22 août 1871, art. 14).

41. En cas de déclaration de location verbale insuffisante, l'insuffisance ou la dissimulation peuvent être constatées par expertise ou par des actes révélant le prix réel du loyer. Indépendamment du droit simple complémentaire, calculé sur le chiffre de l'insuffisance reconnue ou de la dissimulation, il est dû un droit en sus, sans minimum.

42. *Droits applicables aux rétrocessions et résiliations* (1). — Les rétrocessions et résiliations de baux sont soumises au droit proportionnel de o fr. 20 pour 100; toutefois, l'Administration a décidé de n'assujettir ces conventions qu'au droit fixe de 3 francs en principal, toutes les fois que le droit proportionnel serait supérieur à ce chiffre (Sol. admin. Enreg. 14 nov. 1871 et 3o juill. 1872).

43. *Cautionnement de bail.* — Le cautionnement de bail donne lieu au tarif réduit de o fr. 10 pour 100 sur toutes les années du bail à courir (L. 16 juin 1824, art. 1er); mais, si le cautionnement s'applique à des fermages échus, il

---

(1) Sur les cas de résiliation, c'est-à-dire d'annulation du bail pour destruction de la chose ou à raison de l'inexécution des obligations incombant à l'une ou l'autre des parties, V. *infra*, n°s 108, 123, 136, 149, 165, 314 et suiv.

représente le cautionnement d'une dette ordinaire et doit être tarifé au taux de 0 fr. 50 pour 100 (L. 22 frim. an VII, art. 69, § 2, n° 8).

44. *Sous-location et cession de bail.* — Les sous-baux, cessions et subrogations de baux consentis par le preneur sont tarifés au droit établi pour les baux, c'est-à-dire à 0 fr. 20 pour 100 (L. 16 juin 1824, art. 1ᵉʳ).

La cession de bail consentie par le bailleur, constituant en réalité un transport de loyers à échoir, est passible du droit de transport de créance de 1 pour 100.

SECTION VI. — Arrhes. — Denier à Dieu.

45. On entend par *arrhes* ce qui est donné par le locataire pour la garantie du contrat. La dation d'arrhes à l'occasion d'un louage ou d'une promesse de louage peut avoir une triple signification : elle peut constituer un moyen de dédit, un acompte ou une preuve de la perfection du contrat. On n'est pas d'accord sur celle de ces significations qu'il faut en principe lui attribuer.

46. Suivant l'opinion qui paraît la mieux fondée, les arrhes ont pour effet, dans tous les cas, de donner à chacune des parties le droit de se désister en les abandonnant ou en les restituant au double, à moins que le contrat n'ait reçu un commencement d'exécution, auquel cas les arrhes doivent être considérées comme un acompte.

47. A Toulouse, les arrhes ne sont ordinairement données que pour les loyers de peu d'importance et n'ont en général que le but de donner à la partie qui les verse le droit de se dédire, et non pas celui de prouver l'existence de la convention.

48. Le denier à Dieu, qui consiste dans une légère gratification donnée au concierge, est le signe que l'engagement a été contracté, sauf pour les parties la faculté, reconnue par l'usage de Paris, de se dédire dans les vingt-quatre heures.

49. Toutefois, quelques-uns soutiennent que la remise du denier à Dieu faite par le futur locataire au concierge ne crée pas un lien juridique entre les parties et ne prouve pas l'existence du bail, mais seulement un projet ; en conséquence, cette remise ne peut servir de base, au profit du propriétaire, à une action en payement d'un premier terme de loyer payable d'avance (Trib. de paix de Paris (15° arrond.), 7 févr. 1902, D. P. 1903. 2. 499).

50. Il a été jugé, dans le sens de cette deuxième opinion, que le denier à Dieu remis au concierge par celui qui arrête un logement est une gratification conditionnelle, qui doit être restituée lorsque la location ne devient pas définitive par la ratification du propriétaire ; et cela, même alors qu'il s'est écoulé plus de vingt-quatre heures, surtout si c'est par le fait du propriétaire que ce délai a été dépassé (Trib. de paix de Paris, 22 déc. 1871, D. P. 71. 3. 91 ; 1er juill. 1904, Pabon, *Manuel pratique des propriétaires et locataires*, 1909, *Supplément*, n° 1).

51. A raison de sa nature, le denier à Dieu ne vient jamais en acompte sur le prix de la location.

SECTION VII. — Preuve du bail (1).

52. Il faut distinguer suivant que le bail a reçu ou non un commencement d'exécution, c'est-à-dire suivant que le preneur est ou n'est pas en possession.

53. 1er cas : *Le bail n'a reçu aucun commencement d'exécution.* — Le bail ne peut pas se prouver par témoins, même quand l'intérêt ne dépasse pas 150 francs. C'est une exception aux règles générales (C. civ. art. 1341) qui a pour but d'éviter une foule de contestations et d'enquêtes à propos d'affaires d'une minime importance (2).

54. Le bail pourrait être prouvé par la délation du serment à celui qui nie le bail, c'est-à-dire, suivant les

---

(1) V. notre *Dictionnaire pratique de droit* et notre *Petit Dictionnaire de droit*, v° *Louage* ; COLMET DE SANTERRE, *Manuel élémentaire de droit civil*, t. II, titre du Louage.

(2) Il résulte de l'art. 1341 du C. civ., qu'en règle générale la preuve testimoniale n'est pas admise du moment qu'il s'agit d'une somme ou d'une valeur de plus de 150 francs.

circonstances, tantôt au prétendu bailleur, tantôt au prétendu preneur.

55. 2ᵉ cas : *Le bail a reçu un commencement d'exécution.*
— Le fait de la location n'est pas douteux, mais il peut
s'élever des difficultés sur le prix du bail ou sur sa durée.

56. *Contestation sur le prix du bail.* — Elle sera tranchée :
1° par la production des quittances, si déjà le preneur a
fait quelques payements ; 2° par le serment du bailleur.
Seulement, le bailleur peut contredire le serment en
demandant une expertise.

57. *Contestation sur la durée du bail.* — Quand il n'y a
pas d'écrit prouvant la durée du bail, la loi n'admet pas
la preuve d'une prétendue convention sur ce point. Elle
donne elle-même des règles sur la durée de ces baux, qu'elle
appelle *non écrits*, par exemple dans l'art. 1758 C. civ.
(V. *Particularités relatives aux biens urbains*, n° 701).

58. Les règles exceptionnelles découlant de l'art. 1715
ne s'appliquent pas au cas où il s'agit d'établir l'existence
de modifications apportées à un bail qui se trouve en cours
d'exécution. Ces modifications peuvent donc, conformément au droit commun, être prouvées par témoins ou par
présomptions avec un commencement de preuve par écrit.
Spécialement le preneur peut être admis à prouver par
témoins qu'un appartement dont le bailleur s'était réservé
la jouissance, lui a été ultérieurement abandonné par
celui-ci, alors d'ailleurs que la preuve offerte est appuyée
d'un commencement de preuve par écrit.

59. De même, la preuve qu'il a été dérogé à des conventions verbales par d'autres conventions verbales suivies
d'exécution, peut résulter de simples présomptions, même
en matière de louage. Spécialement, la circonstance que
des lieux loués verbalement pour servir de café ont été
depuis longtemps, au vu et su du bailleur, et quelquefois
avec son concours, exploités non seulement comme café,
mais aussi comme restaurant, que cette double destination
a été annoncée au public par une enseigne, et qu'il a été
fait des travaux d'appropriation qui ne s'expliquent que
pour l'exercice de la profession de restaurateur, peut être
considérée comme établissant la preuve d'une modification

dans le contrat primitif, modification qui ne permet au bailleur ni de s'opposer à la continuation de l'exploitation de l'établissement comme restaurant, ni de réclamer des dommages-intérêts à raison de cette exploitation.

60. De même, un bail, même authentique et suivi d'exécution, portant promesse, de la part du propriétaire à son fermier, de lui remettre, à son entrée en jouissance, telle quantité de terre ensemencée, ne fait pas preuve de la réception des terres en cet état, et le fermier peut prouver, tant par titres que par témoins, que, par suite de conventions verbales passées ultérieurement avec le bailleur, il n'a pas reçu les terres dans l'état indiqué au bail, si, d'ailleurs, il y a commencement de preuve par écrit.

SECTION VIII. — Interprétation des clauses du bail.

61. Les juges du fait jouissent, pour l'interprétation des clauses des baux, d'un pouvoir souverain sauf le cas où, sous prétexte d'interpréter la convention, ils en auraient dénaturé le texte et le sens évident.

62. Notamment, les juges du fait sont souverains pour décider, d'après les termes de la convention et l'intention des parties, si un contrat de bail contient ou non, au profit du locataire, des restrictions aux droits du bailleur sur les autres immeubles que celui-ci possède ou pourra acquérir. Ainsi le juge a pu décider souverainement que le bail d'un terrain consenti à un tiers pour y construire un casino, un cercle et une salle de spectacle, ne constituait pas une atteinte à la jouissance d'une compagnie thermale à qui avaient été loués précédemment d'autres terrains voisins, alors qu'il ne résultait soit des termes des baux consentis à cette compagnie, soit de la commune intention des parties, aucune restriction aux droits du bailleur sur les autres propriétés qu'il possédait ou pourrait acquérir.

63. Les termes d'un bail obscur en ce qui touche l'étendue et la consistance des lieux loués doivent, aux termes de l'art. 1602 C. civ., s'interpréter contre le bailleur.

64. Les juges de paix ne sont pas compétents pour

interpréter les clauses des baux ; la loi énumère spécialement les cas où ces magistrats sont compétents en matière
de location (L. 12 juill. 1905); or cette compétence exceptionnelle ne s'étend pas au cas où le litige soulève une
question d'interprétation du bail. Ce sont donc les tribunaux civils seuls qui peuvent interpréter les clauses des
baux.

SECTION IX. — Frais du bail.

65. Le locataire est tenu, en principe, de supporter les
frais du contrat de bail : frais de papier timbré, honoraires
de notaire en cas de bail notarié, droit d'enregistrement et
droit de transcription si le bail est fait pour plus de dix-
huit ans.

SECTION X. — Formalité accessoire
de l'état de lieux ou visite.

66. Il consiste dans la description circonstanciée et contradictoire des lieux loués, par acte sous seings privés.
Il sert à démontrer si la chose était ou non en bon état
lorsqu'elle a été confiée au preneur, et il indique dans quel
état elle devra se trouver à la fin du bail.

67. L'état de lieux doit être fait en double. Sa forme
n'est pas fixée par la loi. Chacune des parties a, pour
contraindre l'autre à le dresser, une action qui est de la
compétence du tribunal civil. Il n'existe pas de délai fatal
après l'expiration duquel le preneur serait privé du droit
de faire un état de lieux.

68. Les frais de l'état de lieux sont à la charge de celui
qui l'a réclamé, c'est-à-dire, en général, du preneur. Toutefois, dans l'usage de Paris, il est admis qu'à défaut de
stipulation contraire, le coût de l'état de lieux est supporté,
par moitié, par le bailleur et le preneur (V. Pabon, n° 63).

69. En ce qui concerne les biens ruraux, l'état de lieux
est souvent appelé *visite*. Il consiste dans une description

détaillée de la ferme (bâtiments d'habitation, étables, écuries, etc.) et de l'état des cultures. A ce dernier point de vue, l'état de lieux est d'une extrême utilité pour le fermier entrant. Les parties s'entendent pour le rédiger elles-mêmes, à moins qu'elles ne préfèrent prendre un expert; les géomètres-experts sont fréquemment désignés à cet effet, en raison de leur connaissance des usages locaux.

70. La sanction du défaut d'état de lieux ou visite est indiquée, par la loi, dans l'art. 1731 du C. civ. : « S'il n'a pas été fait d'état de lieux, le preneur est présumé les avoir reçus en bon état des réparations locatives, et doit les rendre tels, sauf la preuve contraire. »

SECTION XI. — Mandataires ordinaires
du propriétaire : Régisseurs ou gérants d'immeubles.

71. La gestion des immeubles est, suivant les villes, confiée par les propriétaires soit à des individus qui font de cette gestion leur profession unique et spéciale, soit à des agences dites « agences de location » (1), soit à des personnes qui s'occupent des régies immobilières accessoirement à d'autres professions, agents d'affaires, architectes, etc...

72. A Paris, la gestion des immeubles appartient principalement aux « receveurs de rente »; les agents d'affaires et les architectes se chargent fréquemment aussi de cette régie. — Les baux et les quittances de loyers sont généralement signés par les propriétaires eux-mêmes. C'est habituellement le concierge qui présente au locataire sa quittance de loyer, au terme, et en reçoit le montant.

73. A Lyon, les régisseurs d'immeubles forment une corporation appelée : Union syndicale des gérants d'immeubles de Lyon. Malgré un essai de réglementation, le tarif des honoraires prélevés par les régisseurs n'est nulle-

---

(1) Ces agences s'occupent à la fois de la location et de la gérance des immeubles; il en existe dans plusieurs villes, par exemple Marseille, Nancy, etc.

ment uniforme. C'est, en fait, une question d'entente avec le client. — Les honoraires de régie varient de 1 à 5 pour 100 des loyers encaissés. Il n'est dû aucun honoraire spécial au régisseur pour avoir procuré au propriétaire, par ses soins et démarches, la location de tout ou partie d'un immeuble. L'honoraire proportionnel qui est perçu sur les loyers encaissés, dans le cours du bail, est la seule rémunération du gérant d'immeubles. — Les baux stipulent généralement que les loyers sont payables chez le gérant d'immeubles, mandataire du propriétaire ; le concierge ne joue aucun rôle dans l'encaissement des loyers. — Les gérants d'immeubles signent les baux, sans justifier d'ailleurs de leur procuration et en se contentant d'indiquer, dans l'acte, leur qualité de mandataires verbaux. Ils signent seuls les quittances des loyers.

74. A Marseille, les baux à loyer sont fréquemment conclus par l'intermédiaire de courtiers ; d'après un usage constant, le taux du salaire ou droit de courtage est invariablement fixé à la somme de 1 pour 100, à la charge de chacune des parties qui ont eu recours à l'intermédiaire du courtier, somme calculée sur le prix d'une année de loyer, si le bail est verbal, et sur le prix accumulé de toutes les années, si le bail est écrit. L'usage admet un simple droit d'indication réduit à la moitié du salaire ordinaire, si les parties mises en rapport l'une avec l'autre par le courtier ont néanmoins conclu le marché sans son intermédiaire. (1).

SECTION XII. — Principes généraux de compétence.

75. Dans la plupart des cas et sauf les exceptions qui seront énumérées (n°ˢ 150, 241 et 269), les difficultés et procès relatifs aux locations doivent être portés : 1° devant

---

(1) Estier et Vidal-Naquet, *Usages et règlements locaux ayant force de loi dans le département des Bouches-du-Rhône*, Marseille, 1910, p. 71. C'est à cet ouvrage que sont empruntés les divers renseignements contenus dans ce travail relativement aux usages de Marseille.

le tribunal civil, si le loyer annuel est supérieur à 600 francs ; 2° devant le juge de paix, si le loyer n'excède pas 600 francs (L. 12 juill. 1905, sur la compétence des juges de paix, art. 3).

76. Pour le calcul du montant de la location en vue de la détermination de la compétence, on ne tient compte que du prix principal de la location, en laissant de côté les charges de faible importance qui sont les accessoires habituels des baux, telles que celles qui consistent dans le payement de la taxe de balayage et l'impôt des portes et fenêtres.

77. Le prix principal de la location est lui-même évalué, s'il se compose, en totalité ou en partie, de denrées ou prestations en nature appréciables, d'après les mercuriales du jour de l'échéance lorsqu'il s'agit du payement des fermages, et, dans tous les autres cas, suivant les mercuriales du mois qui a précédé la demande. S'il comprend des prestations non appréciables d'après ces mercuriales, ou s'il s'agit de baux à colons partiaires, le juge de paix détermine la compétence, en prenant pour base du revenu de la propriété le principal de la contribution foncière de l'année courante multiplié par cinq.

78. Dès que le montant annuel du bail ainsi calculé dépasse 600 francs, le tribunal d'arrondissement devient seul compétent, si modique que soit le montant de la demande en payement. En outre, le juge de paix cesse d'être compétent, quel que soit le prix du loyer, si la difficulté porte, non pas seulement sur le payement total ou partiel du loyer, mais sur l'existence même du bail.

CHAPITRE II

OBLIGATIONS DU PROPRIÉTAIRE

79. Le bailleur est tenu d'un certain nombre d'obligations qui, toutes, se rapportent de près ou de loin aux trois principes suivants : 1° il doit délivrer au preneur la chose louée ; 2° il doit entretenir cette chose en état de servir à l'usage pour lequel elle a été louée ; 3° il est tenu de faire jouir paisiblement le preneur pendant toute la durée du bail.

SECTION Ire. — Délivrance de la chose.

80. Le bailleur est tenu de délivrer la chose « en bon état de réparations de toute espèce » (C. civ. 1720), ce qui comprend les réparations même simplement locatives. Mais le locataire peut, soit expréssement, soit tacitement, dispenser le bailleur de remettre la chose en état.

81. L'obligation de livrer la chose louée s'étend à ses accessoires, par exemple aux pailles et aux fumiers d'une métairie.

82. Lorsqu'il s'agit d'une maison, le preneur a droit à la jouissance de la cour et à tous les avantages qui s'y rattachent comme utilité ou agrément. Spécialement, le bailleur qui loue un chalet entouré d'un jardin d'agrément est censé, à moins de stipulation expresse contraire, comprendre dans la location le libre usage du jardin, alors d'ailleurs que le mobilier loué avec le chalet comprend des bancs et des tables avec des chaises de jardin.

83. Si l'objet de la location est un moulin ou une usine, la délivrance doit comprendre comme accessoires le cours d'eau qui sert de moteur, les machines attachées à l'établissement, les agrès, etc.

84. La question de savoir si l'installation du service des eaux de la ville dans l'appartement loué constitue un accessoire dont la délivrance incombe au bailleur, a été diversement résolue.

85. D'après les uns, dans le silence du contrat de bail, il faut admettre que le service des eaux de la ville, organisé dans la maison louée, doit rester à la charge exclusive du locataire, ce service ne pouvant à aucun titre être considéré comme un accessoire de la chose louée dont la délivrance incomberait au bailleur par application de l'art. 1720 C. civ.

86. Selon les autres, la question est douteuse lorsqu'il s'agit d'une maison louée entière à un seul locataire ou lorsqu'il s'agit d'une maison ou partie de maison louée à un commerçant ou industriel, pour lequel la consommation de l'eau excède de beaucoup les besoins du ménage. Par contre, en matière de location d'appartement, à moins de convention contraire, le locataire a droit, sans rétribution, à l'eau installée dans l'appartement au moment de la location. Cette installation constitue un avantage apparent sur lequel le locataire a pu et dû légitimement compter, et qu'il aurait pu au besoin refuser s'il eût été prévenu qu'il aurait à le payer.

87. Enfin, on a proposé une solution mixte qui est la suivante : on distingue suivant que l'eau est donnée par abonnement ou au compteur. Dans le premier cas, la charge en incomberait au propriétaire s'il n'avait pas stipulé, à titre de charge ajoutée au loyer, le payement par le locataire de la redevance fixe due à la compagnie des eaux. Par contre, l'obligation imposée, par le bail, au locataire d'avoir un compteur à eau particulier impliquerait d'elle-même que l'eau ne doit pas être fournie gratuitement par le propriétaire. Et il en serait ainsi alors même qu'en fait le locataire, pendant le premier terme de sa location, aurait usé du compteur du propriétaire, sans que celui-ci ait exigé de lui une somme afférente à la consommation de l'eau.

88. Lorsque le délai de délivrance n'est pas déterminé

par les conventions, on doit s'en référer à l'usage. A défaut d'usage, le bailleur n'est tenu de délivrer la chose que lorsqu'il en a été mis en demeure.

89. C'est aux frais du bailleur que la délivrance doit se faire.

90. Dans le cas où le bailleur a loué la même chose à deux personnes différentes, le conflit des deux preneurs doit, dans l'opinion dominante, être réglé de la manière suivante : la préférence est donnée à celui qui a été mis en possession, alors même que le titre de l'autre serait antérieur. Si aucun des deux n'a été mis en possession, celui-là doit être préféré, dont le titre est le plus ancien.

91. Si le propriétaire n'exécute pas son obligation de délivrer la chose louée, le preneur a le choix entre deux partis : 1° d'actionner le bailleur en délivrance de la chose ; cette demande sera portée devant le tribunal du domicile du propriétaire ; 2° intenter une action en résolution du contrat avec dommages-intérêts. — Le bailleur qui résisterait à l'exécution du jugement ordonnant la délivrance pourrait être contraint par la force publique.

92. Si la chose louée n'est pas en bon état de réparations au moment de la délivrance, le preneur peut faire condamner le propriétaire à la remettre en état. Il pourrait aussi être autorisé à faire lui-même les réparations aux frais du bailleur.

93. La clause de style suivant laquelle le preneur déclare, au moment de passer le bail, qu'il a vu et visité les lieux loués et les connaît bien, ne fait pas obstacle à ce qu'il exige que lesdits lieux lui soient délivrés en bon état de réparations de toute espèce. C'est là, du moins, une question de fait dont la solution varie suivant les cas.

SECTION II. — Entretien, Réparations.

94. L'obligation pour le propriétaire d'entretenir la chose louée consiste à faire à cette chose, pendant la durée du bail, toutes les réparations qui peuvent devenir nécessaires, autres que les locatives. Elle ne comprend ni les travaux de reconstruction, même partielle, ni les travaux d'amélioration ou d'entretien qui ne tendraient qu'à rendre l'usage de la chose plus agréable ou plus commode. Mais la charge des réparations nécessaires incombe au bailleur, qu'elles soient nécessitées par un cas fortuit ou par la vétusté.

95. Ainsi, sont à la charge du bailleur les travaux nécessaires pour empêcher les cheminées de fumer et pour rétablir des lambris ayant dépéri par vétusté.

96. En cas de refus du bailleur de faire les réparations nécessaires, le preneur peut le faire condamner à les exécuter dans un délai fixé; faute d'exécution dans le délai, le locataire est autorisé à faire lui-même les réparations, et à en retenir le montant sur les loyers par lui dus. Il ne pourrait, en principe, se passer de l'autorisation de justice. Cependant, s'il avait agi sans autorisation, il pourrait se faire rembourser les sommes qu'il aurait dépensées, mais à la charge de prouver que les travaux étaient nécessaires et que la dépense n'est pas excessive. Si le bailleur tarde ou se refuse à faire les réparations nécessaires, le preneur peut obtenir contre lui des dommages-intérêts et même, suivant les cas, la résiliation du bail. Spécialement, celui qui loue un pré à un tiers à la condition que ce dernier en jouisse comme *herbage*, est tenu de lui livrer des prairies avec des clôtures suffisantes pour contenir les bestiaux qui doivent y paître. Il est également tenu d'entretenir lesdites clôtures en parfait état de solidité. Dès lors, il doit au preneur des dommages-intérêts si, à raison du mauvais état des clôtures, un accident est survenu aux bestiaux dudit preneur. Le bailleur doit, de plus, être condamné à procurer au preneur la remise en état et l'entretien des clôtures existantes ou la construction d'un nouveau barrage.

97. Toutefois, les dommages-intérêts ne peuvent être dus qu'à partir du moment où le bailleur a été mis en demeure ou, tout au moins, avisé (par exemple, par lettre recommandée) de l'état défectueux de la chose louée.

98. Bien que l'obligation d'entretien incombe, en principe, au propriétaire, les parties peuvent valablement mettre à la charge du preneur l'obligation de faire les réparations, soit pour le tout, soit dans une mesure déterminée. Ainsi, il peut être verbalement convenu que le locataire d'un immeuble affecté à l'exploitation d'un café-concert exécutera, à l'exclusion du bailleur, toutes les modifications et réparations ordonnées par l'autorité administrative pour assurer dans l'immeuble la sécurité des spectateurs.

99. On doit interpréter restrictivement la clause d'un bail aux termes de laquelle les réparations, de quelque nature qu'elles soient, aussi bien les locatives que celles de gros entretien, seront à la charge du locataire. Par suite, cette clause ne saurait être considérée comme comprenant les réparations rendues nécessaires par suite de cas fortuit, force majeure ou vice caché. Spécialement, elle ne saurait être invoquée par le bailleur en cas d'écroulement de cloisons survenu dans les lieux loués, lorsque cet écroulement est dû à un vice de construction.

100. Le tribunal civil est compétent, à l'exclusion du juge de paix, pour connaître des demandes de grosses réparations formées par un locataire contre son propriétaire (L. 12 juill. 1905, art. 4, § 1 et 2).

101. Les tribunaux ne peuvent pas, en principe, ordonner l'exécution provisoire de leurs jugements et, en règle générale, il faut attendre, pour mettre une décision de justice à exécution, qu'elle soit devenue définitive par l'expiration des délais ouverts pour l'exercice des diverses voies de recours, notamment l'opposition et l'appel. Cependant il y a des exceptions à cette règle. Spécialement, les juges peuvent ordonner l'exécution provisoire lorsqu'il s'agit de *réparations urgentes* (C. pr. civ. art. 135) incombant au propriétaire.

102. Cette disposition a son véritable intérêt lorsque la demande est portée devant le tribunal civil ; en effet, si celle-ci est portée devant la juridiction des référés, l'exécution provisoire sera toujours possible ; elle est de droit devant cette juridiction.

103. Le preneur peut, pour faire autoriser rapidement les travaux qui sont nécessaires à l'entretien de la chose, employer la procédure du référé. Cette procédure permet au locataire de faire effectuer promptement les réparations qui s'imposent ; le plus souvent, le président du tribunal nomme des experts pour constater la nécessité des travaux ; en cas d'extrême urgence, il les autorise même à faire procéder immédiatement aux travaux indispensables, aux risques de qui il appartiendra.

104. Le locataire ne peut pas refuser le paiement du loyer échu, sous le prétexte vague que le propriétaire doit faire à l'immeuble loué des réparations urgentes et indispensables : ce serait établir une compensation entre deux créances ou deux droits inégaux. — Par contre, la résistance du locataire serait justifiée si le propriétaire s'était engagé à faire ou à payer des réparations dont le chiffre aurait été contradictoirement arrêté, ou encore si le préjudice subi par le locataire, quoique non encore estimé en argent, était certain, évident et susceptible d'être apprécié pécuniairement au moyen d'une vérification prompte et facile ; il en serait ainsi, par exemple, si le mauvais état de la toiture avait permis aux eaux pluviales de faire dans les lieux loués des dégradations importantes, détériorant le mobilier et les effets du locataire.

105. Le bailleur, tenu de faire les réparations nécessaires quand le preneur l'exige, pourrait-il les faire contre la volonté du preneur, lorsque ce dernier aime mieux jouir de la chose en mauvais état que subir la gêne résultant des réparations ? La loi (C. civ. 1724) fait sur ce point une distinction. Si les réparations, quoique nécessaires, ne sont pas urgentes, c'est-à-dire si elles peuvent être différées jusqu'à la fin du bail, le preneur n'est pas obligé de les subir contre sa volonté.

106. Si, au contraire, les réparations sont urgentes, le preneur doit les subir ; mais, si elles durent plus de quarante jours, le preneur a droit à une diminution de loyers proportionnelle au temps et à la partie de la chose louée dont il a été privé. Et, dans ce cas, la diminution de loyer doit être calculée à partir du commencement des travaux.

107. Quand les réparations durent moins de quarante jours, le preneur n'a droit à aucune indemnité, à moins que le bailleur n'ait commis une faute caractérisée qui ait aug-

1*

menté soit la durée, soit les inconvénients de ces réparations.

108. Le preneur a, d'ailleurs, en tous cas, le droit de demander la résiliation lorsque les travaux, qu'elle qu'en doive être la durée, ont pour effet de rendre les lieux loués inhabitables.

109. L'urgence des réparations et le point de savoir si elles rendent les lieux loués inhabitables sont des questions de fait laissées à l'appréciation des tribunaux.

109 *bis*. Le plus souvent, c'est une même personne qui est propriétaire de la totalité de l'immeuble et, par conséquent, c'est à elle seule qu'incombent l'entretien de tout l'immeuble et les réparations. Il arrive cependant dans certaines villes (Lyon et Grenoble, par exemple) que les divers étages d'une même maison appartiennent à des propriétaires différents. Dans ce cas, chaque propriétaire doit entretenir : 1° l'étage qui lui appartient ; 2° une partie des portions communes de la maison, toit, escalier, etc. La part contributive de chacun dans l'entretien des portions communes est généralement déterminée d'après le nombre et l'importance des étages appartenant à chaque propriétaire ; les titres de propriété sont d'ailleurs, le plus souvent, très explicites à cet égard.

SECTION III. — Obligation de garantie.

§ 1er. — Garantie des vices cachés.

110. A. *Dans quel cas il y a lieu à garantie.* — a) *Vices empêchant l'usage de la chose.* — Il est dû garantie au preneur pour tous les vices ou défauts de la chose louée qui en empêchent l'usage (C. civ. 1721). L'impossibilité d'usage doit, d'ailleurs, s'entendre d'une manière assez large.

111. Ainsi, la présence de punaises dans une maison donne lieu à garantie, dès lors qu'il en résulte pour le preneur une incommodité équivalente à l'impossibilité de jouir des lieux loués. Et la connaissance que le preneur a eue avant le bail de l'existence des punaises dans l'immeuble loué ne peut suffir à affranchir le bailleur de son obligation de garantie, s'il n'apparaît pas, en outre, que le preneur a renoncé, soit expressément, soit implicitement, à cette garantie.

112. L'invasion des rats dans un immeuble loué constitue un trouble dont le bailleur doit réparation pour le passé et qu'il doit, par des travaux, faire cesser pour l'avenir. Toutefois, le propriétaire ne devrait pas garantie si l'invasion des rats avait pour cause la situation des lieux, le voisinage d'un abreuvoir ou d'un cours d'eau, et si toutes les précautions possibles avaient été prises.

113. De même, le locataire serait fondé à se plaindre de la présence des cafards dans l'appartement loué, si, d'ailleurs, il en résultait pour lui un inconvénient réellement sérieux. A cet égard, il a été jugé qu'un appartement n'est point inhabitable parce qu'on y constate la présence de quelques cafards morts et de deux cafards vivants, alors surtout que le propriétaire justifie avoir pris toutes mesures pour détruire les insectes et que les locataires voisins déclarent qu'ils ont depuis longtemps disparu ; qu'en conséquence doit être rejetée une demande d'indemnité pour trouble de jouissance basée sur des faits de cette nature (Trib. de paix de Paris (8e arrond.), 13 août 1908, *Rec. de la gazette des Trib.*, 1909. 1. 2-33).

114. De même, donnerait lieu à garantie l'existence d'une cheminée de cuisine qui fumerait au point d'en rendre l'usage impossible et ne serait pas réparable sans danger d'incendie.

115. Le propriétaire serait encore responsable envers le locataire du préjudice résultant de l'infiltration des pluies au travers des murs mal construits, infiltration qui a occasionné la dégradation des marchandises du preneur. — Il y a également lieu à garantie de la part du bailleur, lorsque les lieux loués sont tellement humides qu'il serait très incommode et peut-être dangereux d'y habiter, ou lorsque la rupture d'un tuyau de conduite d'eau traversant les lieux loués a détérioré les meubles et effets du locataire.

116. Mais le bailleur n'est pas garant des vices qui rendent seulement l'usage de la chose moins commode.

Ainsi, de ce que l'un des quatre tournants d'un moulin donné à bail n'aurait pas, en tout temps, une célérité égale aux autres, il ne s'ensuit pas que le preneur ait droit à une indemnité, alors surtout qu'avant le bail il avait visité les lieux et éprouvé l'effet du moulin.

117. b) *Vices connus ou ignorés du bailleur.* — La garantie est due par le propriétaire, non seulement lorsqu'il a *connu* les vices de la chose, mais même lorsqu'il les a ignorés. Ainsi, le bailleur de terrains reconnus impropres à la culture à raison de leur humidité excessive doit garantie, bien qu'il fût autorisé à croire que ces terrains étaient desséchés et entièrement propres à la culture.

118. c) *Non-garantie pour les vices apparents et pour les défauts naturels et notoires de la chose louée.* — Le bailleur n'est pas garant des vices qui étaient apparents lors du contrat et que le preneur a connus ou qu'il a pu apercevoir par l'inspection qu'il a faite de la chose louée. Ainsi, celui qui a loué une loge de théâtre est mal venu à se plaindre ensuite des inconvénients qu'elle présente, et, spécialement, de l'impossibilité où seraient deux des occupants sur cinq d'apercevoir la scène, alors qu'il avait, avant de s'engager, toute facilité pour reconnaître les places objet du contrat.

119. De même, ne donnent pas lieu à garantie les défauts naturels de la chose louée, pourvu qu'ils soient notoires, alors même qu'ils ne seraient pas apparents. Ainsi, il n'y a pas lieu de résilier le bail d'une maison d'habitation pour cause d'humidité des lieux loués, alors que cette humidité était suffisamment apparente pour être connue et appréciée du locataire lors de la conclusion du bail.

120. d) *Vices survenus depuis le bail.* — Le bailleur est garant des vices ou défauts de la chose louée, non seulement lorsqu'ils existaient au moment de la location, mais même lorsqu'ils ne sont survenus que depuis. Ainsi, la diminution de jour résultant des constructions élevées, pendant la durée du bail, par les voisins, peut être assimilée à un vice ou défaut de la chose louée dont le bailleur est garant envers le preneur.

121. B. *Sanction de l'obligation de garantie.* — Le bailleur doit indemniser le preneur des pertes et dommages que les vices de la chose lui ont causés. Toutefois, si le propriétaire a ignoré les vices, il n'est tenu que des dommages-intérêts prévus ou qui ont pu être prévus lors du contrat.

122. Indépendamment des dommages-intérêts, le preneur peut réclamer du bailleur, à raison des vices et défauts de la chose louée, une réduction des loyers proportionnée à la jouissance dont il a été privé. Ainsi, lorsqu'un directeur de théâtre a donné en location pour quatre places une loge qui ne peut en réalité contenir que trois personnes, ce directeur peut être condamné non seulement à payer des dommages-intérêts à raison de l'inexécution de l'obligation où il était de faire jouir le preneur de la chose louée, mais encore à rembourser au preneur la somme afférente à la place qui ne pouvait être occupée.

123. La résiliation du bail peut toujours être prononcée si les vices de la chose la rendent complètement impropre à l'usage auquel elle était destinée.

124. C. *Renonciation du preneur à la garantie.* — L'obligation pour le bailleur de garantir le preneur contre les vices de la chose peut être écartée par une clause de contrat. Mais cette clause doit être expresse et, par exemple, la stipulation que le bailleur sera exonéré des conséquences des grosses réparations, ne peut pas être considérée comme équivalente : la jurisprudence a décidé, notamment, que les vices intérieurs des gaines de cheminées constituent des vices cachés qui, lorsqu'ils rendent l'appartement inhabitable, permettent au locataire, alors même que le bailleur est exonéré par le bail des conséquences des grosses réparations, de demander et d'obtenir la résiliation du contrat aux torts et griefs du bailleur et des dommages-intérêts, alors, d'ailleurs, que les travaux prescrits par les experts pour faire disparaître ces vices constituaient, non des réparations, mais des réfections totales que les locataires ne sauraient être tenus de subir.

§ 2. — Garantie de la perte totale ou partielle de la chose.

125. A. *Quand y a-t-il lieu à garantie ?* — Lorsque, pendant la durée du bail, la chose louée est détruite, soit en totalité, soit en partie, par suite d'un événement fortuit ou de force majeure, le bailleur doit garantie au preneur. L'événement qui détruit la chose en tout ou en partie constitue un cas fortuit ou de force majeure lorsqu'il est indépendant de la volonté des parties et ne peut, dès lors, être imputé à aucune d'elles, comme, par exemple, un incendie, un tremblement de terre, des faits de guerre. De même, la démolition d'une maison ordonnée par l'Administration en exécution d'un plan d'alignement constitue un cas de force majeure. Par contre, on ne devrait pas assimiler au cas fortuit dont parle l'art. 1722, la démolition d'une maison ordonnée par l'autorité administrative pour cause de vétusté et de dégradation compromettant la sécurité publique.

126. Il faut assimiler au cas de destruction soit totale, soit partielle, le cas où le preneur est privé en tout ou en partie de la chose louée, bien que cette chose subsiste matériellement. Il en est ainsi, par exemple, lorsque le locataire ne peut jouir de tout ou partie de la chose par suite soit des ravages de guerre, soit d'un acte de l'Administration : tel serait le refus ou le retrait de l'autorisation administrative nécessaire pour l'exploitation des locaux loués (une usine, par exemple); toutefois, la garantie ne serait pas due si les circonstances indiquaient que le preneur a entendu assumer les risques résultant des prescriptions administratives relatives à ces sortes d'établissements.

127. Il faut même assimiler au cas de perte totale le cas où, la chose subsistant encore, au moins partiellement, le preneur ne peut en jouir suivant la destination qu'elle avait reçue d'après le contrat. Ainsi, la destruction des vignobles par le phylloxera constitue une perte totale de la vigne louée. — De même, l'arrêté qui supprime à Paris les bureaux de placement conformément à la loi du 14 mars 1904 constitue un événement de force majeure qui emporte pour le preneur d'un local loué à cet usage un empêchement absolu d'en jouir suivant le mode stipulé au contrat. Et, dès lors, le preneur est fondé à demander la résiliation du bail.

128. Mais si la chose devenait seulement impropre à la destination que lui avait donnée le locataire seul, il n'y aurait pas lieu à garantie ; par exemple, le preneur qui, après avoir loué une maison située sur une route fréquentée, y établit une auberge, ne peut, si la route vient à être supprimée, invoquer l'art. 1722 C. civ., bien que l'achalandage soit anéanti.

129. D'ailleurs, pour que l'impossibilité de jouissance soit assimilée à la perte et donne lieu à garantie, il faut que cette impossibilité constitue un obstacle absolu. Ainsi, l'abstention volontaire du preneur en raison des dangers auxquels il pourrait être exposé dans sa jouissance, par exemple à raison de l'état de guerre, ne donne pas lieu à garantie. Il n'en serait autrement que si l'abstention était motivée par un danger imminent provenant de la chose elle-même.

130. De même, si la jouissance du preneur se trouve empêchée par une cause quelconque qui lui est personnelle, il n'y a pas lieu à garantie ; la force majeure suppose, en effet, une impossibilité de jouissance qui résulte d'une cause d'un caractère général. Ainsi, l'acte du Gouvernement qui change un fonctionnaire de résidence et l'oblige à quitter l'appartement qu'il avait loué n'est pas un cas de force majeure.

131. Pour qu'il y ait lieu à garantie, il faut que la perte porte sur la chose elle-même. Le bailleur, notamment, ne serait pas garant si un cas fortuit avait détruit, non la chose, mais seulement les aménagements faits par le preneur de son plein gré et dans son intérêt exclusif, ou si, par un cas de force majeure, il y avait diminution dans les produits ou l'agrément de la chose louée. Spécialement, il n'y a pas lieu de prononcer la résiliation du bail d'un lavoir public, au cas de diminution du débit d'un puits alimentant ce lavoir.

132. De même, le locataire de l'exploitation d'un débit

de tabac ne peut demander la résiliation de son bail, par application des dispositions de l'art. 1722 C. civ., sous prétexte qu'il a été créé dans la localité un nouveau bureau de tabac, dont l'exploitation est de nature à diminuer les produits du premier; alors, d'ailleurs, que le propriétaire du débit de tabac n'a pas garanti au locataire, soit les produits de la chose louée, soit une zone nettement déterminée pour son exploitation. — Il a été décidé également, dans le cas aussi de bail d'un débit de tabac, que le fait par l'Administration d'avoir élevé le prix des tabacs qu'elle livre aux débitants, tout en maintenant au même taux le prix auquel ces tabacs doivent être vendus aux consommateurs, ne donne point lieu à la résiliation du bail, ni à une diminution de prix.

133. B. *Effets de l'obligation de garantie.* — Ils sont déterminés par l'art. 1722 C. civ. Si la perte est totale, le bail est résilié de plein droit; si elle est partielle, le preneur peut, suivant les circonstances, demander ou une diminution de loyer, ou la résiliation même du bail. Mais, dans l'un et l'autre cas, s'agissant de cas fortuit, le bailleur ne doit pas de dommages-intérêts.

134. En cas de perte totale, la résiliation du bail est forcée : le preneur ne pourrait pas plus obliger le bailleur à rétablir la chose, que le bailleur ne pourrait, en la rétablissant, obliger le preneur au maintien du bail.

135. En cas de perte partielle, le preneur ne peut demander la résiliation du bail que si la chose, par l'effet de la diminution qu'elle a subie, ne peut plus remplir la destination pour laquelle elle a été louée; sinon, il n'a droit qu'à une diminution de loyer. Les tribunaux apprécient souverainement si la perte partielle est assez grave pour entraîner la résiliation. Lorsque la perte est assez importante pour entraîner la résolution du bail, le preneur peut, s'il le préfère, ne demander qu'une diminution de loyer. C'est à lui seul qu'appartient cette option : s'il réclamait seulement une diminution de prix, le bailleur n'aurait pas le droit de demander la résolution du bail, et les juges excéderaient leur pouvoir en la prononçant. Mais, lorsque le preneur a opté pour la résolution du bail, il n'a plus le droit, alors même que sa déclaration n'a pas été l'objet d'une acceptation du bailleur, de revenir sur son option et de rester preneur de la chose, si le propriétaire s'y refuse. — Lorsque le preneur opte pour la continuation du bail, il peut exiger du bailleur les réparations nécessaires pour remettre les lieux en état.

136. Lorsque la perte totale ou partielle de la chose louée arrive par le fait du bailleur, le preneur peut obtenir soit la résiliation du bail, soit une diminution de loyers, de la même manière que dans le cas de perte fortuite ; mais il peut en outre, s'il y échet, faire condamner le bailleur à des dommages-intérêts. Tel est le cas, par exemple, où la démolition de la maison louée est ordonnée par l'autorité pour cause de vétusté ou de dégradation compromettant la sécurité publique.

137. Si la perte est imputable au preneur (responsable, par exemple, de l'incendie qui a détruit l'immeuble loué), il n'y a évidemment plus lieu à aucune garantie de la part du bailleur ; mais si cette perte porte sur la totalité ou sur la partie principale de la chose louée, le bail est résolu comme en cas de perte fortuite, et le locataire est tenu de payer au bailleur une indemnité pour la privation de loyers subie pendant le temps nécessaire à la reconstruction de la chose et à sa relocation.

138. Les parties peuvent, par des clauses expresses du bail, déroger aux dispositions de l'art. 1722 C. civ.

139. Lorsque les locations verbales ou écrites n'excèdent pas annuellement 600 francs, les juges de paix connaissent sans appel jusqu'à la valeur de 300 francs, et à charge d'appel à quelque valeur que la demande puisse s'élever, *des demandes en résiliation de baux fondées sur la destruction de la totalité de la chose louée prévue* par l'art. 1722 C. civ. (L. 12 juill. 1905, art. 3).

§ 3. — Garantie des troubles.

140. Le bailleur doit garantir le preneur contre les troubles apportés à sa jouissance, ce qui comporte de sa part la double obligation : 1° de n'apporter lui-même aucun trouble à cette jouissance ; 2° d'intervenir et de défendre le preneur contre les troubles qui proviendraient de tiers.

141. A. *Troubles provenant du bailleur lui-même.* — Le bailleur troublerait la jouissance du preneur, si, pendant la durée du bail, il changeait la forme de la chose louée (C. civ. 1723). Un changement partiel lui est, d'ailleurs, interdit aussi bien qu'un changement total. Ainsi, il ne peut boucher une fenêtre, supprimer une porte. Mais le preneur ne pourrait se plaindre du changement si celui-ci ne lui causait aucun préjudice et si sa jouissance n'en devenait ni moins complète, ni moins commode.

142. L'interdiction faite au bailleur de changer la forme des lieux s'applique d'ailleurs, non seulement aux objets énoncés dans le bail, mais aux accessoires ou avantages qui s'y rattachent et sur lesquels le preneur a dû compter comme utilité ou comme agrément de la location, tels, notamment, que l'entrée de la maison, la cour qui y donne accès, etc. De même, si une personne, en louant des ateliers, a eu essentiellement en vue le jour qui éclairait ces ateliers, le propriétaire ne saurait élever des constructions enlevant une partie du jour.

143. Le bailleur peut troubler la jouissance du preneur par suite d'actes accomplis par lui, non plus dans la maison louée, mais dans une maison voisine. Ainsi, il est responsable du trouble qui proviendrait de travaux ou modifications exécutés par lui dans la maison voisine. De même, le changement de destination d'un bâtiment attenant à la maison louée peut constituer un trouble à la jouissance du preneur, pourvu que cette destination ait fait l'objet d'une stipulation expresse et spéciale du bail. Le bailleur pourrait même, suivant les circonstances, être considéré comme troublant la jouissance du preneur si, après lui avoir loué sa maison pour une industrie déterminée, il ouvrait dans une maison voisine un établissement concurrent, ou si, dans une maison contiguë lui appartenant, il établissait un autre locataire exerçant une industrie similaire.

144. Si, pendant le bail, l'usage et la jouissance de la chose appartiennent exclusivement au preneur, le bailleur a, dans certains cas, le droit d'entrer dans les locaux loués ou d'envoyer d'autres personnes : par exemple, pour vérifier s'il y a des réparations à y faire ou pour les faire visiter en vue d'une nouvelle location.

145. Le bailleur n'a pas le droit de procéder à la démolition et à la reconstruction des étages supérieurs de la maison dont le rez-de-chaussée et le premier étage ont été donnés à bail, alors que ces travaux, par la chute des matériaux qu'ils entraînent, apportent un trouble grave à la jouissance du locataire, notamment en exposant la clientèle commerciale de celui-ci à des dangers susceptibles de l'éloigner. Et dès lors, les juges peuvent interdire au bailleur de continuer les travaux qu'il a commencés (et en particulier, de construire les dits étages), si la jouissance du locataire doit en être troublée.

146. Le locataire d'une maison située sur un terrain qui s'affaisse par suite des travaux souterrains effectués par une compagnie minière n'est pas tenu de supporter, sans indemnité, les réparations nécessitées par cet affaissement à la maison qu'il habite. Et la compagnie minière, qui s'est mise au lieu et place du bailleur par l'acquisition qu'elle a faite à celui-ci de sa maison, ne saurait se prévaloir, pour échapper au payement d'une indemnité, de la clause du bail par laquelle le locataire s'engage à supporter les réparations ne dépassant pas quarante jours. Cette clause vise, en effet, les réparations qu'il devait y avoir lieu d'effectuer normalement, à raison de la vétusté, du défaut d'entretien ou des intempéries, mais non celles occasionnées par les travaux souterrains de la compagnie minière, travaux que le bailleur n'a pas entendu obliger son locataire à subir.

147. Chacun des locataires d'un immeuble ayant le droit d'user également du vestibule de la maison, le bailleur ne saurait, sans porter atteinte à ce droit, autoriser un locataire à l'aménager et à le décorer de telle façon qu'il paraisse être l'antichambre d'un hall vitré auquel il donne accès et qui est loué à ce locataire pour un usage commercial.

148. Lorsque le bailleur a, par son fait personnel ou par celui des personnes dont il répond, troublé indûment la jouissance du preneur, celui-ci a le droit de lui réclamer, en premier lieu, la cessation du trouble. C'est ainsi que le locataire a le droit d'exiger du bailleur le renvoi des concierges, lorsque ceux-ci troublent sa jouissance par leurs agissements vexatoires.

149. Le preneur pourrait même obtenir la résiliation du bail ou une diminution de loyers. Dans tous les cas, si le preneur a subi un préjudice, il peut obtenir, soit à titre principal, soit à titre accessoire, des dommages-intérêts.

150. D'après l'art. 4 de la loi du 12 juill. 1905, les juges de paix connaissent sans appel jusqu'à la valeur de 3oo francs, et à charge d'appel à quelque chiffre que la demande puisse s'élever, des indemnités réclamées par le locataire ou fermier pour non-jouissance provenant du fait du bailleur, par exemple en cas de retard ou de refus de la chose louée, du défaut par le bailleur de faire les réparations à sa charge, etc. Il n'en est ainsi, toutefois, que si le droit à une indemnité n'est pas contesté. Il ne suffit pas, d'ailleurs, pour qu'il y ait contestation de cette nature, que le propriétaire auquel le locataire ou le fermier demande une indemnité pour non-jouissance réponde que cette jouissance n'a pas été troublée ou qu'il ne doit pas cette indemnité ; il faut que la défense du propriétaire constitue une fin de non-recevoir contre la demande du fermier. Au contraire, le juge de paix est incompétent lorsque la question soulevée est de savoir s'il y a eu tacite reconduction ; car, en pareil cas, le litige porte sur l'existence même du bail. — Ce n'est, en tous cas, que lorsque le trouble à la jouissance est imputable au propriétaire que cette compétence exceptionnelle du juge de paix est applicable : il n'est compétent que dans les limites du droit commun, lorsque le trouble vient du fait d'un tiers ou a pour cause la force majeure.

151. L'obligation pour le preneur de payer le prix est subordonnée à celle qui incombe au bailleur de faire jouir son locataire de la chose louée. Il appartient aux juges de décider, d'après les circonstances de la cause, si l'inexécution des obligations du bailleur est assez grave pour affranchir le preneur de l'obligation de payer le prix.

152. B. *Troubles provenant des autres locataires de la maison.* Les dispositions de la loi qui édictent, à l'encontre du bailleur, l'obligation de faire jouir paisiblement le preneur, sont également applicables quand l'acte d'où résulte le trouble de jouissance émane non du bailleur lui-même, mais d'un autre locataire (lequel exerce, par exemple, une industrie similaire de celle du preneur, lui faisant ainsi concurrence).

153. Dans ce cas, le locataire, victime du trouble, ne peut pas agir directement contre le colocataire qui en est l'auteur. Il doit diriger son action contre le propriétaire.

154. Ce dernier, il est vrai, a ensuite un recours contre l'auteur du trouble, si toutefois ce dernier a excédé les droits que lui confère son bail. Ce recours, en principe, n'est jamais refusé au bailleur; il n'en est autrement que si celui-ci a négligé de prévenir en temps utile l'auteur du trouble des plaintes que formulait son colocataire et lui a ainsi enlevé le moyen de remédier plus tôt à l'état des choses défectueux, objet des réclamations. Le propriétaire qui, dans ce cas, est fautif, peut être condamné à supporter personnellement, sans recours contre l'auteur du trouble et à titre de réparation du préjudice causé à ce dernier, une partie des dommages-intérêts alloués au locataire dont la jouissance a été troublée.

155. D'ailleurs, les faits imputables aux autres locataires ne peuvent donner, au profit du preneur, ouverture à une action contre le bailleur qu'autant qu'ils portent une atteinte sérieuse à sa jouissance. Ainsi, le preneur n'est fondé à se plaindre, ni de ce que les autres locataires de la maison louée ont des chiens, s'il n'établit pas que la possession de ces animaux, d'ailleurs autorisée par les baux, est pour lui la cause d'un trouble quelconque; — ... Ni de certaines négligences dans la tenue et la propreté de l'escalier et du vestibule communs, si ces négligences momentanées ne se reproduisent pas journellement, et alors surtout que l'immeuble n'est pas occupé bourgeoisement dans toutes ses parties; — ... Ni de ce que certains colocataires étendent du linge aux fenêtres de leur appartement donnant sur la cour intérieure, lorsque les faits de cette nature ne se produisent qu'à de rares occasions.

156. Le preneur ne saurait se plaindre, non plus, du bruit causé par le nettoyage des appartements à l'aide d'appareils électriques, la pratique de ces appareils, qui tend de plus en plus à se généraliser, rentrant dans la catégorie des bruits qui doivent être tolérés par les locataires.

157. Par contre, c'est à bon droit qu'un locataire, après avis adressé au bailleur, quitte les lieux loués et engage contre celui-ci une demande de résiliation de bail avec dommages-intérêts, en se fondant sur ce que celui-ci, au cours du bail, a installé au rez-de-chaussée de son immeuble une nouvelle industrie dont le bruit saccadé apporte un trouble à la jouissance des locataires. — L'avis donné au bailleur par lettre du preneur recommandée constitue une mise en demeure suffisante d'avoir à faire cesser le trouble (Lyon, 11 avr. 1900, *Mon. jud. de Lyon*, 15 oct. 1900).

158. C. *Troubles provenant du fait du propriétaire voisin.* — Le locataire subit un trouble du fait du propriétaire voisin lorsque des travaux effectués par celui-ci modifient pour l'avenir la situation de l'immeuble loué, par exemple en lui enlevant l'air ou la lumière, soit quand les travaux, n'étant pas de nature à causer un trouble permanent de la jouissance, l'entravent cependant pendant leur durée, soit lorsque le propriétaire voisin reconstruit ou surélève dans son intérêt exclusif le mur mitoyen avec l'immeuble loué. Dans tous ces cas, on admet, en général, que le bailleur est tenu de garantir son preneur contre le trouble résultant des travaux faits par le voisin, soit que celui-ci ait abusé de son droit de propriétaire, soit qu'il en ait fait un exercice légitime.

159. Le preneur a, en dehors de son action en garantie contre le bailleur, une action directe contre le propriétaire voisin, si celui-ci a commis un abus de son droit de propriété.

160. D. *Troubles provenant de tiers quelconques.* — Il importe, relativement à ces troubles, de distinguer les troubles de fait et les troubles de droit.

161. Le bailleur n'est pas garant des troubles de fait

émanés de tiers (C. civ. 1725). Le preneur ne peut donc lui demander de ce chef aucuns dommages-intérêts. Il ne pourrait même lui demander une diminution de loyer proportionnelle à sa privation de jouissance. Le preneur doit donc, pour obtenir la réparation qui lui est due, poursuivre l'auteur du trouble devant les tribunaux civils, ou même devant la justice criminelle, si la voie de fait constitue une infraction à une loi pénale.

162. Notamment, si, lors du passage d'un corps de troupe, quelques actes de maraudage sont commis sur la chose louée, la perte doit être supportée par le preneur seul. — De même, le propriétaire d'un immeuble dont le puits a été souillé par la malveillance d'un tiers, ne saurait être déclaré responsable des conséquences dommageables résultant pour sés locataires d'une fièvre typhoïde contractée par eux en utilisant l'eau de ce puits.

163. Les troubles de droit se produisent lorsqu'un tiers prétend un droit sur la chose louée, que cette prétention soit ou ne soit pas accompagnée de voies de fait. Il en est ainsi, par exemple, lorsqu'un tiers se prétend propriétaire et réclame du preneur le délaissement de tout ou partie de l'immeuble loué ; lorsqu'il prétend exercer sur cet immeuble une servitude ou interdire l'exercice d'une servitude établie au profit de cet immeuble.

164. Le trouble de droit peut se manifester de plusieurs manières : il peut arriver que le tiers qui prétend son droit sur la chose intente une action contre le preneur ; il peut ainsi arriver que le tiers exerce des voies de fait sur la chose, et que ce soit seulement lorsque le preneur le poursuit qu'il manifeste ses prétentions. — Dans ces diverses hypothèses, le preneur doit *dénoncer* le trouble à son bailleur et appeler celui-ci en garantie. Il peut même exiger d'être mis hors de cause en nommant le bailleur pour lequel il possède.

165. Que peut réclamer le preneur par l'action en garantie ? En cas d'éviction totale, le bail est résolu de plein droit. Si, au contraire, l'éviction ne porte que sur une partie de la jouissance, le preneur a droit à une diminution proportionnelle sur le prix du bail. Il pourrait même obtenir la résiliation du contrat si la partie dont il est privé est de telle importance que, sans elle, il n'eût pas pris la chose à bail. De plus, dans les deux cas, le preneur peut obtenir des dommages-intérêts suffisants pour réparer complètement le dommage causé par l'éviction.

166. Si le preneur n'avait pas dénoncé le trouble à son bailleur, il n'aurait plus contre lui son recours en garantie ; et même il deviendrait passible de dommages-intérêts envers le bailleur, s'il en était résulté un préjudice pour ce dernier. Toutefois, malgré le défaut de dénonciation, il pourrait encore exercer son recours s'il établissait ou que le bailleur n'avait aucun moyen de faire cesser le trouble, ou bien qu'il l'a connu et en a obtenu la réparation.

167. Les parties peuvent, par une clause expresse du bail, supprimer absolument l'obligation de garantie, de telle sorte que le preneur ne puisse rien demander au bailleur en cas d'éviction.

168. Les règles précédentes sur la garantie des troubles s'appliquent aux baux à ferme comme aux baux à loyer. C'est ainsi qu'aux termes de l'art. 1768 C. civ., le preneur d'un bien rural est tenu, sous peine de tous dépens, dommages et intérêts, d'avertir le propriétaire des usurpations qui peuvent être commises sur le fonds.

169. Bien que l'art. 1768 ne parle que des usurpations, c'est-à-dire des troubles de fait, le fermier est également tenu de dénoncer au bailleur les troubles de droit.

170. La forme de l'avertissement n'est pas réglée par la loi : il peut donc être fait soit verbalement, soit par écrit, soit mieux encore par exploit d'huissier. Il doit être donné dans le même délai que celui qui est réglé en cas d'assignation, suivant la distance des lieux (C. civ. 1768). Ce délai court du jour où le fermier a pu connaître le trouble.

171. E. *Troubles provenant du fait de l'Administration.* — Le point de savoir si le bailleur est garant du trouble causé à la jouissance du preneur par l'Administration se résout par une distinction.

172. Si l'acte administratif est illégal, ou si, cet acte étant légal, l'Administration s'est rendue coupable d'abus dans l'exécution, il n'y a pas lieu à garantie, car l'acte constitue alors une véritable voie de fait, dont ne répond pas le bailleur. Notamment, lorsque les caves d'une maison louée ont été inondées pendant des travaux de voirie et par suite d'une faute de la ville, auteur des travaux, le trouble ainsi apporté à la jouissance du preneur constitue une voie de fait prévue par l'art. 1725 C. civ.

173. Si, au contraire, l'acte administratif est légal et régulièrement accompli, il y a lieu, en principe, à garantie. Ainsi le bailleur est tenu de garantir le preneur contre les troubles résultant soit de l'abaissement ou de l'exhaussement du sol d'une rue et qui rendent l'immeuble loué impropre à sa destination, soit de la pose de fils télégraphiques sur la maison louée. L'obligation de garantie cesserait, d'ailleurs, si l'acte de l'Administration d'où résulte ce trouble était motivé par un fait personnel du preneur.

174. Lorsqu'un immeuble a été loué en vue de la fondation d'un établissement dangereux, insalubre ou incommode, le refus ou le retrait de l'autorisation administrative donne ouverture à l'action en garantie du preneur, mais à une double condition : 1° qu'il résulte soit du bail, soit des circonstances, que l'obtention ou le maintien de l'autorisation a été une des conditions du bail; 2° que l'acte administratif rende impossible l'exercice de l'industrie pour laquelle l'immeuble était loué; s'il le rendait seulement plus difficile, il n'y aurait là qu'un inconvénient dont le bailleur n'a pas à répondre.

175. Le preneur troublé dans sa jouissance par un acte administratif peut, par son action en garantie, obtenir du bailleur, suivant les cas, soit la résiliation du bail, soit une diminution de loyer. Il a même été jugé qu'il peut exiger de lui les réparations nécessaires pour la remise en état des lieux loués, au moins quand le dommage est passager et réparable. Mais, en principe, le bailleur n'est pas tenu envers lui de dommages-intérêts, à moins qu'il n'ait, par son fait ou sa négligence, provoqué l'acte administratif. Notamment, un propriétaire ne saurait être rendu responsable de l'inondation de son immeuble résultant de la mauvaise construction des égouts communaux dans lesquels ledit immeuble déverse le trop-plein d'un puisard, ce trop-plein ne pouvant d'ailleurs être déversé en dehors de l'égout ; le locataire peut seulement, en pareil cas, demander la résiliation du bail (Alger, 13 oct. 1909, *Mon. jud. de Lyon,* 19 oct. 1910).

176. En dehors de l'action en garantie contre son bailleur, le preneur troublé par un acte administratif a, contre l'Administration, une action en réparation du dommage qui lui est causé personnellement. Cette action, qui doit être exercée directement par lui et non par le bailleur, ne se confond pas avec l'action en garantie. Elle est de la compétence des tribunaux administratifs (comme toutes les actions ayant pour objet la réparation des dommages résultant des actes administratifs), tandis que l'action en garantie est de la compétence du tribunal civil.

177. Au cas d'expropriation pour cause d'utilité publique (L. 3 mai 1841, art. 21 et 39), le propriétaire est tenu, dans la huitaine du jugement d'expropriation, d'appeler et de faire connaître à l'Administration ses fermiers et locataires, pour que chacun de ceux-ci puisse recevoir une indemnité distincte ; faute de remplir cette obligation, le propriétaire resterait seul chargé d'indemniser ses locataires. En cas d'expropriation partielle, le preneur peut exiger de son bailleur une diminution de loyer proportionnelle.

§ 4. — Appendice.

Dégâts causés par les inondations. — Jurisprudence.

178. A. *Inondations temporaires dues à la crue subite d'un fleuve.* — La crue d'un fleuve ne peut être réputée un fait de force majeure que si elle est extraordinaire et n'est point de ces accidents auxquels le locataire peut s'attendre, en particulier à raison de la situation particulière de son immeuble dans le voisinage du fleuve (Trib. de paix de Nogent-sur-Marne, 11 mars 1910, D. P. 1910. 5. 29).

179. Des solutions analogues étaient déjà intervenues lors de crues précédentes, et notamment de crues de la Seine. La Cour de Paris avait jugé, le 29 janv. 1849 (D. P. 49. 3. 272), que le fait d'avoir accepté les lieux loués avec un inconvénient naturel inhérent au quartier dans lequel le bâtiment est situé, emporte de la part du locataire renonciation à toute action en garantie contre le propriétaire. L'arrêt considère que l'inondation des caves dont se plaint le locataire est un fait inhérent au quartier dans lequel est située la maison et existant de temps immémorial dans les crues de la Seine ; que le locataire n'a pu ni dû ignorer cet état de choses, généralement notoire, et qu'en acceptant les lieux avec cet inconvénient naturel, il s'est interdit toute action contre le bailleur, ayant dès lors consenti à les prendre tels qu'ils sont et se comportent.

180. A Lyon, pour les crues du Rhône et de la Saône, il a fréquemment été statué dans le même sens (V. notamment, un arrêt de la Cour de Lyon du 6 juin 1873, D. P. 1874. 2. 109).

181. Pour apprécier les réclamations des locataires, la jurisprudence fait état, non seulement de la situation de l'immeuble, mais encore des stipulations du bail et de la gravité des dommages subis. La Cour de cassation a décidé notamment (à l'occasion de la crue d'un cours d'eau en Algérie) que la demande en résiliation, avec dommages-intérêts, du bail d'un moulin, à raison de son chômage, est à bon droit rejetée lorsque, d'une part, le chômage a été causé, non par un vice de construction ou du mécanisme du moulin, mais par une inondation qui a élevé le niveau des eaux, et que, d'autre part, il était stipulé dans le bail du moulin que le preneur n'aurait droit à aucune garantie contre le bailleur pour cause de chômage du moulin par suite de grêle, gelée, inondation ou tout autre événement prévu ou imprévu, et renonçait à s'en prévaloir.

182. De même, la résiliation du bail d'une usine pour cause de destruction de cette dernière lors d'une inondation ne peut être demandée par le locataire, lorsque la force motrice, objet principal du bail, et les engins qui doivent la procurer n'ont pas été détruits, mais n'ont subi que des avaries rapidement réparées, qu'un bâtiment, accessoire de la location, bien que gravement endommagé, a été immédiatement reconstruit et qu'enfin le bailleur offre de faire cesser, dans un bref délai, l'obstacle apporté à la jouissance du preneur sur une partie des lieux loués (l'ensablement d'une prairie, par suite d'une inondation dans la région de Toulouse).

183. B. *Inondations permanentes dues à des infiltrations.* — Ici les tribunaux s'inspirent aussi des circonstances de fait : de la situation de l'immeuble et de la connaissance que le preneur a pu avoir, lors de la prise de possession, de l'inconvénient dont il se plaint. Ainsi il a été décidé qu'un locataire ne peut obtenir la résiliation du bail à raison de l'inondation de la cave de la maison louée, alors que cet inconvénient est le résultat de la situation de l'immeuble et qu'il avait été prévu par le locataire lui-même, puisque celui-ci avait déclaré dans l'acte de bail avoir visité le logement et le bien connaître.

184. Par contre, l'inondation permanente d'une cave dépendant d'une maison louée constitue un vice caché qui donne au preneur le droit de demander la résiliation de son bail ; surtout, lorsque la cave ainsi inondée est pour lui de la plus grande utilité et constitue une partie essentielle de l'habitation et que, par le fait de cette inondation, les chambres de l'étage supérieur sont devenues humides et insalubres ; alors, d'ailleurs, qu'il n'est pas prouvé que ce vice des lieux loués ait été connu du preneur au moment de la passation du bail. — Et, à cet égard, il importe peu qu'une visite des lieux faite au moment de l'entrée en jouissance ait révélé que la cave était remplie d'eau, si rien ne démontre que le preneur ait su que l'inondation de la cave était permanente et ait pu se rendre compte des inconvénients ou des dangers qu'elle pouvait présenter (1).

185. c) *Inondations temporaires dues à des travaux de voirie.* — On a vu plus haut (n°ˢ 171 et suiv.) que le point de savoir si le bailleur est garant du trouble causé à la jouissance du preneur par l'Administration dépend du

______

(1) En résumé, l'inondation est tantôt un *vice* de la chose (dans ce cas, suivant que ce vice était ou n'était pas apparent, le bailleur doit ou ne doit pas la garantie), — tantôt un cas de perte totale ou partielle. En cas de perte totale, le bail est résilié sans indemnité ; en cas de perte particlle, le preneur obtient, suivant les circonstances, ou une diminution du prix, ou la résiliation.

caractère de l'acte accompli par l'Administration. Si ce dernier est illégal, ou bien si l'Administration s'est rendue coupable d'abus dans l'exécution du travail public, il n'y a pas lieu à garantie de la part du propriétaire, car l'acte constitue une véritable voie de fait dont le bailleur ne saurait être responsable (V. *supra*, n° 172). Par application de ces principes, on décide notamment que, lorsque les caves d'une maison louée ont été inondées pendant des travaux de voirie et par suite d'un manque de précautions ou d'une faute de la ville, auteur des travaux, le trouble ainsi apporté à la jouissance du preneur constitue une voie de fait, et que le locataire qui veut en obtenir réparation doit s'adresser à l'Administration.

186. *Compétence.* — Aux termes de la loi du 12 juill. 1905, sur la compétence des juges de paix, ces derniers connaissent des pertes causées par l'inondation en dernier ressort jusqu'à la valeur de 300 francs et, à charge d'appel, jusqu'à la valeur de 600 francs (art. 4). Au-dessus de ces limites, le locataire victime d'une inondation doit s'adresser au tribunal civil s'il plaide contre le propriétaire, ou aux tribunaux administratifs (conseil de préfecture et Conseil d'Etat) s'il plaide contre l'Administration à raison d'un acte administratif.

CHAPITRE III

OBLIGATIONS DU LOCATAIRE

SECTION Ire. — Obligation d'user de la chose conformément à sa destination.

187. Le preneur est, suivant l'art. 1728 C. civ., tenu d'user de la chose louée suivant la destination qui lui a été donnée par le bail.

§ 1er. — Quand y a-t-il changement de destination ?

188. A. *Destination résultant du contrat, des circonstances ou de l'usage. a) Destination résultant du contrat.* — Exemple. Le preneur, lorsque son bail lui interdit « l'exercice de toute autre profession que celle de marchand de vins au détail », ne peut y adjoindre le commerce des huîtres. — Un cafetier-limonadier ne peut établir un café-concert dans les lieux loués pour un simple débit de boissons.

189. b) *Destination résultant des circonstances.* — A défaut de stipulation au bail, le preneur est tenu d'user de la chose louée suivant la destination que cette chose est présumée avoir d'après les circonstances. Parmi ces circonstances, les principales sont : la profession que le preneur exerçait au moment du bail, si elle était connue du bailleur ; l'appropriation de la chose à tel ou tel mode de jouissance ; le fait qu'elle a toujours reçu telle destination. Ainsi le preneur manque à son obligation s'il fait d'une maison bourgeoise une auberge ; s'il transforme une boutique d'épicerie en boulangerie ; s'il sous-loue un appartement loué bourgeoisement pour y établir un cercle ; si, locataire de biens ruraux, il transforme les vignes en terres labourables ou un terrain de culture en sablière.

190. Le consentement du bailleur qui a loué sa maison à un individu se disant négociant, en lui interdisant la faculté de sous-louer, est vicié d'une erreur suffisante pour faire annuler le contrat, lorsque le preneur, qui n'a pas fait connaître au bailleur sa véritable profession et l'usage auquel il destinait la maison louée, exerce la profession d'hôtelier et emploie la maison à loger des ouvriers.

191. Il existe, dans le même sens, d'autres décisions de la jurisprudence, très nombreuses ; notamment, il a été jugé que le propriétaire d'une maison destinée à un débit de marchandises et qui l'avait louée à un marchand d'eau-de-vie, peut expulser le sous-locataire qui exerce la profession de serrurier et le faire condamner à des dommages-intérêts. — De même, l'individu qui a loué une boutique appropriée au commerce d'épicerie, et servant depuis longtemps à ce genre d'industrie, ne peut, sans encourir la résiliation avec dommages-intérêts, sous-louer à une personne exerçant une industrie différente, celle de boulanger, par exemple.

192. Comme le locataire d'un bien urbain, le preneur à ferme d'un domaine rural est tenu d'user de la chose suivant sa destination ; ainsi il ne peut détruire les étangs, arracher les vignes ; toutefois, on ne saurait lui interdire de légères modifications, si une culture bien entendue les exige et si elles ne peuvent pas nuire au bailleur.

193. c) *Destination résultant des usages locaux.* — A défaut de convention, et lorsque les circonstances ne fournissent aucun élément d'appréciation, le preneur est tenu d'user de la chose suivant la destination qu'elle est présumée avoir d'après les usages locaux. Notamment, le propriétaire, qui loue sa maison (située sur les boulevards extérieurs de Paris) à un marchand de vins, ne peut, en l'absence d'une clause prohibitive dans le bail, s'opposer à ce que son locataire fasse danser sur les lieux loués, selon l'usage, sous prétexte d'abus dans la jouissance, en ce que la solidité des planchers se trouve compromise.

194. B. *Changements dans l'état des lieux.* — L'obligation pour le preneur d'user de la chose suivant sa destination ne l'empêche pas, à moins d'interdiction formelle du bail, de faire dans les locaux loués de légers changements (suppressions de cloisons, etc.), pourvu qu'ils ne nuisent pas à la chose, et à la charge de remettre les lieux en état à la fin du bail. Ainsi un locataire, à quelque titre qu'il habite les lieux loués, n'est jamais obligé de tenir compte de la destination à laquelle une pièce ou une autre de son appartement peut être plus spécialement affecté par son emplacement, son agencement intérieur ou le nom qui la désigne. Spécialement, les tailleurs qui louent, en leur qualité de commerçants, un appartement et deux chambres dites « de domestiques » situées au cinquième étage de la maison, ne sont pas tenus de loger dans ces chambres les gens à leur service personnel et peuvent, sans outrepasser leur droit, y installer des ouvriers tailleurs.

195. Mais le preneur ne pourrait faire des changements qui modifieraient la chose dans ses parties essentielles, tels que le percement des gros murs d'une maison, ou qui causeraient un dommage au propriétaire, comme ceux qui, dans une usine louée, aggraveraient les risques d'incendie d'un immeuble contigu appartenant également au bailleur.

196. De même, le preneur abuse de sa jouissance lorsque, sans l'aveu du propriétaire, il fait, dans les lieux loués, des constructions qui sont de nature à nuire au propriétaire. Ainsi, lorsqu'un locataire, en faisant des constructions sur le terrain loué, se procure un bénéfice préjudiciable au bailleur, celui-ci peut demander la résiliation du bail, résiliation que les tribunaux ont la faculté, selon les circonstances, de convertir en une indemnité.

197. C. *Exploitation insuffisante et inoccupation des lieux loués.* — Lorsque la chose louée est un immeuble affecté au commerce ou à l'industrie, le preneur doit l'exploiter d'une manière suffisante pour lui conserver la destination que lui ont donnée les parties. — Ainsi, s'il s'agit d'une auberge, le locataire doit la faire valoir de manière à en maintenir l'achalandage. Spécialement, lorsqu'une maison servant à une auberge a été louée à un aubergiste qui a garni les lieux de meubles insuffisants pour l'exploitation et qui se trouve, en outre, par manque de ressources pécuniaires, hors d'état de faire valoir l'auberge, il y a lieu de prononcer la résiliation du bail, encore bien que le locataire offre de donner caution pour payement des loyers pendant toute la durée du bail.

198. Toutefois, l'obligation pour le preneur d'exploiter les lieux loués conformément à leur destination et à l'intention présumée du bailleur, ne va pas jusqu'à gêner le preneur dans le libre exercice de son industrie ou de sa profession. Spécialement, le locataire d'une boutique destinée à l'exercice d'un commerce de détail ne contrevient pas à son bail, en établissant dans une autre rue un commerce de gros, et en allant lui-même habiter au siège de cet établissement, si d'ailleurs il continue, par l'intermédiaire d'un commis, l'exploitation de son commerce de détail.

199. Mais le preneur manque à son obligation de conserver la destination de la chose louée si, avant la fin du bail, il ferme l'établissement et abandonne entièrement les lieux pour cesser l'exercice de sa profession ; du moins en est-il ainsi si l'achalandage préexistait à son entrée en jouissance.

§ 2. — Changement de destination autorisé par le bailleur.

200. Les parties sont, au surplus, maîtresses de faire dans le bail, en ce qui concerne les droits et obligations du preneur relativement à la destination de la chose, telles conventions qu'il leur convient, sous réserve des principes d'ordre public. Et, de même, le preneur peut, pendant la durée du bail, changer la destination de la chose, pourvu qu'il y soit autorisé par le consentement du bailleur. L'existence de ce consentement doit être prouvée suivant les règles du droit commun.

201. Une dérogation formelle aux clauses d'un bail ne peut s'inspirer d'une simple tolérance maintenue pendant

quelque temps par le bailleur au profit du locataire. —
Ainsi, le locataire à qui son bail concède un simple droit de
promenade dans un jardin attenant à la maison louée, ne
peut se prévaloir sur ce jardin d'un droit de passage et ne
peut, par suite, exiger que le bailleur continue à lui confier
la clef d'une porte secondaire faisant communiquer ce
jardin avec une rue autre que celle où se trouve l'entrée
normale des lieux loués.

§ 3. — Sanction du changement de destination.

202. La sanction de l'obligation du bailleur est formulée par l'art. 1729 C. civ. Si le preneur emploie la chose
à un usage autre que celui auquel elle est destinée, le
bailleur peut, suivant les circonstances, faire résilier le
bail. Et il le peut alors même que le changement de destination ne lui causerait aucun préjudice, et même s'il lui
était plus avantageux par l'accroissement de valeur procuré
à la chose. — Quand la résiliation du bail est prononcée,
elle produit effet, en principe, à partir du jour de la
demande. Il faut observer, d'ailleurs, que les tribunaux,
tout en reconnaissant qu'il y a eu changement dans la
destination des lieux loués, peuvent refuser de prononcer
la résiliation du bail et se borner à ordonner le rétablissement des lieux dans leur état primitif.

SECTION II. — Obligation d'user de la chose en bon père de famille.

203. L'art. 1728 C. civ. oblige le preneur à jouir et
user de la chose louée comme un bon père de famille use-
rait de la sienne. Ainsi manquent à cette obligation et
commettent un abus de jouissance : le fermier qui n'en-
tretient pas les terres en bon état de culture ; celui qui
emploie des procédés d'exploitation de nature à multiplier
actuellement les produits de la chose au préjudice du
fonds ; le locataire qui laisse inoccupés des lieux loués,

sans prendre les mesures nécessaires pour en empêcher la détérioration ; celui qui, par des tapages violents et prolongés, porte atteinte au repos des autres locataires.

204. Le locataire d'une maison est, en principe, obligé de l'occuper. Mais le bailleur n'est pas fondé à se plaindre lorsque le locataire, en quittant les lieux avant la fin du bail, prend les mesures nécessaires pour que l'immeuble continue d'être entretenu ; alors, d'ailleurs, que ce locataire laisse dans l'immeuble un mobilier suffisant pour garantir le payement des loyers. Il en est ainsi, notamment, lorsque le preneur fait, par les soins de son domestique, aérer et chauffer l'immeuble quand il en est besoin. Cependant si, malgré ses mesures de conservation, l'immeuble venait à être détérioré, le bailleur serait en droit de réclamer une indemnité ou la remise en état à l'expiration du bail.

205. Le preneur, étant tenu d'user de la chose en bon père de famille, est responsable des dégradations ou des pertes qui, pendant la durée du bail, proviennent de son fait ou de sa négligence. Il n'échappe à cette responsabilité qu'en prouvant qu'elles ont eu lieu sans sa faute (C. civ. 1732), c'est-à-dire qu'elles proviennent soit de la vétusté, soit d'un cas fortuit. Et, dans ce dernier cas même, le preneur serait responsable s'il avait commis, antérieurement à l'arrivée du cas fortuit, une faute sans laquelle ce cas ne se serait pas réalisé.

206. L'assurance contre l'incendie des immeubles loués n'est obligatoire pour le preneur vis-à-vis du propriétaire que si le bail l'impose expressément. A défaut de stipulation au bail, on ne saurait soutenir que le locataire a commis une faute en omettant d'assurer l'immeuble loué.

207. Le preneur est responsable des dégradations et pertes qui arrivent non seulement par son fait personnel, mais aussi par le fait des personnes de sa maison ou de ses sous-locataires (C. civ. 1735). Les personnes de la maison du preneur comprennent sa femme, ses enfants, domestiques, ouvriers, hôtes ou pensionnaires, etc., et même le voyageur qu'il loge, s'il est hôtelier. D'ailleurs, si la dégradation est commise par une personne dont répond le preneur, le bailleur, au lieu de poursuivre celui-ci, peut

poursuivre directement l'auteur du dommage, à charge de
prouver sa faute ; il n'y a d'exception que pour le sous-
locataire, contre lequel existe la présomption de faute
établie par l'art. 1732 C. civ. à l'égard du preneur (V. *infra*,
n° 260).

208. L'introduction de filles publiques dans un appartement d'une maison donnée à bail constitue, de la part du
preneur, une infraction à l'obligation de jouir de la chose
louée en bon père de famille, à moins que, antérieurement
au bail, la maison ne fût mal famée et n'eût la destination
que le preneur lui a donnée. D'ailleurs, le fait, par un
locataire, d'avoir introduit dans son appartement une
femme de mœurs légères et d'y avoir cohabité avec elle ne
saurait, à lui seul, constituer un abus de jouissance autorisant le bailleur à demander la résiliation du bail, alors
que le contrat ne renferme à ce sujet aucune condition
restrictive. Mais le locataire peut encourir la résiliation de
son bail, si, par lui-même ou par la personne qu'il y a
introduite, il a commis des actes scandaleux de nature à
troubler les autres locataires dans leur dignité ou leur
tranquillité.

209. Loger dans un appartement loué une personne
dont l'état de démence est, par instants, une cause de dangers pour ses voisins, ce n'est pas jouir en bon père de
famille. Et, par suite, un bail peut être résilié sur la
demande du propriétaire, lorsque le locataire a été mis en
demeure de ne pas garder chez lui une personne atteinte
d'aliénation mentale, dont la présence dans l'immeuble
est de nature à nuire au propriétaire, et que cette mise en
demeure est restée sans effet.

210. La sanction de l'obligation de jouir en bon père
de famille varie suivant la gravité de l'abus de jouissance
commis par le preneur : le bailleur peut demander soit
la réparation des dégradations, soit des dommages-intérêts, soit à la fois des réparations et des dommages-intérêts, ou la résiliation avec dommages-intérêts. La gravité
de l'abus est appréciée souverainement par les tribunaux,
qui ne prononceront la résiliation que si cet abus est
important et difficilement réparable. Si l'abus de jouis-

sance est matériellement réparable pendant la durée du bail, les juges ne doivent pas, en principe, prononcer immédiatement la résiliation, ni condamner immédiatement le preneur à des dommages-intérêts, à moins qu'il n'y ait préjudice actuel. Ils doivent se borner à ordonner qu'il soit mis fin à l'abus de jouissance, la condamnation à des dommages-intérêts ne devant intervenir, s'il y a lieu, qu'à la fin du bail. Le bailleur peut, d'ailleurs, faire constater immédiatement les dégradations résultant de l'abus de jouissance, pour se créer un titre en vue de son action ultérieure. Si, au contraire, l'abus de jouissance cause un dommage définitif, le bailleur a le droit de demander immédiatement réparation ; et le tribunal doit prononcer, suivant la gravité du cas, soit une condamnation à des dommages-intérêts, soit la résiliation.

211. Il a été jugé dans ce sens que le bailleur ne peut être admis, avant l'expiration du bail, à agir contre le preneur en réparation de dégradations par lui commises, qu'à la condition que ces dégradations soient de nature à compromettre l'existence de la chose louée, ou qu'à raison de la longue durée du bail, il puisse être exposé aux chances d'insolvabilité de son locataire, ou encore que les dégradations soient irréparables et lui causent un préjudice né et actuel, parce qu'elles altèrent d'une manière permanente la substance même de la chose.

212. Le propriétaire de terres labourables données à ferme n'est pas obligé d'attendre la fin du bail pour se plaindre des dégradations commises par le locataire, et rien ne l'empêche d'actionner celui-ci à l'instant même du préjudice causé par les dégradations.

213. En cas d'urgence, le bailleur peut se pourvoir en référé pour faire cesser l'abus de jouissance. Notamment, lorsque le cessionnaire du bail d'un hôtel meublé introduit dans les lieux loués des femmes de mauvaise vie, le juge des référés peut autoriser le bailleur à les expulser, même *manu militari*.

214. Le bailleur ne pourrait plus se plaindre des abus de jouissance du preneur s'il les avait approuvés expressément ou tacitement, ou s'il avait laissé prescrire son action en indemnité. Cette action se prescrit par trente ans.

215. Lorsque le preneur, par un abus de jouissance, cause un préjudice soit à ses colocataires, soit à des tiers, il en est responsable directement vis-à-vis d'eux. Mais le bailleur peut aussi en être responsable : il l'est vis-à-vis des colocataires de l'auteur de l'abus, sauf son recours contre lui ; mais il ne l'est pas, en principe, vis-à-vis des tiers.

216. Dans ce dernier sens, il a été jugé que le bailleur n'est pas civilement responsable envers les tiers des abus de jouissance, des délits ou des quasi-délits commis par son locataire dans l'immeuble loué, le locataire ne pouvant être considéré comme son préposé. Ainsi, si celui qui place un pot de fleurs sur l'appui d'une fenêtre dépourvue de tout balcon ou grillage de protection commet une imprudence grave et doit répondre de l'accident causé à un tiers par la chute du pot de fleurs, la personne dont il est le locataire ne saurait être rendue responsable de ce chef, alors, d'ailleurs, que la bordure de la fenêtre dont s'agit n'était pas destinée à recevoir des pots de fleurs et que le propriétaire ne peut être déclaré en faute pour la disposition de cette fenêtre. Et c'est en vain que, pour établir la responsabilité du bailleur, on se prévaudrait d'une ordonnance du préfet de police faisant défense aux propriétaires et locataires de déposer sous aucun prétexte et de laisser déposer sur les toits, entablements, chéneaux, gouttières, terrasses, murs et autres lieux élevés des maisons bordant la voie publique, des caisses et pots à fleurs, vases et autres effets quelconques... En effet, la défense ainsi faite aux propriétaires ne paraît s'appliquer qu'à ceux qui occupent eux-mêmes leurs immeubles, tandis que les mots « laisser déposer » visent les personnes sur lesquelles propriétaires ou locataires ont autorité, chacun en ce qui le concerne, telles que leurs enfants, employés ou domestiques.

217. C'est le locataire, et non le propriétaire, qui est responsable de l'accident causé à un concierge par une fuite de gaz, s'il est établi que le compteur des appareils qui ont occasionné la fuite était sous la garde exclusive du locataire.

218. De même, le propriétaire qui donne à ferme son héritage n'est pas, en principe, responsable, en sa qualité de bailleur, du fait délictueux de son fermier accompli dans l'exploitation ou à l'occasion de l'exploitation du domaine affermé. Spécialement, le propriétaire qui, par une clause du bail, a accordé au preneur le droit d'écobuer sur toutes les parties du domaine, et là où il lui conviendrait, ne peut être actionné en dommages-intérêts, à raison de l'incendie d'une forêt que ledit fermier aurait occasionné dans l'exercice de cette faculté, par inobservation des prescriptions du Code forestier sur la matière. La responsabilité de cet incendie ne saurait davantage être mise à la charge du garde ou régisseur de la propriété, que ses fonctions n'obligent pas à surveiller le fermier des domaines dont il a la garde, pour l'empêcher d'y commettre des actes délictueux ou quasi délictueux.

219. Par exception aux principes ci-dessus, le propriétaire serait responsable vis-à-vis les tiers s'il avait approuvé l'usage abusif que son locataire a fait de la chose louée.

220. D'autre part, si le préjudice dont se plaint le tiers résultait, non d'un abus de jouissance du preneur, mais de l'usage de la chose conformément à sa destination, le locataire, condamné comme auteur direct du dommage, aurait un recours en garantie contre le bailleur.

221. L'obligation d'user de la chose en bon père de famille existe en matière de bail à ferme comme en matière de bail à loyer. L'usage local fixe l'étendue de cette obligation. D'une manière générale, le fermier ne doit divertir aucuns fumiers, pailles ou fourrages, à moins qu'ils n'excèdent les besoins de la ferme. Au contraire, il peut dessoler ou dessaisonner les terres, et cela, suivant une opinion, quand même le bail le lui interdirait, pourvu qu'à sa sortie il rende la terre dans l'état où il l'a reçue.

SECTION III. — Obligation de garnir les lieux loués de meubles suffisants.

222. Le locataire doit garnir les biens loués de meubles suffisants pour garantir le payement des loyers (C. civ. 1752); et l'on doit considérer comme garnissant les lieux loués tous les meubles qui sont soumis au privilège du bailleur, mais seulement ceux-là; par suite, pour apprécier si le locataire a rempli son obligation, il n'y a pas lieu de tenir compte des meubles déclarés insaisissables par la loi (1) ni des meubles qui ont été empruntés par le locataire pour rester momentanément dans la maison, ni des meubles dont un tiers a signifié au bailleur qu'il est propriétaire.

223. Toutefois le locataire n'est pas astreint à apporter dans les lieux loués des meubles suffisants pour répondre des loyers pour toute la durée du bail : on tient compte, à cet égard, de la profession du locataire, de la destination de la chose louée et de l'usage local. Dans l'usage de Paris, le locataire d'un appartement doit le tenir garni de meubles suffisants pour que leur valeur en vente publique garantisse une année entière du loyer, plus les frais de saisie et de vente.

224. Le preneur n'est, d'ailleurs, pas obligé de garnir les lieux loués s'il fournit des sûretés capables de répondre du loyer (C. civ. 1752), ou si la nature de la chose ne comporte pas cette obligation, par exemple s'il s'agit d'un appartement garni.

225. Le preneur, devant garnir les lieux, ne peut enlever les meubles apportés à cette fin. Il peut cependant en enlever une partie, si ceux qu'il laisse constituent une garantie suffisante. Il peut même les enlever tous, à charge de les remplacer par d'autres, également suffisants.

---

(1) D'après l'art. 592 C. pr. civ., ne peuvent être saisis : les objets de literie servant au débiteur, ceux de ses enfants vivant avec lui, ses effets d'habillement, divers objets relatifs à sa profession et un minimum de provisions alimentaires.

226. L'obligation de garnir les lieux loués de meubles suffisants existe alors même que les loyers ou fermages prédédemment échus ont été régulièrement payés.

227. Si le preneur ne satisfait pas à son obligation de garnir les lieux de meubles suffisants, le bailleur peut faire prononcer la résolution du bail et faire expulser le preneur ; il peut même, le cas échéant, le faire expulser sur un simple référé. D'autre part, le déménageur qui, malgré la défense formelle du propriétaire, procède, sur l'ordre du locataire, à l'enlèvement des meubles garnissant les lieux loués, commet une faute dont il est personnellement responsable envers le propriétairé, si celui-ci en éprouve un préjudice.

228. Le fermier doit garnir l'héritage des bestiaux et ustensiles nécessaires à son exploitation. Cette obligation est remplie, en principe, dès que les bestiaux et ustensiles suffisent à assurer l'exploitation ; il n'est pas nécessaire qu'ils représentent une valeur suffisante pour garantir le payement des fermages. On doit, d'ailleurs, consulter, avant tout, les circonstances, l'usage des lieux, l'intention des parties.

229. Le fermier qui ne garnit pas la ferme d'ustensiles et de bestiaux d'une valeur suffisante ne peut, comme le locataire d'une maison dans le cas identique, être expulsé des lieux sur un simple référé ; le propriétaire peut seulement demander la résiliation du bail (C. civ. 1766).

230. Lorsque les locations verbales ou écrites n'excèdent pas annuellement 600 francs, les juges de paix connaissent, sans appel, jusqu'à la valeur de 3oo francs et, à charge d'appel, à quelque valeur que la demande puisse s'élever, des *demandes en résiliation des baux fondées sur l'insuffisance des meubles garnissant la maison* ou des bestiaux et ustensiles nécessaires à l'exploitation d'après les art. 1752 et 1766 C. civ. (L. 12 juill. 1905, art. 3).

SECTION IV. — Réparations locatives.

231. La loi distingue deux classes principales de réparations : les *grosses réparations* et les *réparations d'entretien*. Les réparations d'entretien se subdivisent elles-mêmes en deux catégories : les réparations de *gros entretien* et les réparations de *menu entretien*.

232. Le locataire est tenu de faire les réparations locatives, c'est-à-dire de menu entretien.

233. Par contre, les réparations qui ne sont pas locatives incombent au bailleur (V. *supra*, n°ˢ 94 et suiv.); les parties pourraient cependant convenir qu'elles seront à la charge du preneur. Toutefois, la stipulation que le preneur entretiendra de réparations les lieux loués ne doit s'entendre que des réparations locatives.

234. L'obligation pour le preneur de faire les réparations locatives est commune à tous les baux d'immeubles.

235. Il était impossible que le législateur déterminât toutes les réparations qui seraient réputées locatives. Mais il a la précaution, dans l'art. 1754 C. civ., de s'en référer sous ce rapport à l'usage des lieux, et il énumère ensuite, comme exemples, les principales des réparations locatives. — S'il arrive qu'une réparation ne soit classée ni par la loi, ni par l'usage, on doit, pour déterminer si elle est locative et si, par suite, elle doit être mise à la charge du locataire, examiner si la dégradation qui la nécessite doit être attribuée à la faute du locataire, ou si elle n'est que l'effet naturel de l'usage de la chose.

236. En principe, c'est seulement à la fin du bail que le bailleur peut vérifier si le preneur a fait les réparations locatives et peut l'obliger à les faire : il pourrait cependant les exiger au cours du bail, si leur inexécution nuisait à la chose louée.

237. Le propriétaire a le droit, à la fin du bail, de demander au tribunal la nomination d'un expert pour déterminer l'état de l'immeuble loué et dire s'il est en bon état de réparations locatives.

238. L'obligation pour le preneur d'entretenir les lieux

loués en bon état de réparations locatives pendant toute
la durée du bail se transforme, de plein droit et sans mise
en demeure, à la fin de la jouissance, à défaut d'offre
par le locataire d'exécuter les réparations, en une dette
d'une somme d'argent représentant l'estimation des abus
de jouissance du locataire.

239. L'acceptation par le bailleur sans protestation ni
réserve de la clef des lieux loués emporte décharge du
locataire sorti qui a payé les loyers jusqu'à l'expiration
du bail, et l'action du bailleur en payement de réparations locatives est ensuite irrecevable.

240. Dans certains cas, les réparations locatives sont
à la charge du bailleur. Il en est ainsi : 1° lorsqu'il en
est chargé par la convention ; 2° lorsqu'elles ont pour
cause la vétusté (1) ou la force majeure (2) (C. civ. 1755),
ou bien encore un vice de la matière ou un défaut de
construction ; mais c'est au locataire à faire la preuve du
fait qu'il invoque à sa décharge ; 3° lorsque ces réparations sont à faire dans des lieux dont la jouissance est
commune à plusieurs locataires. Toutefois, le bailleur
peut, dans ce cas, s'en exonérer, s'il établit que tel des
locataires est l'auteur de la dégradation.

241. Les juges de paix connaissent sans appel jusqu'à
la valeur de 300 francs et, à charge d'appel, à quelque
chiffre que la demande puisse s'élever, des réparations
locatives des maisons ou fermes (L. 12 juill. 1905, art. 4).
— Le juge de paix compétent est celui de la situation de
l'immeuble.

---

(1) Par exemple, si, dans l'appartement donné en location, la
pierre à laver la vaisselle était creusée par suite du long usage,
le locataire n'en serait pas responsable.

(2) Ainsi lorsque, dans une maison louée, une vitrine est brisée de l'extérieur par un passant en état d'ivresse, c'est au bailleur qu'incombe la charge de remplacer cette vitrine, un tel acte
constituant non un trouble de fait à la jouissance du preneur,
mais une dégradation de la chose louée provenant d'un cas de
force majeure, quelle que soit d'ailleurs l'intention avec laquelle
il a été commis.

SECTION V. — Payement du prix.

§ 1er. — A qui le payement doit-il être fait?

242. Le payement doit être fait au bailleur ou à une personne ayant mandat de celui-ci et capable de le recevoir. Mais quand l'immeuble loué a été saisi, le preneur ne peut plus, à partir du jour où il a été fait opposition entre ses mains, payer directement au propriétaire; il ne peut se libérer qu'en exécution de mandements de collocation ou par le versement des loyers à la Caisse des dépôts et consignations (C. pr. civ. 685); de même, en cas de faillite du bailleur, le preneur doit verser ses loyers entre les mains du syndic (C. com. 471 et 485). Au contraire, en cas de vente de l'immeuble, le preneur se libère valablement entre les mains de l'ancien propriétaire, s'il ignore la mutation survenue.

§ 2. — Où le payement doit-il être fait?

243. Le payement doit, en principe, et à défaut de convention spéciale, être fait au domicile du preneur; et si ce dernier, depuis la conclusion du contrat, a changé de domicile, c'est à son domicile actuel que le payement doit avoir lieu; le bail peut, d'ailleurs, stipuler que le loyer sera payable au domicile du bailleur; en ce cas, si ce dernier changeait de domicile, le locataire ne serait pas obligé de payer au nouveau domicile du bailleur. Dans certaines villes, et notamment à Lyon, il est d'usage de stipuler dans les baux que les loyers sont payables au domicile du gérant d'immeubles, mandataire du propriétaire.

§ 3. — Quand le payement est-il dû?

244. Le loyer ou fermage doit être payé aux époques fixées par le bail et, à défaut de stipulation sur ce point, aux époques déterminées soit par la nature de la chose louée, soit par l'usage des lieux.

245. Le propriétaire ne commet aucune faute et ne fait, au contraire, qu'user de son droit vis-à-vis du locataire, lorsqu'il fait présenter la quittance du loyer à celui-ci, le jour même de l'échéance, par un huissier auquel il a donné mandat de recevoir, et par lequel il fait, à défaut de payement, notifier, séance tenante, un commandement de payer audit locataire.

246. Lorsque le bail a imposé au preneur l'obligation de payer une somme à titre de loyer d'avance, sans qu'aucune date d'exigibilité ait été fixée, le bailleur est libre de demander son payement à toute époque pendant la durée de la location.

247. Le preneur dont l'entrée en jouissance a été retardée ne doit payer le loyer qu'à compter du jour où la jouissance de la chose est devenue pour lui effective.

§ 4. — En quoi consiste le prix ?

248. Le payement doit être fait exactement de la manière réglée par les parties dans le bail, c'est-à-dire soit en numéraire, soit en denrées, soit en toute autre chose convenue entre les parties : si, par exemple, le prix consiste en denrées, le fermier doit livrer précisément ce qu'il a promis, et ne peut pas se libérer en argent, contre le gré du propriétaire.

249. Lorsque les denrées que le fermier doit payer en nature ont été *estimées* dans le bail, il peut se libérer, à son choix, en argent ou en nature. Mais si l'estimation n'a été faite que pour donner une base à la perception du droit d'enregistrement, il doit nécessairement payer en nature.

250. Lorsqu'il a été stipulé que le fermier, en sus du prix du bail, serait tenu de faire des charrois pour le bailleur, ce dernier, à moins d'une impérieuse nécessité, ne doit pas exiger que ces charrois soient faits au moment des récoltes. Et il en est ainsi, même dans le cas où le bail porterait que le fermier ferait ses charrois à la première réquisition. Au surplus, des prestations en charrois ne s'arréragent pas, en ce sens que, si le bailleur n'a pas exigé ces prestations avant que le bail ait pris fin, ou si, à défaut, il ne justifie pas de poursuites, il n'est pas fondé, après la cessation du bail, à en réclamer le prix.

251. Indépendamment du prix proprement dit, on stipule fréquemment dans les baux que le locataire payera soit certains impôts, soit une somme déterminée (tant pour cent du loyer, par exemple) pour l'entretien de la maison, la rétribution du concierge, etc. (V. sur ces différents points qui se règlent principalement d'après les usages locaux, *infra*, n°s 531, 567 et s.).

§ 5. — Preuve du payement.

252. Suivant les règles générales du droit, la preuve du payement des loyers doit se faire en principe par écrit, c'est-à-dire par la production de quittances, et elle peut exceptionnellement être faite par témoins ou par présomptions lorsque les sommes dues pour loyer n'excèdent pas 150 francs, ou lorsque, s'agissant de sommes supérieures à ce chiffre, il y a commencement de preuve par écrit, tel, par exemple, qu'une quittance constatant le payement des termes postérieurs au terme réclamé. Les actes ou jugements constatant quittance ou cession d'une somme équivalant à trois années de loyers ou fermages non échus sont, d'ailleurs, soumis à la formalité de la transcription (V. *supra*, n° 31; *infra*, n° 256).

253. En thèse générale, les quittances données sans réserve font présumer le payement des fermes précédentes. Ainsi la représentation de la quittance d'une seule année sans réserve établit une présomption du payement des années antérieures, présomption abandonnée aux lumières du juge. Cette règle est applicable, notamment, aux baux ruraux. Dans la pratique, les régisseurs insèrent presque toujours des réserves dans les quittances qu'ils délivrent.

254. D'après les usages suivis dans certaines villes et

notamment à Toulouse, pour les petits loyers, les locataires n'exigent pas de quittances; ils se libèrent soit sans témoins, soit en présence de témoins.

§ 6. — Prescription.

255. Les loyers des maisons et le prix des fermes des biens ruraux se prescrivent par cinq ans. Cette prescription constitue un mode de libération indépendant de tout payement effectif et peut, dès lors, être invoquée par le débiteur, alors même qu'il reconnaît n'avoir pas payé les sommes réclamées. — Le créancier ne peut pas déférer le serment au débiteur sur le point de savoir s'il a payé.

§ 7. — Cession de loyers ou fermages.

256. On a vu plus haut (n° 252) que les actes ou jugements constatant quittance ou cession d'une somme équivalant à trois années de loyers ou fermages non échus sont soumis à la formalité de la transcription. Si cette formalité n'est pas remplie, les droits résultant desdits actes ou jugements ne peuvent être opposés aux tiers qui ont des droits sur l'immeuble et qui les ont conservés en se conformant aux lois (L. 23 mars 1855, art. 2 et 3) (1).

257. Pour déterminer la « somme équivalente » à trois années de loyers ou fermages, on doit, si la jouissance du preneur a déjà commencé lors de l'acte de cession ou quittance, prendre cet acte pour point de départ des trois années et, si le bail n'a pas encore commencé, compter les trois années à partir de la date fixée pour l'entrée en jouissance.

258. Quoique le payement ou la cession de loyers ou fermages non échus soit presque toujours un indice de fraude, la loi n'exige pas la transcription pour les quittances ou cessions de moins de trois années.

---

(1) On appelle ainsi les tiers qui, acquéreurs de l'immeuble, ont fait transcrire au bureau des Hypothèques de l'arrondissement leur acte d'acquisition ou qui, créanciers hypothécaires, ont fait inscrire leurs hypothèques.

SECTION VI. — Remise des lieux à la fin du bail.

§ 1ᵉʳ. — Sortie du locataire et remise des clefs.

259. Le locataire doit vider les lieux à l'époque fixée par le bail ou par l'usage si, locataire sans écrit, il a reçu congé. En matière de biens ruraux, la même obligation lui incombe à l'expiration du temps fixé par la loi elle-même pour les baux faits sans écrit (V. *infra*, n° 781). La sortie doit avoir lieu, en principe, le jour même où le bail prend fin. Toutefois, les usages locaux accordent fréquemment aux locataires de biens urbains un délai de quelques jours pour déménager (V. *infra*, n°ˢ 541 et s.).

Le locataire qui quitte les lieux doit rendre les clefs au propriétaire. Il est tenu en principe de les rendre toutes, même celles qu'il aurait pu faire faire en double. A Toulouse, les usages locaux prévoient expressément cette obligation.

§ 2. — Règlement des pertes et dégradations imputables au preneur.

260. Les obligations des locataires sont indiquées à cet égard par les art. 1730 à 1732 C. civ. : — « Art. 1730 : S'il a été fait un état de lieux entre le bailleur et le preneur, celui-ci doit rendre la chose telle qu'il l'a reçue, suivant cet état, excepté ce qui a péri ou a été dégradé par vétusté ou force majeure. — Art. 1731 : S'il n'a pas été fait d'état de lieux, le preneur est présumé les avoir reçus en bon état de réparations locatives et doit les rendre tels, sauf la preuve contraire. — Art. 1732 : Il répond des dégradations ou des pertes qui arrivent pendant sa jouissance, à moins qu'il ne prouve qu'elles ont lieu sans sa faute. »

261. Le preneur n'est pas tenu de remplacer ou remettre à neuf ce qui, malgré l'entretien convenable, a été détérioré par simple usage normal de la chose.

262. Si, pour sa commodité, le preneur avait fait, dans

les lieux, quelques changements que le bailleur n'approuve pas, notamment s'il avait coupé des pièces par des cloisons, bouché des jours, supprimé des alcôves, etc., il doit faire disparaître ces changements et remettre les lieux dans leur état primitif.

263. La présomption établie contre le locataire par l'art. 1731 C. civ. ne s'applique qu'aux dégradations qui ont pu être constatées dans l'état des lieux loués lors de l'entrée en jouissance. Le bailleur ne peut donc point se prévaloir de cette présomption, si le vice dont il se plaint constituait un vice caché que le preneur ne pouvait point constater avant son entrée en jouissance. Spécialement, la constatation de l'existence de punaises dans une maison étant très difficile et souvent même impossible à faire pour le locataire avant son entrée en jouissance, les contestations qui s'élèvent entre le bailleur et le locataire, par rapport à la présence de ces insectes dans les lieux loués, ne rentrent dans aucun des cas prévus par les art. 1731 et 1732. Par suite, le bailleur qui se plaint de l'existence de ce vice dans la maison louée ne peut baser son action que sur les principes ordinaires de la responsabilité, et c'est à lui, comme demandeur, qu'incombe l'obligation de prouver que son locataire a introduit dans les lieux loués ces insectes malfaisants.

264. Lorsqu'il a été stipulé dans un bail que l'état des lieux serait fait par le bailleur, celui-ci, en ne satisfaisant pas à cette stipulation, commet une faute qui ne lui permet pas de se prévaloir de la présomption édictée par l'art. 1731 C. civ., aux termes duquel, lorsqu'il n'a pas été fait d'état de lieux, le preneur est réputé les avoir reçus en bon état. Par suite, il appartient seulement à ce propriétaire, suivant le droit commun, d'établir que les dégradations souffertes par l'immeuble loué sont imputables au locataire sortant.

265. Lorsque les détériorations reprochées à un locataire sont de nature à être immédiatement aperçues par le bailleur, et que, en reprenant la chose louée, celui-ci n'a émis aucune protestation, il ne doit être reçu à se plaindre que dans un temps très court laissé à l'appréciation du juge. — Spécialement, on ne saurait faire supporter des réparations au locataire, lorsqu'il s'est écoulé un délai de deux mois et demi depuis l'expiration du bail. Et il importe peu qu'un état de lieux ait été fait avant l'expiration du bail, cette circonstance ne pouvant prévaloir contre le défaut de protestation à la sortie du locataire.

266. Le bailleur est fondé à réclamer une indemnité à son locataire, lorsque celui-ci, qui devait rendre les locaux en bon état de réparations locatives, a fait durer les travaux de réparation plusieurs mois après la date de l'expiration du bail. Pour apprécier l'importance de cette indemnité, on ne peut faire grief à l'ancien locataire de la lenteur avec laquelle les réparations ont été effectuées, si le bailleur n'a pas été étranger à cette circonstance, et si personne ne s'est présenté pour louer.

267. Le preneur qui n'exécute pas son obligation de rendre les lieux dans l'état où il les a reçus peut être condamné à les remettre dans cet état, et, à défaut, à payer des dommages-intérêts. Le bailleur peut, d'ailleurs, renoncer à l'exécution de cette obligation, soit expressément, soit tacitement, par exemple si, à la fin du bail, il reçoit, sciemment et sans protester, les lieux en mauvais état.

268. La jouissance commune par le bailleur et le preneur de l'immeuble loué doit faire fléchir la responsabilité, dérivant pour le locataire, de l'art. 1732 C. civ., et, dès lors, ce dernier ne saurait être tenu qu'en vertu des principes généraux des art. 1382 et s. C. civ. (principes ordinaires de la responsabilité de chacun à raison des faits qui causent à autrui un dommage).

269. Aux termes de l'art. 4 de la loi du 12 juill. 1905, les juges de paix connaissent sans appel jusqu'à la valeur de 300 francs et, à charge d'appel, à quelque chiffre que la demande puisse s'élever, des dégradations et pertes imputables aux locataires (C. civ. 1732).

§ 3. — Impenses et améliorations faites
par le preneur.

270. Le preneur a droit au remboursement des impenses *nécessaires*, c'est-à-dire indispensables, qu'il a faites pour la conservation de la chose louée, et cela, même s'il les a faites sans en donner avis au bailleur.

271. Quant aux impenses simplement *utiles* ou de pur agrément, non seulement il ne peut se les faire rembourser, mais encore il n'a pas le droit d'exiger du bailleur une indemnité à raison de la plus-value qu'elles ont procurée à la chose louée. Le preneur a du moins le droit d'enlever ce qui, dans les améliorations qu'il a faites, peut être enlevé, à la charge toutefois de rétablir et de laisser la chose dans son état primitif. S'il s'agit d'améliorations ou embellissements non susceptibles d'être enlevés, par exemple des peintures murales, on admet que le preneur ne peut les détruire et que le bailleur a le droit d'en profiter sans indemnité.

SECTION VII. — Garanties et droits appartenant au propriétaire à l'encontre du locataire.

§ 1ᵉʳ. — Privilège du propriétaire.

272. A. *Définition du privilège.* — Le privilège est un droit que la *qualité* de sa créance donne à un créancier d'être préféré aux autres créanciers, même hypothécaires ; appliqué au propriétaire, il lui donne le droit d'être payé avant tous les créanciers du locataire, exception faite toutefois en ce qui concerne l'Etat, dont la créance, pour le recouvrement de certains impôts, est encore préférée à celle du propriétaire. — Le privilège du bailleur résulte de la loi elle-même, qui l'établit et le consacre dans l'art. 2102, § 1, C. civ.

273. B. *Qui a droit au privilège ?* — Le privilège appartient à tout bailleur d'immeubles, soit urbains, soit ruraux,

qu'elle qu'en soit la destination. Il n'est pas nécessaire
qu'il s'agisse d'une maison ou d'une ferme. Le privilège
peut être invoqué, quelle que soit la nature de l'immeuble
loué, et notamment lorsque le bail a pour objet non une
ferme proprement dite, mais un fonds rural non bâti, tel
qu'un pré. Il importe peu que le bailleur soit le propriétaire de l'immeuble loué ou qu'il n'en soit que l'usufruitier, le possesseur. Le privilège appartient également au
locataire principal. Le bailleur à colonat partiaire a,
comme tout autre bailleur, droit au privilège. Il en est
de même du propriétaire d'un appartement meublé.

274. Le privilège n'est accordé par la loi qu'aux
locations d'immeubles ; toutefois, le propriétaire qui donne
à bail à un industriel le local où celui-ci doit exercer son
industrie et, en outre, la force motrice nécessaire à cette
industrie jouit du privilège de l'art. 2102, § 1, pour la
créance des loyers s'appliquant à la force motrice aussi
bien que pour celle relative au local lui-même, alors que
le bail de l'immeuble et le bail de la force motrice n'ont
fait, dans la pensée des contractants, qu'un tout indivi-
sible.

275. C. *Quelles choses sont grevées du privilège ?* — Le
privilège du bailleur porte d'abord sur *les fruits de la récolte
de l'année*. Il s'étend non seulement aux fruits déjà perçus,
mais aussi aux récoltes sur pied. Peu importe que le bail
comprenne ou non des bâtiments destinés à l'exploitation
et, s'il existe des bâtiments, que le fermier ait ou non
engrangé la récolte ; le privilège subsiste même encore
que les fruits auraient été transportés hors de la ferme.
Quant aux fruits des années précédentes, ils restent le
gage du bailleur, mais dans le cas seulement où ils se
trouvent dans les lieux loués ; ils sont alors grevés du
privilège comme objets garnissant la ferme.

276. Si les fruits de la récolte de l'année ont été
déposés par le fermier dans une grange appartenant à un
autre propriétaire, il y a conflit entre le privilège du bailleur et celui du propriétaire de la grange ; c'est à ce dernier
qu'il faut accorder la préférence, si le bailleur n'a pas eu
soin de conserver son droit en revendiquant les fruits dans

le délai légal ou en signifiant au propriétaire de la grange
que la récolte transportée était grevée de son privilège et
si, d'ailleurs, il n'est pas établi que le propriétaire ait
connu, lors du transport, la nature et la provenance de la
récolte.

277. Le privilège porte ensuite sur les prix de tout
ce qui *garnit la maison louée ou la ferme,* y compris l'argen-
terie, les livres, le linge et les vêtements, sauf ceux qui
sont insaisissables (V. à cet égard, n° 222, note 1). Toutefois, le privilège ne s'applique pas à l'argent comptant,
aux titres nominatifs ou au porteur ni, suivant l'opinion
dominante, aux bijoux possédés par le locataire.

278. Le privilège n'est pas limité au cas où la location a pour objet une maison ou une ferme; il peut être
exercé sur des objets mobiliers de toute nature qui peuvent
se trouver sur un immeuble quelconque donné à bail, par
exemple sur les bois ayant servi à élever des échafaudages
pour un spectacle public sur un terrain loué à cet effet,
sur les matériaux à provenir de constructions édifiées par le
preneur sans le consentement du propriétaire et dont
celui-ci exige la démolition,... sur les charbons livrés au
locataire d'une usine et garnissant celle-ci,... sur le matériel et les bestiaux attachés à demeure à un immeuble
non bâti et affectés à sa mise en valeur.

279. En matière de biens ruraux, le privilège du
bailleur s'étend à tout ce qui sert à l'exploitation de la
ferme : bestiaux, charrue, chevaux, voitures, etc... Ces
objets sont grevés du privilège, alors même qu'ils ne garnissent pas les lieux loués, mais sont placés, par exemple,
dans les bâtiments appartenant au fermier.

280. Le privilège s'exerce alors même que les meubles
garnissant les lieux loués appartiennent à des tiers,
mais à la condition que le bailleur puisse être considéré
comme étant de bonne foi relativement aux meubles
possédés par son locataire, c'est-à-dire qu'il ait pu et dû
croire que lesdits meubles appartenaient à ce dernier. C'est
au tiers qui se prétend propriétaire des meubles à prouver
que le bailleur a su qu'ils n'étaient pas au locataire ; cette
preuve peut être faite par témoins et même au moyen de

présomptions. Il suffit, d'ailleurs, que la bonne foi du bailleur ait existé au moment où les objets ont été introduits dans sa maison ou sa ferme. En général, le bailleur sera présumé avoir su que les meubles introduits dans les lieux loués appartenant à des tiers lorsque la profession exercée par le locataire indiquait suffisamment que ce dernier ne devait recevoir ces meubles qu'en vue d'un emploi ou d'un usage déterminé.

281. Fréquemment, dans la pratique, pour éviter que les meubles qu'ils introduisent chez les locataires ne soient frappés du privilège du bailleur, les tiers, fournisseurs, déposants ou prêteurs, ont soin d'aviser le propriétaire que les meubles dont s'agit sont et demeurent leur propriété exclusive et personnelle. Cette précaution, notamment, est usuelle de la part des loueurs de pianos (1).

282. Le privilège du bailleur s'étend enfin aux indemnités d'assurances qui peuvent être dues au locataire en cas de perte du mobilier ou de la récolte (V. *infra*, n° 442).

283. D. *Quelles sont les créances que le privilège garantit?* — Le privilège du bailleur garantit non seulement les loyers et fermages, mais encore les réparations locatives à la charge du preneur et tout ce qui *concerne l'exécution du bail* (C. civ. 2102 ; — I, § 3). Par ces derniers mots, il faut entendre toutes les obligations que la loi ou le contrat imposent au preneur. La garantie du privilège s'étend,

---

(1) L'avertissement donné au propriétaire de l'immeuble par le négociant qui loue un piano à un locataire est généralement conçu dans des termes analogues à ceux qui suivent :

CHAMBRE SYNDICALE DES INSTRUMENTS DE MUSIQUE DE...

M...

Nous avons l'honneur de vous faire savoir que... M..., demeurant à... et nous, sommes convenus de la location d'un piano n°... d'une valeur de...

Cet instrument qui, aux termes de nos accords, doit rester notre propriété personnelle et exclusive, sera incessamment transporté dans votre immeuble ci-dessus désigné.

Vous priant de vouloir bien nous accuser réception de la présente, veuillez agréer...

notamment, aux dommages-intérêts qui peuvent être dus par le preneur pour abus de jouissance ou à raison de l'incendie dont le locataire est responsable. Le privilège garantit aussi le remboursement des avances que le bailleur a faites au preneur pour lui faciliter l'exécution du bail, notamment pour lui permettre l'acquisition d'un cheptel, soit qu'elles aient eu lieu lors du contrat de bail ou en conformité d'une clause de ce contrat, soit qu'elles se soient produites au cours du bail sans avoir été prévues dans la convention.

284. E. *Pour combien d'années de loyer le privilège s'exerce-t-il ?* — Le privilège est plus ou moins étendu, suivant que le bail est constaté par un acte authentique ou par un acte sous-seing privé ayant date certaine, ou que la location résulte simplement d'un acte sous-seing privé sans date certaine ou d'un bail verbal.

285. S'il s'agit d'un bail authentique ou ayant date certaine bien que sous-seing privé (1), le privilège du bailleur s'exerce tant pour les loyers échus que pour les loyers à échoir. Il n'en est ainsi toutefois, en ce qui concerne les loyers à échoir, qu'autant que le bailleur est en concours avec d'autres créanciers. S'il était seul créancier, il ne pourrait se faire payer que des loyers et fermages échus, et la vente devrait être restreinte aux meubles suffisant à fournir le payement de ces loyers ou fermages et des frais (C. pr. civ. 622).

286. S'il s'agit d'un bail sous-seing privé n'ayant pas date certaine ou d'un bail verbal, le privilège n'existe, quant aux loyers à échoir, que pour une année à partir de l'année courante, c'est-à-dire pour l'année en cours et celle qui suivra. En ce qui concerne les années échues, le privilège a la même étendue que lorsque le bail est authentique ou a date certaine : il peut être exercé sans restriction pour tous les loyers dus au bailleur.

287. Il existe des règles particulières aux baux de fonds

---

(1) C'est la formalité de l'enregistrement qui confère la date certaine aux actes sous-seings privés. La date certaine peut aussi résulter du fait que l'un des signataires est décédé.

de commerce en cas de faillite du preneur (V. *infra*, n°ˢ 1012. et s.). En ce qui concerne les baux de biens ruraux, V. *infra*, n°ˢ 800 et s.

288. Lorsque le bailleur est payé par anticipation, en totalité ou en partie, de ses loyers à échoir, les créanciers du preneur ont le droit de relouer la maison ou la ferme, et ils percevront à leur profit les loyers ou fermages futurs. Mais, si le bailleur n'a été payé, au moyen de son privilège, que d'une partie des loyers à échoir, les créanciers ne peuvent user de ce droit de relocation qu'à la charge de parfaire immédiatement le payement de tous les loyers à échoir jusqu'à la fin du bail. Au reste, la relocation ne doit pas nécessairement avoir lieu pour tout le restant du bail : elle peut être limitée par les créanciers à la période dont le bailleur a été payé par anticipation.

289. Le droit de relouer la maison ou la ferme appartient aux créanciers du preneur dans le cas même où une close du bail aurait interdit au preneur de souslouer ou de céder son droit au bail sans le consentement du bailleur. Il n'y a pas à distinguer suivant que le bail a ou non date certaine.

290. F. *Droit de suite attaché au privilège du bailleur.* — Pour conserver son privilège sur les objets qui garnissent la maison ou la ferme, le bailleur peut s'opposer à ce qu'ils soient déplacés ; et, s'ils l'ont été, il a le droit de les revendiquer au moyen d'une saisie spéciale appelée *saisie-revendication* (V. *infra*, n°ˢ 330 et s.).

§ 2. — Saisie-gagerie.

291. A. *Définition.* — C'est l'acte par lequel le propriétaire, l'usufruitier ou le principal locataire d'une maison ou d'une ferme fait saisir (pour les faire vendre ensuite) les objets garnissant la maison louée ou la ferme et sur lesquels il a privilège.

292. B. *A qui appartient le droit de pratiquer la saisie-gagerie ?* — Ce droit n'appartient qu'au propriétaire actuel ; l'ancien propriétaire ne saurait l'exercer, même pour loyers échus antérieurement à son dessaisissement.

293. C. *Créances pour sûreté desquelles la saisie-gagerie peut être pratiquée.* — La saisie-gagerie ne peut être faite que pour une créance (de loyers) certaine et liquide ou, tout au moins, une créance dont la liquidation est de nature à se réaliser facilement et rapidement ; elle ne saurait garantir une créance subordonnée à l'apurement d'un compte entre les parties.

294. La saisie-gagerie peut être formée, non pas seulement pour loyers et fermages, mais pour toutes créances résultant du bail, et spécialement pour le remboursement des avances faites par le propriétaire au colon partiaire (V. *infra*, Louage à colonage partiaire, n° 868).

295. Il n'y a aucune distinction à faire entre les loyers payables d'avance et ceux payables à terme ; le propriétaire peut faire pratiquer une saisie-gagerie pour avoir paiement des premiers, comme pour avoir paiement des seconds, dès que l'époque fixée dans le bail pour leur exigibilité est arrivée.

296. D. *Objets sur lesquels peut porter la saisie-gagerie.* — Le droit de saisir-gager est accordé sur les effets et fruits qui se trouvent dans les maisons et les bâtiments ruraux et sur les terres. Il importe peu que les objets garnissant les lieux loués appartiennent à des tiers. Le propriétaire peut les saisir-gager, s'il a eu de justes motifs pour les considérer comme la chose de son débiteur. Notamment, la saisie-gagerie peut comprendre un bloc de marbre qui est trouvé chez un locataire sculpteur, et même les œuvres de celui-ci, par exemple, le modèle en plâtre d'une statue et la statue en marbre elle-même, quoiqu'elle ne soit pas complètement terminée. Quant aux meubles mis en dépôt chez un locataire, ils n'échappent au droit de saisie-gagerie du bailleur qu'autant que ce dernier a pu savoir, soit par certaines circonstances de fait, soit par une notification directe, que ces objets appartenaient à un tiers et n'étaient pas destinés à garnir les lieux loués.

297. Toutefois, il en serait autrement s'il s'agissait d'objets que le propriétaire doit ou peut supposer appartenir à des tiers en raison de la profession de son locataire, par exemple, d'objets confiés à ce dernier pour être réparés, lorsque le locataire se charge habituellement de ces sortes de réparations.

298. Lorsque les meubles garnissant la maison louée ont été déplacés sans le consentement du propriétaire, mais sont demeurés en la possession du locataire, le propriétaire qui veut exercer son privilège sur ces meubles procède à bon droit par la voie de la saisie-gagerie, conformément aux dispositions de l'art. 819 C. pr. civ.

299. Le droit de saisir-gager les meubles déplacés s'applique-t-il aux fruits? Non, s'il s'agit de fruits qui ne sont pas engrangés dans la ferme, car ces fruits ne sont grevés d'un privilège au profit du bailleur que dans un cas, celui où ils forment la récolte de l'année. Oui, s'il s'agit de fruits engrangés dans la maison ou dans la ferme, car alors ces fruits deviennent des meubles garnissants, et ils sont grevés du privilège fondé sur le gage, même s'ils ne forment pas la récolte de l'année ; dès lors rien ne s'oppose plus à la saisie-gagerie, s'ils sont encore entre les mains du débiteur.

300. Il est à noter que le propriétaire ne peut saisir-gager les meubles de son locataire, lorsqu'ils ont été déplacés, que dans le cas seulement où ce déplacement a eu lieu en fraude de ses droits et sans son consentement. Notamment, un bailleur ne peut pratiquer une saisie-gagerie sur les meubles qui garnissaient les lieux loués pour obtenir paiement des loyers lui restant dus, lorsque, à la suite d'un congé régulièrement donné, et sans protestation aucune de la part du propriétaire, le preneur a déplacé ses meubles et les a transportés dans son nouveau domicile.

301. E. *Effets de la saisie-gagerie.* — Elle enlève au débiteur le droit de disposer des objets au préjudice du saisissant, et la vente que la saisie ferait de ces objets serait déclarée nulle. — En ce qui concerne le propriétaire, la saisie-gagerie ne l'autorise pas à faire procéder à la vente aussitôt qu'elle a été pratiquée ; pour arriver à ce résultat, il faut qu'il obtienne contre son débiteur un jugement de validité de la saisie ; il en est ainsi alors même que le propriétaire aurait un bail exécutoire, dans le cas où, craignant le divertissement des meubles, il aurait procédé sans commandement et en vertu de la permission du juge. Ainsi, dans tous les cas, il faut un jugement de validité (V. *infra*, nᵒˢ 308 et s.).

302. F. *Ses formes.* — Elles sont définies par les art. 819 et s. C. pr. civ. La saisie doit être précédée d'un commandement que le propriétaire fait faire au locataire, par ministère d'huissier, d'avoir à payer les loyers exigibles. Si le propriétaire, pour plus de célérité, veut se dispenser du commandement, il doit obtenir à cet effet l'autorisation du président du tribunal civil ou du juge de paix, suivant que le taux du loyer annuel excède ou non 600 francs. Il y aurait nullité de la procédure, si l'on s'adressait au président du tribunal civil dans un cas où l'autorisation doit être donnée par le juge de paix.

303. L'acte même de saisie-gagerie, s'il a été précédé d'un commandement, ne peut être fait que lorsqu'il s'est écoulé un jour entier depuis ce commandement ; dans le cas contraire, il peut être fait aussitôt que l'autorisation du juge a été obtenue. Cet acte débute par un nouveau commandement de payer. Après quoi, l'huissier explique que, s'étant transporté au domicile du locataire, il y a trouvé et saisi tels et tels objets y renfermés et dont il donne l'énumération détaillée. L'huissier indique, à la fin de l'acte, qu'il a constitué un gardien des objets saisis ; le gardien peut être et est fréquemment le saisi lui-même.

304. L'exploit de saisie-gagerie doit contenir, à peine de nullité, la mention du domicile personnel du saisissant. L'indication du domicile élu par le saisissant chez un gérant d'immeubles ne saurait y suppléer.

305. Une copie du procès-verbal est laissée séance tenante au saisi, si l'huissier a instrumenté en la présence de ce dernier. Elle lui est signifiée dans le jour, plus un jour par cinq myriamètres de distance, si la saisie est faite hors de sa présence.

306. G. *Nullité de la saisie-gagerie.* — La saisie-gagerie, même autorisée par le juge, expose le propriétaire à des dommages-intérêts lorsqu'elle est vexatoire. Notamment, le propriétaire qui, après avoir formé une saisie-gagerie sur son locataire verbal, ne poursuit pas dans un bref délai la vente et l'expulsion de ce dernier en suivant sur la saisie ou en se pourvoyant en référé, peut être condamné à une réduction du loyer dû, à titre de dommages-intérêts. — De même, le privilège qui appartient au propriétaire sur tous les objets qui garnissent la maison louée ne fait pas obstacle à ce que le locataire retire une partie de ces objets, lorsque le reste est suffisant pour garantir le payement des termes à échoir ; et le propriétaire qui a causé un préjudice au locataire en pratiquant une saisie-gagerie générale, alors que ses droits ne couraient aucun risque, a porté ainsi atteinte au crédit du locataire, et doit être condamné à lui payer des dommages-intérêts.

307. La saisie doit, en outre, être annulée lorsqu'elle est faite en dehors des conditions prévues par la loi. Ainsi, si la saisie-gagerie a été pratiquée pour le remboursement non encore exigible d'avances faites au colon partiaire, elle doit être annulée comme prématurée, et donne naissance à une action en dommages-intérêts contre le saisissant. Il a même été décidé que la saisie-gagerie pratiquée en vertu d'une permission qui a été surprise au président au moyen d'un exposé mensonger, peut être qualifiée de vexatoire, annulée, et que le saisissant peut être condamné à des dommages-intérêts lorsqu'il est établi que le président n'aurait pas autorisé la saisie s'il n'avait pas été induit en erreur.

§ 3. — Action en justice à fin de payement des loyers et validité de la saisie-gagerie.

308. Le propriétaire qui, créancier des loyers, a fait procéder à la saisie des meubles du locataire doit (V. nᵘ 3o1) faire déclarer cette saisie valable par une décision de justice. D'autre part, comme, le plus souvent, il n'a qu'un titre sous seings privés, il est tenu de faire prononcer judiciairement la condamnation du locataire au montant des loyers dus (1), double motif pour lui de recourir aux tribunaux.

---

(1) Le propriétaire ne serait dispensé de faire prononcer la condamnation au payement des loyers que s'il était muni d'un bail authentique ; mais le cas est exceptionnel. On a vu, au surplus (n° *supra*, 301), que, même dans ce cas, la saisie-gagerie doit être judiciairement validée.

309. Pratiquement, le propriétaire cherche et obtient ce double résultat par une seule et même procédure : l'huissier qui a procédé à la saisie-gagerie assigne le locataire : 1° en payement des loyers ; 2° en validité de la saisie-gagerie, le tout par même acte ; les parties concluent à la fois sur les deux demandes, et le tribunal statue par le même jugement sur l'une et l'autre des dites demandes (1).

310. L'assignation est donnée tantôt devant le tribunal civil, tantôt devant le juge de paix. C'est le taux du loyer annuel qui détermine la compétence, suivant qu'il n'excède pas la somme de 600 francs ou qu'il est supérieur à ce chiffre. Aux termes de la loi du 12 juill. 1905, lorsque les locations verbales ou écrites ne dépassent pas 600 francs, « les juges de paix connaissent sans appel jusqu'à la valeur de 300 francs et, à charge d'appel, à quelque valeur que la demande puisse s'élever : 1° des actions en payement des loyers et fermages...; 2° des demandes en validité et en nullité ou mainlevée des saisies-gageries pratiquées en vertu des art. 819 et 820 C. pr. civ. »

311. Le tribunal compétent en matière de saisie-exécution étant celui du lieu où se poursuit l'exécution, on doit, par analogie, décider que l'action en validité d'une saisie-gagerie est de la compétence du tribunal dans le ressort duquel cette saisie a été pratiquée, et que le tribunal du domicile du débiteur saisi est incompétent.

312. Lorsque la double demande en payement de loyers et validité de saisie-gagerie est portée devant le tribunal civil, elle y est jugée comme affaire dite « sommaire », c'est-à-dire avec des frais peu élevés. En outre, ce genre de demandes bénéficie généralement d'un tour de faveur au rôle des tribunaux.

313. Une fois qu'il a obtenu un jugement de validité, le propriétaire fait procéder à la vente des objets saisis. Cette vente ne peut avoir lieu qu'après un délai de huit

---

(1) Il peut arriver cependant qu'un propriétaire ne forme contre son locataire qu'une demande en payement (par exemple, si le preneur, solvable d'ailleurs, est simplement en retard) pour se libérer.

jours à partir de la signification au locataire du jugement qui valide la saisie.

§ 4. — Actions en résiliation du bail et expulsion.

314. Pratiquement, le propriétaire à qui il est dû un important arriéré de loyers par un locataire insolvable, ne se contente pas de demander la condamnation de ce dernier au payement de sa dette et la validité de la saisie. Pour reprendre la libre disposition de son local et le louer de nouveau, il demandera en outre, à défaut de payement, la résiliation du bail et l'expulsion du locataire. Ces diverses demandes, dans la pratique courante, sont·formées par le même exploit et solutionnées par le même jugement.

A. — *Action en résiliation du bail.*

315. Le Code ne fixe pas le délai de non-payement après lequel la résiliation peut être demandée : c'est au juge qu'il appartient de décider d'après les circonstances et l'équité. Il a été jugé, à cet égard, que, bien que la loi semble autoriser la résolution du contrat de louage au moment même où le fermier ne paye pas son terme échu, cette résolution ne peut avoir lieu que lorsqu'il y a au moins deux termes échus.

316. Le défaut de payement d'avance du terme, lorsque ce mode de payement est prescrit par le bail, permet au tribunal de prononcer la résiliation du bail aux torts du locataire.

317. En matière de biens urbains, les tribunaux, lorsqu'ils prononcent la résiliation du bail, allouent en même temps au bailleur une indemnité pour le dédommager du préjudice subi et lui faire récupérer approximativement le prix du bail des locaux pendant le temps nécessaire à la relocation (V. *infra*, n°ˢ 6g3 et s.).

318. Relativement aux demandes en résiliation de baux fondées sur le défaut de payement des loyers ou fermages, la compétence des juges de paix est la même qu'en matière d'actions en payement ou validité de saisie-gagerie (L. 12 juill. 1905, art. 3).

319. La demande de résiliation peut encore être fondée sur l'insuffisance des meubles garnissant la maison, ou des bestiaux et ustensiles nécessaires à l'exploitation. Dans ce cas aussi, le tribunal civil et le juge de paix sont respectivement compétents suivant que le taux du loyer excède ou non 600 francs.

B. — *Action à fin d'expulsion.*

320. L'expulsion est, le plus souvent, prononcée pour cause de non-payement des loyers, mais elle peut l'être pour d'autres motifs : abus de jouissance, persistance du locataire à occuper les lieux malgré le congé donné, etc.

321. L'art. 3 de la loi du 12 juill. 1905 donne expressément compétence aux juges de paix pour connaître des demandes en expulsion de lieux fondées sur le défaut de payement des loyers et fermages, toutes les fois que le taux annuel du loyer n'excède pas 600 francs. Au-dessus de cette somme, c'est le tribunal civil qui est compétent.

322. Par une exception analogue à celle qui existe en matière de réparations incombant au propriétaire (V. *supra*, n° 101), l'exécution provisoire du jugement, que les tribunaux n'ont pas, en principe, la faculté de prescrire, peut être ordonnée lorsqu'il s'agit d'une expulsion. L'urgence d'une exécution immédiate, en pareil cas, est manifeste; il faut que le propriétaire reprenne sans retard la jouissance de son local. D'après l'art. 135 C. pr. civ., l'expulsion peut être ordonnée *lorsqu'il n'y a pas de bail ou que le bail est expiré*. Ces mots : expulsion des lieux lorsqu'il n'y a pas de bail, doivent s'entendre en ce sens que, s'il s'agit d'un bail verbal, il faut que le temps fixé par les art. 1736, 1748, 1759, 1762, 1775 C. civ., relativement à la durée des locations faites sans écrit, soit expiré.

323. La juridiction des référés joue aussi un rôle important en matière d'expulsion de lieux. Le président du tribunal civil, statuant en référé, peut prononcer cette mesure dans le cas d'abus de jouissance manifeste ; ainsi ce magistrat peut ordonner l'expulsion, quoiqu'il y ait bail écrit, si ce locataire cause par sa conduite du scandale dans la maison. De même, le juge des référés est compétent, en cas d'urgence, pour ordonner l'exécution du congé donné au preneur, quand la régularité n'en est pas sérieusement contestée. Et il peut encore prescrire l'expulsion du locataire qui ne garnit pas les lieux loués de meubles suffisants pour répondre des loyers (C. civ. 1752).

324. Mais l'hypothèse où l'expulsion est le plus fréquemment demandée est celle où les loyers sont impayés. — Il n'y a aucune difficulté lorsque l'occupant ne peut pas ou ne peut plus se prévaloir d'un bail. Ainsi il n'y avait pas de bail écrit, et congé a été régulièrement donné au preneur ; ou bien il y avait un bail écrit qui est expiré ; ou bien, et cette hypothèse rentre dans la précédente, l'immeuble a été vendu, et une clause expresse du contrat réservait à l'acquéreur la faculté de rompre le bail. Dans ces situations, l'urgence est manifeste. Vainement le locataire refuserait de quitter les lieux. Il faut que, sans délai, le propriétaire puisse les relouer, ou même y introduire le locataire nouveau avec lequel il a déjà traité. L'expulsion peut, sans contestation, être prononcée en référé : une des applications les plus fréquentes de cette règle est celle où le bail contient une clause résolutoire ; à défaut de payement des loyers (V. *infra*, n° 352).

325. La situation est différente lorsqu'il existe un bail qui ne se trouve encore annulé ni par une clause résolutoire opérant de plein droit, ni par un jugement. Cependant, même en ce cas, l'expulsion du locataire qui ne paye pas ses loyers peut être obtenue en référé. Très souvent, dans la pratique, lorsque leurs locataires, insolvables, ont laissé impayés plusieurs termes de location (spécialement, lorsqu'il s'agit de locations verbales et d'importance minime), les propriétaires s'adressent à la juridiction des référés pour faire expulser les occupants, en faisant abandon de l'arriéré impayé. Le président donne acte de cet abandon et prescrit un délai (de quinze jours ou de trois semaines, par exemple), au bout duquel le locataire devra avoir vidé les lieux.

326. Toutefois, le président des référés cesserait d'être compétent s'il s'élevait une contestation sérieuse sur le titre et les droits du bailleur ; par exemple, si le locataire appuyait sa résistance sur l'engagement pris par le bailleur de faire, avant l'emménagement, des travaux de réparation et d'appropriation.

327. Lorsque l'expulsion est prononcée en référé, l'exécution provisoire est de droit, comme toujours devant cette juridiction.

328. Dans certaines villes, lorsqu'il s'agit de locations de peu d'importance, les propriétaires se dispensent quelquefois des formalités judiciaires prescrites par la loi, pour procéder à l'expulsion de leurs locataires ; ils mettent un cadenas à la porte du local, ou bien ils font enlever les portes, volets, fenêtres ou boucher les cheminées. Mais ce mode d'expulsion, contraire à la règle que nul ne peut se faire justice à soi-même, est rarement employé (1).

329. Il est cependant des cas où la reprise de possession sans formalité de justice est absolument commandée par l'urgence et ne peut avoir aucun inconvénient. La Cour de cassation a jugé, en ce sens, que l'action en dommages-intérêts formée par le preneur contre le bailleur qui a pénétré dans les lieux loués et en a repris possession, sans formalités de justice, est à bon droit rejetée par les juges, lorsqu'il est constaté que le bailleur a dû croire que lesdits lieux, délaissés, absolument vides, ouverts à tout venant et dans un état de délabrement dangereux pour la sécurité des personnes, avaient été abandonnés par le preneur et que, de plus, aucun préjudice n'est résulté pour ce dernier du fait du bailleur.

---

(1) Il est toutefois signalé dans les usages de Lille (V. Daguier et Balavoine, *Le Louage, Usages locaux en vigueur à Lille et dans ses huit cantons,* p. 61. — C'est à cet ouvrage que sont empruntés les divers renseignements contenus dans ce travail relatifs aux usages de Lille).

§ 5. — Saisie-revendication.

330. Cette mesure a moins de gravité que celles qui viennent d'être étudiées. Alors que celles-ci supposent généralement un locataire entièrement insolvable dont le bailleur ne cherche plus, après de nombreux refus de payement, qu'à se défaire en récupérant ce qu'il peut sur le prix de vente de ses meubles, la saisie-revendication suppose le simple déplacement des objets qui garnissent la maison ou la ferme ; par cet acte, le bailleur revendique les objets déplacés et empêche la diminution de son gage.

331. *Conditions.* a) *Diminution du gage.* — La saisie-revendication des meubles déplacés par le locataire n'est pas justifiée, quand la maison louée reste garnie de meubles suffisants pour répondre du montant total des loyers à échoir. Le revendiquant est passible alors des frais de cette saisie, au besoin à titre de dommages-intérêts.

332. b) *Non-consentement du bailleur.* — Le droit de revendication ne peut pas être exercé par le bailleur quand il a laissé enlever sans réclamation les meubles garnissant les lieux loués. Le consentement du bailleur, qui peut être exprès ou tacite, doit être présumé toutes les fois qu'il s'agit d'objets destinés par leur nature à être vendus au jour le jour, comme les fruits de la récolte d'un fermier, les marchandises d'un locataire commerçant.

333. c) *Déplacement n'ayant pas un caractère simplement provisoire.* — Les objets garnissant les lieux loués doivent être censés y avoir demeuré, lorsque le déplacement momentané dont ils ont été l'objet ne suppose pas de la part des locataires l'idée de les aliéner ou de les engager, spécialement lorsqu'ils ont été remis temporairement à un tiers chargé d'y faire des réparations.

334. La saisie-revendication par le propriétaire de la ferme du mobilier qui la garnissait, et qui en a été déplacé sans son consentement par le fermier, est valablement opérée bien qu'un déplacement des meubles ait eu lieu plus de quarante jours auparavant (V. n° 335), lorsqu'il est établi qu'il s'agissait seulement d'un déplacement provisoire et que, après une réintégration du mobilier dans la ferme, le déplacement définitif en a été effectué moins de quarante jours avant la saisie.

335. d) *Délai d'exercice.* — Le droit de saisie-revendi-cation doit être exercé dans un délai de quarante jours pour le mobilier garnissant une ferme, et de quinze jours quand il s'agit des meubles garnissant une maison. Passé ce délai, le privilège est perdu. Le bailleur qui n'a pas exercé la revendication dans le délai légal n'a plus même un droit de préférence sur le prix des objets vendus et livrés ; il pourrait, comme tout créancier, pratiquer une saisie-arrêt entre les mains du débiteur de ce prix, mais il ne viendrait dans la distribution que comme créancier ordinaire.

336. Le délai imparti au bailleur court *à compter du jour où les meubles ont été déplacés.* Toutefois, si le preneur et le tiers auquel il a remis les meubles avaient eu recours à des moyens frauduleux pour dissimuler le déplacement ; s'ils avaient, par exemple, corrompu, à prix d'argent, le portier de la maison pour qu'il gardât le silence, le délai ne courrait que du jour où le fait a été connu du bailleur. De même, si, par fraude, le détenteur des objets revendi-qués avait rendu la saisie impossible, par exemple en enle-vant furtivement ces objets de la maison où il les avait placés, la déchéance du privilège ne pourrait être opposée au bailleur, qui serait même en droit de réclamer au tiers détenteur des dommages-intérêts.

337. C'est le déplacement et non la vente seule qui fait courir le délai de quarante ou de quinze jours. Le bailleur conserve son privilège sur les meubles vendus par le pre-neur tant qu'ils restent sur le fonds. Il en est ainsi quand même la vente lui aurait été notifiée. Au reste, lorsque les meubles garnissant les lieux loués ont été vendus, soit à la suite d'une saisie-exécution pratiquée par les créanciers du locataire, soit par le syndic de la faillite de ce dernier, le bailleur n'est pas astreint, pour conserver son privilège, à procéder par voie de saisie-revendication dans les délais de la loi ; il lui suffit, pour sauvegarder ses droits, de faire opposition sur le prix de la vente.

338. e) *Contre qui peut être exercée la saisie-revendication ?*

— La revendication peut être exercée même contre un tiers de bonne foi ; mais le bailleur est tenu de rembourser au possesseur de bonne foi le prix des objets déplacés, lorsque le possesseur les avait achetés dans une foire, un marché ou une vente publique ou chez un marchand vendant des choses pareilles (C. civ. 2280). Outre le prix d'acquisition des objets déplacés, le remboursement doit comprendre, s'il y a lieu, les frais qui ont été occasionnés à l'acheteur par la garde des objets et, notamment, s'il s'agit de bestiaux, le coût de leur nourriture.

339. Si l'acheteur est de mauvaise foi, il n'a droit à aucune restitution ; mais, pour qu'il soit réputé de mauvaise foi, il faut qu'il ait su, non seulement que les objets appartenaient à un fermier, mais encore que le bailleur s'opposait à leur déplacement ; cette seconde condition est nécessaire, au moins quand il s'agit d'objets, tels que bestiaux ou denrées, que les fermiers ont l'habitude de vendre sans opposition du bailleur.

340. f) *Formes. Compétence.* — La saisie-revendication ne peut être faite sans une permission spéciale du juge, donnée sous forme d'ordonnance. Pour obtenir cette permission, il y a lieu de présenter une requête soit au président du tribunal de première instance, soit au juge de paix, suivant que le montant annuel de la location est supérieur ou inférieur à 600 francs (L. 12 juill. 1905, art. 3 et 13).

341. La requête à fin de revendication doit désigner d'une manière suffisante, quoique sommaire, les effets à saisir ; il n'est pas nécessaire que l'ordonnance qui autorise la saisie indique d'une manière spéciale tous les lieux où elle peut être opérée ; en sorte que l'omission de cette indication ne saurait entraîner la nullité de la saisie.

342. Le défaut d'autorisation du président, non seulement rend passible l'huissier et la partie de dommages-intérêts, solidairement, mais encore entraîne la nullité de la saisie.

343. Les formes à suivre pour la rédaction du procès-verbal de saisie-revendication sont les mêmes que pour le procès-verbal de saisie-gagerie ; toutefois, le commandement préalable est inutile. Le saisi peut être constitué gardien ; la saisie n'est pas nulle pour défaut de notification dans le jour du procès-verbal au saisi.

344. Le détenteur des effets revendiqués peut faire surseoir à la saisie en agissant en référé devant le président du tribunal. S'il refuse d'ouvrir les portes, ou s'oppose en fait aux opérations de la saisie, c'est l'huissier qui assignera en référé. Il ne peut, en principe, être passé outre par l'huissier, qui n'a même pas le droit de poursuivre l'exécution en se faisant assister d'un officier municipal, comme il a le droit de le faire dans la saisie-exécution (1). Toutefois il a été jugé que, si l'huissier passait outre sans en référer, il n'y aurait pas là une cause de nullité : l'huissier encourrait seulement une amende.

345. Pour assurer au saisissant un droit définitif sur la chose saisie, la saisie-revendication doit être déclarée valable par justice. Elle est tantôt de la compétence du tribunal civil, tantôt de celle du juge de paix, suivant la distinction formulée ci-dessus (n° 340). Lorsque le juge de paix est compétent (loyer annuel n'excédant pas 600 francs), il prononce, sans appel, jusqu'à la valeur de 300 francs, et, à charge d'appel, à quelque valeur que la demande puisse s'élever. Le juge de paix cesse toutefois d'être compétent lorsqu'il y a contestation de la part d'un tiers.

346. La demande en validité de la saisie-revendication doit être portée devant « le tribunal de celui sur qui la saisie a été faite » ce qui doit s'entendre de la partie saisie et non du tiers saisi, quand les objets sont saisis-revendiqués au domicile d'un tiers où le possesseur les a déposés.

---

(1) On entend par *saisie-exécution* celle par laquelle le créancier muni d'un titre exécutoire fait procéder à la vente des meubles de son débiteur. C'est la saisie de droit commun.

CHAPITRE IV

FIN DU BAIL

SECTION Ire. — Causes communes à toutes espèces de baux.

§ 1er. — Consentement mutuel.

347. La résiliation d'un bail peut être tacite et résulter du consentement mutuel des parties. Elle s'induit suffisamment du fait, par le bailleur, d'avoir repris possession des lieux après expulsion du preneur et, par celui-ci, de n'avoir pas demandé à rentrer dans l'immeuble.

§ 2. — Événement de la condition résolutoire (1).

348. Le bail peut être soumis à une condition résolutoire expresse ou tacite. Ainsi, les baux à périodes conclus, par exemple, pour trois, six ou neuf ans, sont censés faits pour neuf ans avec faculté de résiliation à chaque période, faculté qui, en l'absence de stipulation contraire, appartient à chacune des parties.

---

(1) On entend par là l'arrivée d'un fait, d'une circonstance, d'une manifestation de volonté que les parties ont prévue ou sont sensées avoir prévue comme devant entraîner la résiliation du bail, par exemple, un changement de destination des lieux, l'exercice par le preneur de la faculté, que le bail lui réserve, de donner dédite.

349. Si le preneur a loué avec la clause qu'il occuperait les lieux loués tant qu'il lui plairait, il peut toujours faire cesser le bail en donnant congé.

350. En principe, et en dehors des cas où l'intention des parties est aussi manifeste que dans les deux hypothèses précédentes, l'événement de la condition résolutoire n'emporte pas résiliation de plein droit. Notamment, bien que dans un bail il ait été interdit au preneur de créer aucun établissement public dans les lieux loués, sous peine de résolution *de plein droit*, l'infraction à cette clause ne suffit pas pour opérer la résiliation du bail, alors qu'elle a cessé à la première réquisition du propriétaire. La résiliation doit être demandée aux tribunaux, qui ont tout pouvoir d'appréciation et statuent suivant les circonstances.

351. C'est seulement dans le cas où les parties ont stipulé la résiliation de plein droit que les tribunaux n'ont pas à intervenir et perdent leur pouvoir d'appréciation.

352. La clause d'un bail portant qu'à défaut de payement d'un seul terme de loyer à son échéance ou d'exécution des conditions stipulées, ce bail sera résilié de plein droit après un commandement non suivi de payement dans un certain délai, et sans autre formalité, est licite et fait la loi des parties. — Et la cause résolutoire à laquelle le preneur est ainsi soumis régit nécessairement les sous-locations par lui consenties. Dès lors, par l'effet de la cause résolutoire, le droit du preneur de jouir des lieux par lui-même ou par des sous-locataires a cessé d'exister, et le juge, saisi de la demande d'expulsion, est tenu d'y faire droit, sans qu'il ait à cet égard un pouvoir d'appréciation. Le juge des référés est compétent pour l'exécution de la clause dont s'agit, ainsi qu'on l'a déjà dit, *supra*, n° 324.

353. Quoique l'obligation de payer les fermages ait été stipulée sous peine de résiliation, on ne peut voir une cause de résolution suffisante du bail dans ce fait que le fermier, se trouvant absent de son domicile au moment où l'huissier s'y présentait pour lui faire sommation de payer, ne serait allé que le lendemain faire offre de son fermage au bailleur, avec celle des frais de la sommation.

Si le preneur a payé peu de jours après qu'il avait été mis en demeure de le faire, il n'y a pas lieu de prononcer la résiliation du contrat.

354. Le juge des référés est incompétent pour ordonner l'expulsion d'un locataire qui occupe les lieux en vertu d'un acte sous seing privé, dont la résiliation n'a pas encore été prononcée. Mais il doit prononcer cette expulsion lorsqu'il a été convenu entre les parties, par une clause expresse du bail authentique ou sous seing privé, qu'à défaut de payement d'un seul terme de loyer et après un commandement de payer resté sans effet, la location serait résiliée de plein droit, et lorsqu'en fait ces conditions se sont réalisées.

355. La clause d'un bail portant qu' « à défaut de payement à l'échéance d'un seul terme de fermage, le bail sera résilié de plein droit, si bon semble au bailleur, un mois après un simple commandement de payer demeuré infructueux, nonobstant toutes offres et consignations ultérieures », ne peut être invoquée que par le bailleur, dans l'intérêt de qui cette clause a été insérée.

356. La clause d'un bail énonçant que dans le cas où le locataire, fonctionnaire public, sera changé de résidence, le bail sera résilié, doit être interprétée en ce sens que le cas de résiliation prévu est seulement celui où le locataire sera, par une décision de l'administration à laquelle il appartient, mis dans l'obligation de quitter le lieu où il réside : la mise à la retraite, même d'office, laissant le locataire libre de résider où bon lui semble, ne saurait être assimilée à un changement de résidence au sens du bail.

357. Les parties peuvent renoncer expressément ou tacitement au bénéfice de la clause résolutoire ; il en est ainsi, par exemple, du bailleur qui reçoit des loyers afférents à une jouissance postérieure à l'événement de la condition.

§ 3. — Inexécution des engagements respectifs.

358. Aux termes de l'art. 1741 C. civ., le bail se résout par le défaut respectif du bailleur et du preneur de remplir leurs engagements. Cette cause de résolution ne peut être invoquée que par la partie qui souffre de l'inexécution des engagements de l'autre ; mais la demande de résolution fondée sur une telle cause n'a pas besoin d'être précédée d'une mise en demeure adressée à la partie qui est en faute. Lorsque le demandeur invoque de simples faits à l'appui de sa prétention, il peut les établir par tous les moyens de preuve, même par témoins et par présomptions.

359. Les juges ne sont pas tenus de prononcer immédiatement la résolution du bail ; ils peuvent accorder au défendeur un délai pour remplir ses engagements ; ils peuvent même apprécier si l'inexécution est ou non suffisamment grave pour entraîner la résolution, et se borner à condamner le défendeur à des dommages-intérêts. Notamment, le défaut de payement de la part du fermier de quelques sommes modiques, telles que le coût du bail, le coût du cheptel, le coût de l'inscription prise sur ses biens par le bailleur, et six mois de contributions, ne suffit pas pour entraîner la résolution du bail.

360. Il en est autrement toutefois lorsqu'il a été stipulé qu'en cas d'inexécution des conditions, la résolution aurait lieu de plein droit : le pouvoir d'appréciation des tribunaux disparaît alors, et la résolution doit être prononcée sans délai. Le bailleur reste, d'ailleurs, toujours libre de ne pas se prévaloir de cette clause et de renoncer à son bénéfice.

361. La résolution prononcée. pour inexécution des engagements a pour effet de remettre les choses dans le même état que si le bail n'avait jamais existé, sauf à tenir compte toutefois de l'exécution qu'il a reçue en fait jusqu'à l'époque de la résiliation.

362. Les parties peuvent renoncer à se prévaloir de l'inexécution de telle ou telle clause du bail à l'effet de demander la résiliation ; mais leur renonciation ne saurait se présumer.

§ 4. — Causes diverses.

363. La mort du bailleur n'est jamais, en principe, une cause de cessation du bail, qu'il s'agisse de baux à loyer ou de baux à ferme.

364. De même, la mort du preneur n'est jamais, en principe, une cause de cessation de bail, qu'il s'agisse de baux à loyer ou de baux à ferme (C. civ. 1742).

365. L'incendie ne met fin au bail que s'il a détruit la chose en totalité ou dans une partie essentielle. Si la destruction n'a été que partielle, le preneur peut, en faisant les réparations nécessaires, continuer à habiter l'immeuble jusqu'à la fin du bail, à moins que l'incendie n'ait eu pour cause un grave abus de jouissance de sa part, auquel cas le bailleur pourrait faire résilier le bail.

366. La faillite ou la déconfiture du preneur ne sont pas par elles-mêmes des causes péremptoires de résiliation du bail.

SECTION II. — Causes particulières aux baux à durée déterminée.

367. Lorsque le bail a été fait pour une durée déterminée, il cesse de plein droit à l'expiration du temps fixé.

368. Les baux de trois, six ou neuf années doivent être considérés comme des baux de neuf ans faits avec la condition qu'il sera loisible à chacune des parties de résilier, au bout de trois ou de six ans, en se prévenant un certain temps d'avance. La partie qui veut user de cette faculté de résiliation doit donner congé dans les délais d'usage. Mais, si aucune des parties ne manifeste la volonté de faire cesser le bail avant la dernière période, il finit de *plein droit*, sans qu'il soit nécessaire de donner congé, après les neuf ans écoulés.

369. Celui qui a manifesté régulièrement son intention de résoudre le bail ne peut plus, après l'avertissement, changer de volonté, malgré l'autre partie.

370. Les baux verbaux, comme les baux écrits,

prennent fin de plein droit à l'époque fixée par la convention.

371. Les baux à ferme sont toujours réputés faits pour un temps déterminé, savoir celui qui est nécessaire au preneur pour recueillir tous les fruits de l'héritage affermé. Ils cessent donc de plein droit et sans congé à l'expiration de ce temps.

SECTION III. — Cause particulière
aux baux urbains sans détermination de durée.

372. Ces baux cessent par le congé que l'une des parties donne à l'autre dans les délais fixés par l'usage des lieux (V. *infra*, nᵒˢ 481 et s.).

CHAPITRE V

TACITE RECONDUCTION

SECTION Ire. — Quand se produit-elle ?

373. En matière de bail écrit, avec détermination de durée, lorsque le locataire reste en jouissance après le terme fixé, il s'opère un bail nouveau, appelé *tacite reconduction*, dont la durée est fixée comme si le bail était fait sans écrit et qui ne peut cesser que par un congé donné dans les délais fixés par l'usage local. Ainsi, si un bail de neuf ans pour une maison est expiré et si le preneur est laissé en jouissance, le nouveau bail par tacite reconduction ne durera pas neuf ans, mais une année seulement. Et cette tacite reconduction continuera jusqu'à ce qu'un congé soit signifié (C. civ. 1759). Ce congé est nécessaire alors même que d'après l'usage local le bail dont la durée n'est pas déterminée par les parties aurait une durée fixe, après laquelle il devrait cesser de plein droit.

374. La tacite reconduction ne se produit pas, bien qu'à l'expiration du bail le preneur soit resté en possession : 1° lorsqu'une clause du bail déclare que, dans ce cas, il n'y aura pas lieu à tacite reconduction; 2° lorsqu'une des parties a donné congé à l'autre (C. civ. 1739). Ce congé, à la différence du congé ordinaire, peut être donné même après l'expiration du bail, pourvu qu'il ne se soit pas écoulé un temps suffisant pour opérer la reconduction.

375. Comme un congé ordinaire, le congé prohibitif de la tacite reconduction peut être donné sous n'importe quelle forme. Et, bien que l'art. 1739 parle d'un congé *signifié*, un congé verbal, s'il était avoué, ou une invitation de quitter les lieux, contenue dans la quittance du dernier terme, vaudraient autant qu'un acte d'huissier. Dans un cas pareil, on ne pourrait opposer au propriétaire une tolérance de quelques jours qu'il aurait accordée au preneur pour chercher un autre logement.

376. Si la possession du preneur se continuait malgré le congé sans que les conditions de la tacite reconduction fussent réunies, le bailleur aurait droit, à raison de cette jouissance indue, à une indemnité calculée d'après le préjudice qu'il éprouverait. — L'obstacle mis par le bail lui-même ou par le congé à la tacite reconduction n'est cependant pas absolu : si, malgré la clause du bail ou le congé, le preneur reste en possession dans des conditions qui révèlent chez les parties l'intention de renouveler le bail, la tacite reconduction se produit.

SECTION II. — Effets de la tacite reconduction.

377. L'effet de la tacite reconduction est de donner lieu à un bail nouveau, qui est censé fait aux mêmes conditions que l'ancien. Un bail nouveau : en conséquence, les parties doivent, au moment où elle se produit, avoir la capacité requise pour contracter ; de même, s'il y a plusieurs preneurs solidaires, et si un seul continue sa possession, la tacite reconduction ne se forme qu'avec lui. Un bail censé fait aux mêmes conditions que l'ancien : ainsi, le prix et les obligations respectives des parties sont les mêmes que dans l'ancien bail.

378. De même, la clause d'un bail portant que la résiliation aura lieu de plein droit si, avant le terme fixé pour sa durée, le preneur, fonctionnaire public, obtient un changement de résidence, doit être censée retenue et conservée dans le bail par tacite reconduction qui s'est opéré depuis l'expiration du bail écrit.

379. Si, par le bail qui est expiré, on avait stipulé un *pot-de-vin*, on doit supposer, dans la tacite reconduction, la convention d'un semblable pot-de-vin proportionné à la durée de la reconvention.

380. Toutefois, on ne peut pas dire d'une manière absolue que les stipulations de l'ancien bail survivent dans le nouveau ; ainsi, ce dernier n'a pas la même durée que l'ancien ; il est toujours censé fait pour le temps des locations faites sans terme fixe (C. civ. 1738). Les stipulations du bail expiré ne peuvent donc être prises en considération pour déterminer la durée du bail qui se continue par tacite reconduction. Par exemple, si, après le congé donné et signifié par le propriétaire, dans un bail comprenant plusieurs périodes (trois, six et neuf ans), pour l'expiration d'une période, le locataire continue, postérieurement à ladite période, à occuper les lieux, il y a tacite reconduction, non par les stipulations et suivant les conditions du bail originaire, mais par l'usage des locations verbales. De même, les cautions et hypothèques qui garantissaient le bail primitif ne garantissent pas le bail nouveau (C. civ. 1740).

CHAPITRE VI

EFFETS DE LA VENTE DE L'IMMEUBLE
LOUÉ OU AFFERMÉ

381. Aux termes de l'art. 1743 C. civ., si le bailleur vend à un tiers la chose louée, l'acquéreur ne peut expulser le fermier ou le locataire. Pour qu'il en soit ainsi, toutefois, il faut que le bail ait une date certaine (par exemple, qu'il soit authentique) et, en outre, que le bailleur ne s'y soit pas réservé la faculté d'expulser le preneur en cas de vente.

382. Lorsque le bail est ainsi opposable à l'acquéreur, le preneur a le droit d'en exiger le maintien, alors même qu'il ne serait pas encore entré en possession des lieux à l'époque de la vente. De son côté, l'acquéreur doit respecter non seulement le bail, mais encore les conventions additionnelles, pourvu qu'elles se rattachent directement au bail et qu'elles aient aussi une date certaine. Non seulement il doit respecter le bail, mais il doit l'entretenir, c'est-à-dire exécuter les obligations du bailleur (notamment, en garantissant au locataire la paisible jouissance de la chose louée) et ce, alors même qu'il ne voudrait ou ne pourrait exercer les droits de celui-ci, par exemple toucher les loyers. En obligeant l'acquéreur à respecter le bail, l'art. 1743 applique cette obligation à tout successeur à titre particulier du bailleur, donataire, légataire, échangiste, usufruitier.

383. Lorsque le bail n'a pas de date certaine, ou lorsque, dans un bail à date certaine, le bailleur s'est réservé la faculté d'expulsion en cas de vente, l'acquéreur a le droit d'expulser le preneur. Il en serait autrement, toutefois, si, dans son acte de vente, il avait renoncé à cette faculté, et le preneur aurait le droit d'invoquer cette clause renonciative. En l'absence d'une pareille clause, il y a lieu de distinguer suivant que le bail a ou non date certaine.

384. Si le bail a date certaine et si la faculté-d'expulsion a été réservée par ce bail, l'acquéreur doit donner congé, savoir : s'il s'agit de maisons, dans le délai fixé par l'usage des lieux et, s'il s'agit de biens ruraux, un an à l'avance (C. civ. 1748).

385. Si le bail n'a pas date certaine, l'acquéreur a le droit de faire expulser immédiatement le locataire.

386. Dans tous les cas, si le congé avait été donné par le bailleur, il profiterait à l'acquéreur. Dans tous les cas également, la faculté de mettre fin au bail appartient à l'acquéreur seul et non au preneur, qui, à moins qu'il n'ait eu soin de stipuler qu'en cas de vente le bail serait résolu de plein droit, est obligé de continuer sa jouissance si l'acquéreur l'exige. Cependant, il pourrait faire sommation à celui-ci de dire s'il entend cesser ou continuer le bail; à défaut d'une prompte réponse, l'acquéreur serait considéré comme optant pour la continuation du bail, surtout s'il percevait les loyers.

387. Lorsque, dans un bail à date certaine, une clause a réservé la faculté d'expulser le preneur en cas de vente, cette faculté n'existe qu'en cas de vente proprement dite et ne saurait être étendue aux autres modes d'aliénation; mais elle existerait dans tous les cas de vente : vente sur expropriation, vente d'usufruit, etc. Et elle ne cesserait pas d'exister, quoiqu'elle ne fût pas reproduite dans l'acte de vente. Lorsque l'acquéreur use de cette faculté, le bailleur doit une indemnité au preneur et est tenu de lui payer, à ce titre, une somme égale au prix du loyer pendant le délai de congé, s'il s'agit de baux de maisons, et au tiers du prix du bail pour tout le temps qui reste à courir, s'il s'agit de biens ruraux. S'il s'agit de manufactures, usines ou autres établissements qui exigent de grandes avances, l'indemnité est fixée par experts (C. civ. 1744-1747). Pour les baux d'autres objets, l'indemnité

est déterminée par les tribunaux d'après le droit commun.
D'ailleurs, les parties peuvent toujours la fixer elles-
mêmes par une clause du bail. Dans tous les cas, elle
doit être payée au preneur préalablement à son expulsion
(C. civ. 1749).

388. Lorsque le bail n'a pas de date certaine, le preneur expulsé ne peut exiger aucune indemnité de l'acquéreur (C. civ. 1750), mais il peut en demander une à son
bailleur. Cette indemnité est fixée par les tribunaux
selon le droit commun.

CHAPITRE VII

OBLIGATIONS RESPECTIVES DES PROPRIÉTAIRES ET LOCATAIRES VIS-A-VIS DE L'IMPOT

SECTION Ire. — Impôt foncier.

389. L'impôt foncier est à la charge du bailleur. Toutefois, les locataires et fermiers peuvent être obligés de payer, en l'acquit des propriétaires ou des usufruitiers, la contribution foncière des biens qu'ils ont pris à ferme, et les propriétaires ou usufruitiers doivent recevoir le montant des quittances pour comptant sur le prix des fermages ou loyers, à moins que le fermier ou locataire n'en soit chargé par son bail (L. 3 frim. an VII, art. 147 ; L. 12 nov. 1808, art. 2).

390. Lorsque le preneur s'est chargé de l'impôt foncier, il a, par cela même, à sa charge ou à son profit, les augmentations ou diminutions ultérieures. Et il peut être considéré comme ayant assumé cette charge lorsque, ayant toujours payé la contribution foncière, il n'en a jamais déduit le montant du prix du fermage.

391. L'impôt foncier afférent aux machines et appareils établis par le locataire d'une usine, et devant rester sa propriété après l'expiration du bail, doit être inscrit au nom du locataire. Cet impôt est dû à partir de la troisième année qui suit l'installation des machines. Mais, lorsqu'aux termes d'un bail, le locataire doit laisser au propriétaire les constructions qu'il avait élevées sans pouvoir réclamer aucune indemnité, les constructions doivent, même pendant la durée du bail, être considérées comme appartenant au propriétaire et, par suite, doivent être imposées en son nom à la contribution foncière et à celle des portes et fenêtres.

SECTION II. — Impôt des portes et fenêtres.

392. L'impôt des portes et fenêtres est en principe à la charge du locataire, sauf le droit de l'Administration, consacré par l'art. 12 de la loi du 4 frim. an VII, d'en poursuivre le recouvrement directement contre le bailleur. Si le bailleur a acquitté directement l'impôt, il a un recours contre le locataire. Pour exercer ce recours, le bailleur n'a qu'à établir le fait du payement. Le recours ne peut être paralysé que par la preuve d'une faute ou d'une imprudence de nature à engager la responsabilité du propriétaire.

393. Le seul fait, de la part du propriétaire, d'avoir négligé de réclamer de son locataire le remboursement de l'impôt n'emporte pas renonciation à ce remboursement. — Ainsi, le propriétaire qui a payé cette contribution a un recours contre le locataire, bien que, dans le bail, il n'en ait été fait aucune mention, et que les quittances des loyers pendant deux ans aient été données sans réserve.

394. L'usage local met généralement l'impôt des portes et fenêtres à la charge du locataire ; il en est notamment ainsi à Paris, Nancy, Lyon, etc... Et la délivrance de quittance de loyers sans réserve est insuffisante à prouver l'existence d'une convention contraire.

395. Si, en principe, l'impôt des portes et fenêtres est à la charge du preneur, les parties peuvent déroger expressément ou implicitement à ce principe. Ainsi, le propriétaire qui loue un appartement moyennant un prix ferme « y compris les frais de contribution », s'interdit par là de répéter contre le locataire les impôts, tels que l'impôt des portes et fenêtres, dont les propriétaires font l'avance, sauf leur recours contre le preneur.

396. D'autre part, la contribution des portes et fenêtres peut être considérée comme devant rester à la charge du propriétaire, si un usage local affranchit le locataire de cette contribution, et si le propriétaire, après l'avoir avancée, n'en a pas, durant une période comprenant plusieurs termes, réclamé le remboursement.

397. Les fonctionnaires et employés logés gratuitement dans les bâtiments appartenant à l'Etat, aux départements et aux communes, doivent être imposés nominativement pour les portes et fenêtres des parties de ces bâtiments servant à leur habitation personnelle.

398. La loi n'autorise les mutations de cote en matière de contribution des portes et fenêtres que dans l'hypothèse où l'imposition a été établie sous un autre nom que celui sous lequel elle devait l'être. Et aucune disposition de loi n'autorise un contribuable quittant son logement dans le courant de l'année à demander que les douzièmes restant à échoir soient transférés au nom de celui qui le remplace.

SECTION III. — Contribution personnelle - mobilière.

§ 1er. — Principe. — Obligation du locataire.

399. La contribution personnelle et mobilière n'est due, en principe, que par le preneur et ne peut être exigée que de lui.

400. Le propriétaire qui loue un appartement moyennant un prix ferme « y compris les frais de contribution » ne peut être censé s'être obligé à supporter, aux lieu et place du preneur, la charge personnelle résultant de l'impôt mobilier ou de la patente.

§ 2. — Responsabilité du propriétaire.

401. Les propriétaires doivent, *un mois* avant l'époque du déménagement de leurs locataires, se faire représenter par ces derniers les quittances de leur contribution *person-*

nelle-mobilière. Lorsque les locataires ne représentent pas ces quittances, les propriétaires ou principaux locataires sont tenus, sous leur responsabilité personnelle, de donner, dans les *trois jours*, avis du déménagement au percepteur. Dans le cas de déménagement furtif, les propriétaires et, à leur place, les principaux locataires, deviennent responsables des termes échus de la contribution *personnelle-mobilière* de leurs locataires, s'ils n'ont pas, dans les *huit jours*, donné avis du déménagement au percepteur (L. 21 avr. 1832, art. 22).

402. La loi de 1832 n'établissant aucune distinction entre les causes du déménagement, la responsabilité du propriétaire est engagée, lorsque ce dernier, ayant fait expulser son locataire, n'a pas donné avis au percepteur du déménagement qui a été la conséquence de cette expulsion.

403. Le propriétaire (ou le principal locataire) est tenu de donner au percepteur avis du déménagement de son locataire, quel que soit le lieu où celui-ci va habiter.

404. Toutefois, la contribution personnelle-mobilière ne devient immédiatement exigible pour la totalité de l'année courante qu'au cas de déménagement hors du ressort de la perception ou en cas de vente volontaire ou forcée.

405. En conséquence, en dehors de ce cas, le propriétaire qui n'a pas déclaré au percepteur le déménagement de son locataire n'est responsable que des termes exigibles au moment du déménagement.

406. Spécialement, le locataire qui ne déménage pas en dehors du ressort de la perception n'étant pas tenu de payer les termes non échus de sa contribution personnelle-mobilière, le propriétaire qui n'a pas donné avis du déménagement n'est responsable que des termes échus au moment de ce déménagement.

407. Il suit de là que si, au moment du déménagement, le rôle de l'année courante n'était pas encore publié, et si, en conséquence, aucun douzième n'était encore exigible, le défaut de déclaration ne fait encourir aucune responsabilité au propriétaire.

408. Le propriétaire qui n'a pas notifié régulièrement au percepteur le déménagement d'un locataire est responsable, non seulement de la contribution mobilière de l'année courante, mais aussi de celle des années antérieures.

409. Lorsqu'un individu a déménagé d'un premier logement sans payer les termes échus de sa contribution mobilière pour aller habiter un autre logement dans la circonscription du même percepteur et qu'il a également déménagé sans payer ses contributions, le propriétaire du second logement, s'il n'a pas fait au percepteur la déclaration prescrite par la loi de 1832, est responsable de la totalité des termes échus, sans pouvoir se prévaloir de cette circonstance qu'aucune déclaration n'a été faite par le premier propriétaire.

410. Lorsque le propriétaire affirme avoir fait auprès du percepteur la déclaration du déménagement de son locataire, dont il ne lui avait pas été délivré récépissé, et que cette allégation n'est pas contestée par les agents de l'administration, il y a lieu de le déclarer non respon-. sable de la contribution mobilière de ce locataire.

411. Un propriétaire, dont le locataire a quitté son logement pour aller habiter en dehors du ressort de la perception, et qui n'a pas fait au percepteur la déclaration prévue par l'art. 22 de la loi de 1832, ne peut pas se prévaloir, pour soutenir qu'il n'est pas responsable de la contribution mobilière restée impayée, de ce qu'il avait informé le percepteur que son ancien locataire était créancier d'une somme qu'il était possible de saisir-arrêter.

412. Il ne peut, non plus, se prévaloir de ce que le percepteur avait été déchargé de sa responsabilité vis-à-vis du Trésor public par l'admission de la contribution au nombre des cotes irrecouvrables.

§ 3. — Responsabilité du locataire principal.

413. L'art. 22 de la loi du 21 avr. 1832, aux termes duquel les principaux locataires devront, à la place des propriétaires, un mois avant l'époque du déménagement des locataires, se faire remettre par ceux-ci les quittances de leurs contributions personnelles, faute de quoi ils seront tenus, sous leur responsabilité personnelle, de donner avis du déménagement au percepteur, vise exclusivement ceux qui, ayant pris à bail un immeuble suceptible d'être divisé, en sous-louent les parties. — Il ne s'applique pas au locataire particulier que des convenances personnelles amènent à céder son lieu et place à un nouvel occupant.

SECTION IV. — Patentes.

414. Comme la contribution personnelle-mobilière, l'impôt des patentes n'est dû en principe que par le preneur que sa profession y assujettit et ne peut être exigée que de lui. — (V. au surplus, Particularités relatives aux fonds de commerce, n°s 897 et s.)

SECTION V. — Impôts divers.

415. Les emprunts forcés ou les contributions extraordinaires établis dans les temps de calamités publiques doivent être supportés exclusivement par le propriétaire, encore que le preneur se soit expressément engagé par le bail à payer les impôts existants ou qui pourraient être établis à l'avenir. Ainsi le fermier chargé de payer les impôts, en sus de son prix, n'est pas tenu de payer les impôts extraordinaires, et, notamment, les centimes additionnels votés par le conseil général pour faits de guerre.

416. Le logement des gens de guerre et les frais qui en résultent ont toujours été considérés comme des charges inhérentes aux maisons. Ils doivent être payés par ceux qui les habitent, quelle que soit d'ailleurs la qualité de chacun d'eux. Ainsi le locataire et le propriétaire sont assujettis, chacun proportionnellement à l'étendue de l'appartement qu'il occupe, au logement militaire (L. 27 sept.-12 oct. 1791).

417. Il n'est pas même nécessaire d'avoir dans la

maison une habitation de fait, il suffit d'y avoir un droit d'habitation. Ainsi le logement et la nourriture des gens de guerre sont des charges inhérentes aux maisons et supportables par tous ceux qui y ont un droit d'habitation, dans la proportion du droit de chacun, indépendamment du fait de l'habitation réelle; et le propriétaire qui s'est réservé un appartement dans la maison qu'il a louée est tenu de cette contribution personnelle. Le logement des militaires et les frais qui en sont la conséquence sont à la charge du locataire, encore qu'il ait loué en garni et qu'il soit étranger.

418. Le conseil municipal d'une commune, en usant de la faculté, qui lui est reconnue par l'art. 5 de la loi de finances du 31 mars 1903, de remplacer les prestations pour les chemins vicinaux par une taxe vicinale représentée par des centimes additionnels aux quatre contributions directes, ne crée pas un impôt nouveau, mais modifie seulement l'assiette de l'impôt créé par la loi du 21 mai 1836 sur les chemins vicinaux. — Par suite, lorsqu'aux termes d'un bail, les taxes et charges de communes, qui comprennent les prestations, sont mises à la charge du locataire, celui-ci ne saurait se refuser à payer la taxe vicinale substituée par la commune à l'impôt des prestations sous prétexte qu'il s'agirait d'un impôt nouveau non prévu par le bail. '

CHAPITRE VIII

INCENDIE

**SECTION Ire. — Responsabilité du locataire.
Principes généraux.**

§ 1er. — Présomption établie à l'encontre du locataire.

419. Lorsque l'immeuble loué est incendié, le preneur, qui devait le rendre tel qu'il l'avait reçu, est présumé en faute et répond de l'incendie vis-à-vis du propriétaire ou de la compagnie d'assurances subrogés aux droits de ce dernier (C. civ. 1733). Il en répond comme de toute autre dégradation ou perte, même si l'incendie est causé par une personne de sa maison ou par son sous-locataire (C. civ. 1735).

420. Lorsque l'incendie a été allumé par le sous-locataire, le propriétaire a non seulement le droit d'agir contre le locataire principal, mais encore une action directe contre le sous-locataire. Grâce à cette action directe, il peut poursuivre le sous-locataire sans avoir à redouter le concours des créanciers du locataire principal et, notamment, pratiquer contre le sous-locataire une saisie-arrêt avant le règlement de l'indemnité.

421. La présomption de faute établie contre le locataire au profit du propriétaire s'applique contre le sous-locataire au profit du locataire principal. En conséquence, le fermier ou locataire principal a, contre ses sous-fermiers ou sous-locataires, lorsque la responsabilité de l'incendie leur est légalement imputable, une action directe en réparation des dommages causés aux locaux objet du sous-bail.

§ 2. — Cas dans lesquels
le locataire échappe à la présomption de responsabilité.

422. Le preneur échappe à la responsabilité de l'incendie s'il prouve que celui-ci est arrivé par cas fortuit ou force majeure, ou par vice de construction, ou que le feu a été communiqué par une maison voisine (C. civ. 1733). — Les faits constitutifs de cas fortuit ou de force majeure sont appréciés souverainement par les juges.

423. A) *Cas fortuit et force majeure.* — Le preneur peut invoquer, comme constituant un cas fortuit ou de force majeure de nature à le soustraire à la présomption de faute, tous faits tendant à établir que l'incendie est indépendant de sa volonté ou de son propre fait. Spécialement, il peut être admis à prouver que l'incendie de la ferme louée a été occasionné par des flammèches que le vent avait apportées d'un foyer allumé par des personnes étrangères sur un chemin public, à quelque distance des bâtiments de cette ferme, et en dehors des limites de la propriété louée.

424. De même, l'incendie ne saurait être mis à la charge du preneur dès lors qu'il démontre que le sinistre a été produit par un court-circuit d'électricité, cet accident devant être considéré comme rentrant dans la catégorie des cas fortuits.

425. L'incendie qui a détruit la toiture d'un immeuble en location doit être réputé fortuit et ne peut être mis à la charge des locataires, lorsqu'il est établi que l'un d'eux était absent de son appartement depuis trois jours, et que le feu n'a pu prendre dans l'appartement resté presque intact de l'autre locataire ni dans la partie non louée de l'immeuble, à usage de chai, dans laquelle n'existait aucun foyer d'incendie. Il en est surtout ainsi lorsque, l'immeuble étant voisin de plusieurs usines et d'une ligne de chemin de fer, l'incendie, qui a eu lieu à une époque très chaude de l'année, a pu être occasionné par des étincelles échappées des locomotives ou des cheminées d'usines et tombées sur les parties mal recouvertes de la toiture.

426. Aucune responsabilité relative à l'incendie des lieux qu'il occupe à bail n'incombe au locataire, alors qu'il résulte des faits constatés dans une instruction criminelle suivie d'une ordonnance de non-lieu, et soumis à l'appréciation du tribunal, que celui-ci a mis le feu à ces locaux sous l'empire d'une folie irrésistible qui doit être assimilée à un cas de force majeure.

427. La malveillance d'un tiers, nettement démontrée, notamment par une instruction criminelle, est pour le locataire, au même titre que le cas fortuit, une cause d'exonération de la présomption de responsabilité qui pèse sur lui en cas d'incendie. Et, dès lors que le fait de malveillance est établi, le bailleur ne peut triompher contre le locataire dans son action en responsabilité qu'à la condition d'établir contre lui, conformément au droit commun, une faute ayant une relation de cause à effet avec le sinistre.

428. L'art. 1735 C. civ. fait peser tout entière, sur le preneur, la responsabilité du sinistre, lorsque l'incendie a éclaté, dans les lieux loués, par le fait des personnes se trouvant dans la maison incendiée, et cela quelle que soit leur qualité, qu'elles soient des hôtes, des domestiques ou des ouvriers. Mais cet article ne pose le principe de la responsabilité du locataire, dans ces circonstances, que parce qu'il attache une présomption d'imprudence au fait d'introduction par le preneur, dans la maison louée, de personnes dont l'acte a occasionné la destruction de l'immeuble. En conséquence, le preneur n'est pas responsable dans les termes de l'art. 1735, lorsque l'incendie a été allumé par un domestique qui est entré dans la maison par la violence et contre la volonté du preneur, son maître.

429. B. *Vice de construction.* — Le locataire est exonéré de toute responsabilité à raison de l'incendie de la

chose louée s'il prouve que cet incendie est dû à un *vice
de construction*, spécialement quand le feu a pris dans
des solives de bois placées sous une cheminée, et qui
n'étaient pas suffisamment isolées de l'âtre. — Par contre,
la circonstance que, dans la gaine de la cheminée de la
pièce où le feu a éclaté, il existait un conduit de cheminée destiné à recevoir un tuyau de poêle dont l'orifice
se trouvait bouché avec des chiffons qui, par leur inflam-
mation, ont occasionné l'incendie, ne saurait être considérée comme constituant un vice de construction.

430. Le preneur, pour être dégagé de toute responsabilité, doit établir non seulement qu'il y avait un vice
de construction dans l'immeuble loué, mais aussi que
l'incendie doit être attribué à ce vice de construction.
Notamment, il est responsable de l'incendie survenu dans
la maison louée, en vertu de la présomption de faute
résultant de l'art. 1733, bien qu'il ait établi que cette
maison renferme, même dans sa cheminée, un vice de
construction, s'il ne prouve pas que le sinistre doive être
attribué à ce vice de construction.

431. Alors même que le locataire justifierait être dans
l'un des cas d'irresponsabilité de l'art. 1733 C. civ., il
demeurerait responsable s'il avait changé la destination
des lieux et leur en avait donné une nouvelle les exposant à des dangers exceptionnels d'incendie.

432. Non seulement les circonstances indiquées dans
l'art. 1733 affranchissent le locataire de toute responsabilité, mais encore, lorsqu'elles se produisent, le propriétaire peut être déclaré responsable envers le preneur des
conséquences de l'incendie : il en est ainsi quand il est
prouvé que l'incendie a eu pour cause, soit un vice de
construction imputable au propriétaire, soit l'inaccom-
plissement par lui d'une obligation qu'il aurait assumée
(par exemple, celle de faire ramoner les gaines de la
maison).

SECTION II. — Cas où l'immeuble est occupé
par plusieurs locataires.

433. Dans ce cas, les règles générales de responsabilité posées par l'art. 1733 C. civ. continuent à s'appliquer. Ainsi, si l'un ou plusieurs des locataires démontrent que l'incendie est dû à l'une des causes exclusives de responsabilité énumérées par cet article (cas fortuit, etc.), aucun des locataires n'en est responsable. Mais, à défaut de cette preuve, la situation respective des locataires et du bailleur est réglée par l'art. 1734 C. civ., modifié par la loi du 5 janv. 1883. Il faut alors distinguer trois hypothèses : 1° On ignore chez quel locataire l'incendie a pris naissance. Les divers locataires sont alors tous responsables et tenus de réparer la totalité du dommage, chacun à proportion de la valeur locative des locaux qu'il occupe. 2° Il est prouvé que l'incendie a commencé chez l'un des locataires. Dans ce cas, ce locataire seul est responsable ; et, selon l'opinion qui a triomphé en jurisprudence, il est tenu alors de la valeur intégrale de l'immeuble. 3° Certains locataires prouvent que l'incendie n'a pas pu commencer chez eux. Alors ces locataires n'en sont pas tenus, et la part de responsabilité dont ils se trouvent affranchis se reporte sur les autres colocataires, proportionnellement à la valeur locative respective des locaux qu'ils occupent. Ainsi, s'il est prouvé que le feu a pris à tel étage, les locataires de cet étage sont tenus de la totalité du dommage, dans la proportion ci-dessus indiquée.

SECTION III. — Cas où le bailleur occupe
une partie de l'immeuble.

434. Dans ce cas, on applique encore, en principe, les art. 1733 et 1734. Mais, bien que le bailleur habite une partie de l'immeuble, il ne doit pas être assimilé complètement à un locataire. Il faut, pour préciser la position des parties, distinguer plusieurs hypothèses : 1° s'il est prouvé que le feu a pris chez le bailleur, celui-ci n'a aucun recours à exercer contre son ou ses locataires (1); 2° si le bailleur prouve que le feu a pris dans la partie des lieux occupée par son ou ses locataires, ou du moins que l'incendie n'a pu commencer dans la partie des locaux qu'il occupait lui-même, il peut invoquer la disposition des art. 1733 et 1734 contre son ou ses locataires, lesquels seront tenus de la totalité de la perte, proportionnellement à la partie occupée par chacun d'eux, s'ils sont plusieurs. Il faut remarquer toutefois que la responsabilité des locataires ne s'applique qu'à l'immeuble incendié, et ne peut être étendue au mobilier du bailleur qu'autant que celui-ci prouverait la faute des locataires; 3° si l'on ignore le point où l'incendie a commencé et si le bailleur ne prouve pas que le feu n'a pu prendre dans la partie qu'il occupait, il ne peut, suivant l'opinion admise par la jurisprudence, invoquer contre ses locataires la présomption de l'art. 1733, et il est sans action contre eux, même pour la part du dommage proportionnelle à la partie de la maison occupée par ces derniers.

435. Les règles précédentes s'appliquent dès que le bailleur occupe par lui-même ou par son concierge une partie de la maison louée; il importerait peu qu'en fait il fût absent au moment de l'incendie, et même qu'il n'habitât pas d'ordinaire les pièces qu'il s'était réservées, si, en fait, il y venait souvent et y tenait des objets à son usage. Mais il ne serait pas considéré comme occupant une partie de la maison s'il avait dans celle-ci la disposition d'un appartement vacant dont il aurait les clefs, qu'il ferait visiter et dans lequel, pour divers motifs, il introduirait des ouvriers, ou s'il s'était réservé d'entrer

____

(1) Ceux-ci pourraient même se faire indemniser par le bailleur s'ils établissaient sa faute ; mais cette preuve serait nécessaire, aucun texte n'établissant au profit du locataire une présomption de responsabilité contre le bailleur qui occupe une portion de l'immeuble incendié. Il ne suffirait pas au locataire de constater que le feu s'est déclaré dans la portion occupée par le bailleur.

dans la maison louée pour y exercer sa surveillance. Si le feu avait pris dans une partie de la maison restée commune entre le propriétaire et le locataire, l'art. 1733 C. civ. ne serait pas applicable, car il suppose que le feu a pris naissance dans un local dont le locataire avait la jouissance exclusive ; le propriétaire devrait alors prouver que l'incendie est provenu du fait du locataire, s'il voulait rendre celui-ci responsable.

SECTION IV. — Étendue de la responsabilité du preneur.

436. Le preneur déclaré responsable de l'incendie doit réparer intégralement le préjudice éprouvé par le bailleur. Sa responsabilité ne s'applique pas seulement à la portion du bâtiment qui était comprise dans la location, mais à toutes les autres portions de l'immeuble qui ont été endommagées par le feu. Il ne peut être condamné à la reconstruction, mais il doit une indemnité représentative de ce qui a été détruit. Cette indemnité doit être calculée d'après l'état du bâtiment lors de l'incendie, et non d'après sa valeur à l'état de réfection complète. Si quelques parties de la chose incendiée subsistent, les juges en apprécient la valeur et en tiennent compte dans le calcul de l'indemnité. — A l'indemnité de reconstruction doit s'ajouter une indemnité représentative de la perte de loyers pendant le temps nécessaire à la reconstruction et à la relocation de l'immeuble. Mais le recours du bailleur contre le preneur ne peut s'exercer qu'à raison des dommages éprouvés par l'immeuble, et ne peut s'étendre aux objets mobiliers qui le garnissent, à moins que le preneur n'ait commis une faute le rendant responsable d'après le droit commun.

437. Le preneur n'est responsable, dans les termes de l'art. 1733, que de l'incendie, mais non des autres accidents, de l'explosion de gaz, par exemple, pour lesquels on applique le droit commun. Il répondrait cependant, comme de l'incendie lui-même, de l'explosion qui en serait la conséquence.

438. La responsabilité imposée au locataire par l'art. 1733 C. civ. ne s'applique qu'aux dommages causés par l'incendie à l'immeuble loué, et non aux dégâts subis, en conséquence de l'incendie, par une maison distincte contiguë à cet immeuble, quoique appartenant au même propriétaire. Le locataire ne pourrait, en pareil cas, encourir une responsabilité que s'il avait commis quelque faute, négligence ou imprudence.

439. Le propriétaire d'un immeuble, dont un étage a été détruit par un incendie dans des conditions qui, ayant rendu inhabitable l'appartement situé en dessous, ont entraîné la résiliation du bail de cet appartement, a contre le locataire de l'étage incendié un recours en garantie dans les limites du préjudice à lui causé par la perte des loyers dont il est ainsi privé du fait de l'incendie.

440. La disposition de l'art. 1733 n'étant pas d'ordre public, le bailleur peut valablement renoncer au bénéfice de la présomption établie par ce texte contre le preneur. — Une pareille renonciation peut même être tacite, si elle résulte d'une clause du bail ou des circonstances que les juges apprécient souverainement.

441. La responsabilité du locataire, à raison de l'incendie, prend fin, non au jour de la résiliation du bail, mais au jour où il cesse d'avoir la possession des lieux. En conséquence, lorsqu'un incendie survient dans l'immeuble loué postérieurement à la résiliation du bail prononcée en justice, le preneur est responsable des conséquences de cet incendie, s'il n'avait pas remis les clefs au propriétaire et si celui-ci n'avait pas repris possession de l'immeuble.

SECTION V. — Attribution des indemnités d'assurance.

442. Les indemnités dues par le locataire ou le voisin en cas de sinistre sont déléguées de plein droit aux créanciers privilégiés ou hypothécaires (L. 19 févr. 1889, art. 3, § 1er). Si le locataire ou le voisin est lui-même assuré contre les risques de sa responsabilité, le propriétaire de l'immeuble sinistré a le droit de toucher directement, et par préférence aux créanciers du locataire ou du voisin, l'indemnité d'assurance due à celui-ci (Même loi, art. 3, § 2). Et cette indemnité est, le cas échéant, attribuée aux créanciers privilégiés ou hypothécaires du propriétaire, par application de l'art. 2 de la loi du 19 févr. 1889.

SECTION VI. — Responsabilité du locataire relativement aux simples risques d'incendie.

443. Le locataire d'une usine qui, par les changements apportés dans l'état des lieux, aggrave les risques d'incendie d'un immeuble contigu appartenant également au bailleur, peut être condamné à rembourser à celui-ci le supplément de primes qu'il est obligé de payer à l'assureur ; alors, du moins, que les risques d'incendie résultant du nombre et du genre des moteurs existants dans l'usine à l'époque du bail ont été pris en considération pour déterminer les conditions du contrat, les droits et obligations réciproques des parties.

CHAPITRE IX

SOUS-LOCATION ET CESSION DE BAIL

SECTION Iʳᵉ. — Distinction entre la cession de bail et la sous-location.

444. La cession de bail et la sous-location sont des contrats différents : le premier, qui consiste dans la transmission par le preneur des droits et obligations qui résultent pour lui de son contrat de bail, met exactement le cessionnaire aux lieu et place du cédant ; c'est une vente, et on doit lui appliquer les règles de ce contrat ; la sous-location est un nouveau bail consenti par le preneur au sous-locataire : on doit donc lui appliquer les règles du louage. De cette différence de nature résultent des conséquences importantes : notamment, le cessionnaire doit prendre la chose dans l'état où elle se trouve, tandis que le sous-locataire peut exiger qu'elle lui soit livrée en bon état ; le sous-fermier peut invoquer l'art. 1769 C. civ., tandis que le cessionnaire d'un bail à ferme ne le peut pas ; le sous-bailleur jouit du privilège du bailleur, le cédant du bail n'en jouit pas ; les clauses dérogatoires au droit commun insérées dans le bail du preneur primitif peuvent être de plein droit opposées par lui au cessionnaire de son bail, mais non à un sous-locataire ; la cession de bail, à la différence de la sous-location, doit, pour être opposable au tiers, être signifiée au bailleur primitif.

445. La cession d'un bail résulte suffisamment de lettres échangées entre le propriétaire de l'immeuble et le locataire cessionnaire et démontrant l'accord des parties, alors surtout que la convention établie par la correspondance, suivie de l'entrée de ce locataire dans les lieux loués et du payement des loyers, a reçu exécution immédiate.

SECTION II. — Dans quels cas et à quelles conditions le preneur peut-il céder son bail ou sous-louer.

446. Aux termes de l'art. 1717 C. civ., le preneur a le droit de sous-louer ou de céder son bail, si cette faculté ne lui a été interdite. Cette faculté s'applique, quelle que soit la chose louée, et existe au profit de tout locataire, à l'exception, cependant, du colon partiaire, qui ne peut en user que si elle lui a été expressément accordée par le bail (C. civ. 1763).

447. Si le locataire peut céder son bail ou sous-louer, c'est à la condition de ne pas empirer par là la situation du bailleur. Il ne peut, par exemple, se substituer des sous-locataires qui exerceraient dans les lieux loués une profession plus incommode que n'est la sienne ou changeraient la destination de la chose. Et il en serait ainsi, alors même que son bail lui permettrait de sous-louer « à qui il lui plaira ».

448. Ainsi, le locataire d'une maison dont la location est bourgeoise ne peut pas, même dans une maison consacrée dans son ensemble à des professions industrielles, sous-louer au propriétaire d'un bureau de placement qui occupait un autre étage de la maison, mais auquel le propriétaire de cette maison ne voulait pas renouveler bail, à cause des inconvénients de sa profession et des plaintes des autres locataires.

449. De même encore, le preneur ne pourrait ni céder son bail, ni même sous-louer à des personnes qui établiraient dans les lieux loués une maison de débauche; il ne serait pas même recevable à se prévaloir de l'absence d'interdiction de sous-louer pour sous-louer son appartement par fractions ou en garni; il ne peut changer ainsi la destination de la chose louée sans le consentement du propriétaire.

450. Par application du même principe, le locataire qui a pris à bail un étage, dans une maison qui est et a toujours été habitée bourgeoisement, ne peut, sans encourir la résiliation, sous-louer cet étage à une personne en vue de l'exploitation d'un hôtel.

451. Le locataire autorisé par le bail à sous-louer les locaux pris par lui en location, a le droit de faire telles démarches qu'il croit utiles à ses intérêts, ou de recourir à telle publicité de nature à lui attirer les offres d'un sous-locataire.

SECTION III. — Effets de la cession de bail et de la sous-location.

452. A. *Rapports du bailleur originaire et du preneur primitif.* — La cession de bail et la sous-location laissent subsister entre ces personnes les droits et obligations nées du bail primitif. Ainsi, le preneur primitif reste personnellement obligé au payement du prix et responsable des dégradations, et il demeure grevé du privilège du bailleur ; mais il peut exiger de lui les réparations que la loi met à la charge du bailleur. Il n'en serait autrement que s'il était établi qu'il y a eu une novation entre les parties.

453. B. *Rapports du preneur primitif et du cessionnaire ou sous-locataire.* — S'il s'agit d'une cession de bail, les rapports du preneur primitif et du cessionnaire sont ceux d'un vendeur avec son acquéreur. S'il s'agit d'une sous-location, les rapports du preneur primitif avec son sous-locataire sont ceux qui existent entre un bailleur et un preneur ordinaires. Ainsi, le preneur primitif devenu sous-bailleur doit assurer la paisible jouissance du sous-locataire ; et si celui-ci est évincé par la faute du premier, il a le droit de lui demander des dommages-intérêts.

454. C. *Rapports du bailleur originaire et du cessionnaire ou sous-locataire.* — Le cessionnaire a contre le bailleur originaire tous les droits qui appartenaient à son cédant.

Réciproquement, d'après l'opinion dominante, le cessionnaire est directement tenu envers le bailleur primitif des obligations résultant du bail. — Quant au sous-locataire, il n'a pas d'action directe contre le bailleur originaire à raison des obligations contractées par celui-ci envers le preneur primitif ; il ne peut agir contre lui que du chef du sous-bailleur, son débiteur, dont il exerce les droits. En ce qui concerne les obligations du sous-locataire, le bailleur originaire a contre lui le privilège de l'art. 2102 C. civ. et une action personnelle et directe pour le payement du prix de la sous-location dont il peut être débiteur au moment de la saisie-gagerie pratiquée par le bailleur pour avoir payement des loyers et fermages (C. civ. 1753); mais, pour toutes les autres obligations nées du contrat de sous-location, le bailleur originaire n'a contre le sous-locataire qu'une action indirecte ; cette action est exercée par lui, en tant que créancier du sous-bailleur, du chef de ce dernier.

455. Les meubles du sous-locataire sont grevés, non seulement du privilège du bailleur primitif, mais aussi du privilège du sous-bailleur ; si les deux privilèges se trouvent en concours, celui du bailleur principal viendra en première ligne, et ce qui sera touché par le bailleur sur le produit de la vente des meubles du sous-locataire viendra en déduction de ce qui sera dû par celui-ci au locataire principal.

456. Le sous-locataire, n'étant tenu à l'égard du propriétaire que jusqu'à concurrence des loyers qu'il doit au sous-bailleur, peut, lorsqu'il est poursuivi par le bailleur originaire, lui opposer les payements qu'il a faits au sous-bailleur pour ses loyers échus ; il n'en serait autrement que si le bailleur démontrait que ces payements ont eu lieu par fraude. Le sous-locataire ne peut, au contraire, lui opposer les payements faits par anticipation. Si le sous-locataire avait fait un payement anticipé, il devrait payer une seconde fois au bailleur, sauf à le répéter contre le sous-bailleur. Les payements anticipés faits par le sous-locataire, soit en vertu d'une stipulation de son bail, soit en conséquence de l'usage des lieux, ne sont, d'ailleurs, pas réputés faits par anticipation (C. civ. 1753 ; C. pr. civ. 820).

457. Dans le cas de plusieurs *cessions de bail successives*, le bailleur n'a d'action directe pour le payement des loyers que contre le preneur originaire et le cessionnaire qui occupe actuellement les lieux ; les cessionnaires intermédiaires ne sont soumis aux obligations du bail qu'à raison de leur jouissance et pendant sa durée. — Il n'en est autrement que si, dans le bail primitif, le bailleur a, en termes nets et précis, imposé aux cessionnaires successifs une garantie solidaire. — Le même principe s'applique en cas de *sous-locations successives*.

<h3 style="text-align:center">SECTION IV. — Interdiction de céder le bail
ou de sous-louer.</h3>

458. La faculté de sous-louer ou de céder son bail peut être interdite au preneur en tout ou en partie. L'interdiction peut être expresse ; mais le juge peut aussi la déduire des circonstances ou des termes du bail. Ainsi, on considère généralement que la clause portant que le preneur ne pourra sous-louer ou céder son bail qu'avec le consentement écrit du bailleur équivaut à une interdiction. De même, la clause portant que le preneur ne pourra sous-louer qu'à des personnes agréées par le bailleur est considérée par certains arrêts comme valant interdiction ; d'autres arrêts permettent cependant aux tribunaux d'imposer, dans ce cas, au bailleur un sous-locataire qu'il refuserait sans motifs légitimes. L'interdiction de sous-louer emporte prohibition de céder le bail ; réciproquement, l'interdiction de céder le bail entraîne interdiction de sous-louer en totalité, et même en partie ; toutefois ce dernier point est controversé. L'interdiction de sous-louer, formulée en termes généraux, met obstacle à la sous-location partielle.

459. Aux termes de l'art. 1717 C. civ., la clause interdisant de céder le bail ou de sous-louer « est toujours de rigueur », c'est-à-dire que rien ne peut dispenser le preneur de s y soumettre. Toutefois, si le bailleur s'était fait payer des loyers à échoir en vertu de l'art. 2102 C. civ., il ne pourrait, malgré la clause, empêcher les créanciers du preneur de relouer pour la période dont il a touché par avance les loyers.

460. Pour savoir si la prohibition de céder ou de sous-louer a été violée, il faut interpréter l'interdiction strictement, c'est-à-dire la restreindre aux hypothèses comprises dans les termes où elle a été formulée. Ainsi, le preneur peut, sans violer la prohibition, faire occuper les lieux loués par un homme à gages pour les garder, ou y loger gratuitement un ami ; mais il ne peut y tenir des pensionnaires ou se substituer une société, alors même qu'il en ferait partie.

461. La stipulation qui soumet le droit de céder le bail ou de sous-louer à l'agrément du propriétaire constitue une convention légale et obligatoire, mais l'exercice de la faculté réservée au propriétaire ne saurait dépendre de son pur caprice ; il doit s'appuyer sur des motifs sérieux et légitimes. Notamment, la soumission de ne sous-louer qu'à des personnes agréées par le propriétaire n'autorise pas celui-ci à refuser arbitrairement des sous-locataires qui offrent toutes les garanties désirables de moralité, de solvabilité et de position sociale.

462. Lorsque le preneur a enfreint l'interdiction de céder ou de sous-louer, le bailleur peut demander en justice la résolution du contrat. Mais les juges, avant de la prononcer, peuvent accorder au preneur un délai pour rentrer en possession des lieux loués et se conformer aux prescriptions de son bail. Toutefois, cette faculté des tribunaux cesse si le bail stipule qu'en cas d'infraction à la prohibition, le contrat sera résolu de plein droit.

463. Le locataire qui a cédé son bail sans que le bailleur soit intervenu dans cette cession, ne peut recourir, pour le payement des loyers dus au propriétaire, à la saisie-gagerie des meubles du cessionnaire.

464. Le bailleur peut, au cours du bail, renoncer à l'interdiction de céder ou sous-louer, soit d'une manière générale, soit en consentant à une cession ou sous-location déterminée. Dans ce dernier cas, son consentement peut être soit exprès, soit tacite, et cela même si le bail porte que le preneur ne pourra céder ou sous-louer qu'avec le consentement écrit du bailleur. D'ailleurs, le consentement donné par le bailleur à une sous-location n'emporte renonciation à la clause prohibitive que pour la sous-location approuvée.

SECTION V. — Fin de la cession de bail et de la sous-location.

465. Indépendamment des causes ordinaires qui mettent fin à tout bail, la cession de bail et la sous-location finissent avec la location principale. Notamment, la résiliation du bail principal entraîne la disparition des sous-locations. Toutefois, en cas de résiliation volontaire du bail principal, les sous-locations continuent s'il résulte des faits que le bailleur principal s'est engagé à entretenir les sous-locations. En cas de résiliation judiciaire, la résiliation s'impose au sous-locataire bien qu'il n'ait pas été mis en cause.

466. Lorsque le bail principal est résilié, le sous-locataire peut être renvoyé brusquement sans congé préalable. Et il doit en être ainsi, soit que le bail principal ait pris fin par un événement rentrant dans les prévisions normales de tous, par exemple s'il était venu à l'expiration ou avait été résilié en vertu d'une clause expresse de la convention, soit qu'il se soit terminé par un événement anticipé que le sous-preneur ne pouvait prévoir, comme le manquement du locataire à ses obligations.

467. Spécialement, lorsque le bail principal qui donnait au locataire d'une ferme le droit exclusif de chasse a été résilié, avant le terme fixé, pour l'inexécution des obligations du locataire, le droit du sous-locataire de la chasse doit être considéré comme résilié en même temps, sans qu'un congé préalable lui ait été donné par le bailleur principal, et dès lors le sous-locataire ne peut, après la résiliation, poursuivre, pour avoir chassé sur le terrain d'autrui sans le consentement du propriétaire, un tiers à qui le nouveau fermier avait cédé le droit de chasse sur les terrains loués.

468. Dans le même sens, la résiliation d'un bail met fin aux sous-locations qui ont été consenties par le fermier sans l'autorisation du propriétaire, contrairement à une clause formelle du bail. — Il en est ainsi, que cette résiliation soit judiciaire ou conventionnelle, alors du moins que, dans ce dernier cas, l'acte de résiliation ne contient aucune réserve en faveur des sous-locataires et que ceux-ci n'allèguent pas une fraude concertée pour leur porter préjudice.

469. Une solution contraire ne devrait intervenir que si le propriétaire avait manifesté la volonté de s'approprier les contrats de sous-location ou de renoncer à se prévaloir de la clause les prohibant insérée dans le bail. Mais la simple connaissance qu'il aurait eue des sous-locations ne saurait suffire pour que celles-ci lui soient opposables.

SECTION VI. — Enregistrement et transcription.

470 (*a*). Le taux applicable à l'enregistrement des sous-locations et cessions de bail a été indiqué aux *Règles générales*, n° 44. En ce qui concerne la transcription, on a vu (*supra*, n° 31) que les baux de plus de dix-huit ans sont soumis à cette formalité. Lorsque de tels baux ont été transcrits, leur cession n'est pas soumise à la transcription à l'égard du bailleur et du tiers pouvant traiter avec lui. Mais, à l'égard de ceux qui peuvent traiter avec le cédant, il est utile que la cession soit transcrite. Quand le bail n'a pas été transcrit, la transcription de l'acte de cession ne peut y suppléer; le cessionnaire doit, en pareil cas, faire transcrire le bail en même temps que l'acte de cession.

CHAPITRE X

SORT DES LOYERS EN CAS DE SAISIE
DE L'IMMEUBLE LOUÉ

470 (*b*). D'après l'art. 685 C. pr. civ., en cas de saisie de l'immeuble loué, et à partir de la transcription de cette saisie au Bureau des hypothèques, les loyers et fermages sont immobilisés et mis en réserve pour être ultérieurement distribués aux créanciers avec le prix de vente. Le saisi maintenu en possession et exerçant les fonctions de séquestre judiciaire peut toutefois prélever des aliments.

470 (*c*). L'immobilisation s'applique, non à la totalité des termes en cours, mais seulement à la portion échue postérieurement à la transcription.

470 (*d*). Les fermiers et locataires peuvent continuer à se libérer aux mains du saisi, à moins que les créanciers ne leur aient signifié une opposition, pour laquelle il n'est, d'ailleurs, pas de formes sacramentelles. Ils ne peuvent plus invoquer la compensation, qui aurait pour résultat de frustrer les créanciers hypothécaires.

470 (*e*). Jusqu'à la transcription de la saisie, les cessions de loyers et quittances anticipées sont opposables, indépendamment de leur propre transcription, aux créanciers hypothécaires, à la condition d'être faites sans fraude et pour une somme inférieure au montant de trois années de fermages. Les cessions pour une somme supérieure qui ne sont pas transcrites ne peuvent être maintenues à l'égard des tiers qu'à la condition d'être réduites, non à trois ans, mais à moins de trois ans.

470 (*f*). Même antérieurs à la transcription de la saisie, les baux de dix-huit ans et moins ne sont opposables aux créanciers et à l'adjudicataire que s'ils ont date certaine antérieure au commandement. Sinon, ils peuvent être annulés, d'après les circonstances que les tribunaux ont la faculté d'apprécier (C. pr. civ. 684). Les baux d'une durée supérieure doivent être transcrits, soit avant l'adjudication pour être opposables à l'adjudicataire, soit avant l'inscription de l'hypothèque, pour être opposables aux créanciers hypothécaires. Toutefois, bien que non transcrits, ils peuvent être maintenus pour une durée qui ne saurait excéder dix-huit ans. — V. au surplus. *suprà*, n°s 13, 31.

DEUXIÈME PARTIE

PARTICULARITÉS RELATIVES
AUX BIENS URBAINS [1]

CHAPITRE PREMIER

ENTRÉE EN JOUISSANCE — USAGES

---

471. *Paris.* — Les baux commencent généralement à
l'un des quatre termes de janvier, d'avril, de juillet ou
d'octobre. Bien que fixée dans les actes et quittances au
1ᵉʳ du mois, l'entrée en jouissance a lieu en réalité au 15
de ce mois, s'il s'agit d'un loyer supérieur à 400 francs par
an, et le 8 de ce mois, s'il s'agit d'un loyer de 400 francs
par an ou d'un montant supérieur à cette somme. Toutefois, si les lieux que doit occuper le locataire sont vacants

---

(1) Sont compris ici sous le nom de *Baux de biens urbains*,
tous les baux que le Code appelle *Baux à loyer*, c'est-à-dire
non seulement les baux de maisons de ville, mais aussi les baux
des immeubles qui, n'étant ni des biens ruraux proprement
dits, ni des maisons, produisent cependant des loyers, tels que
les jardins d'agrément, les moulins, les chantiers, etc... Si un
bail est relatif à un immeuble comprenant à la foi des biens
soumis aux règles des baux à loyer et des biens soumis à celles
des baux à ferme, il faut appliquer à chaque bien les règles qui
lui sont propres.

au 1ᵉʳ du mois de l'entrée en jouissance, il a le droit d'y entrer, et le propriétaire ne peut pas s'opposer à cette juste prétention.

472. *Lyon.* — Les baux à loyer de magasins et appartements commencent soit le 24 juin, soit le 24 décembre (1).

473. *Lille.* — La Saint-Rémy (1ᵉʳ octobre), la Saint-Pierre, Noël et la mi-mars sont les dates d'entrée en jouissance consacrées par un usage ancien.

474. *Nancy.* — Il n'existe pas de dates d'entrée en jouissance plus usitées que d'autres. Les appartements se louent à toute époque de l'année, quand ils sont vacants (2).

475. *Rennes.* — L'époque ordinaire d'entrée en jouissance pour les baux de maisons est le 24 juin (3).

---

(1) *Usages locaux relatifs aux baux, reconnus et consentis par les juges de paix des huit cantons de Lyon dans leur réunion du 13 avril 1878.* — Vachez, *Recueil des usages locaux ayant force de loi dans la ville de Lyon et le département du Rhône,* Lyon, 1898, p. 26. — C'est à ces recueils que sont empruntés les divers renseignements contenus dans ce travail relativement aux usages de Lyon.

(2) Ce renseignement et tous les autres contenus dans ce travail relativement aux usages de Nancy sont dus à l'obligeance de M. le Syndic de la Chambre des Huissiers de cette ville, Mᵉ Breton.

(3) *Usages locaux ayant force de loi dans le département d'Ille-et-Vilaine,* Rennes, 1907, p. 74. — C'est à cet ouvrage que sont empruntés les renseignements que contient ce travail relativement aux usages de Rennes.

CHAPITRE II

DURÉE DES BAUX. — USAGES

476. *Paris.* — Le bail des jardins potagers ou maraîchers sans habitation est censé fait pour l'année entière, avec entrée en jouissance au 1er octobre. Les baux des maisons entières, magasins, hôtels, ateliers, usines, sont censés faits pour une durée subordonnée aux délais adoptés par l'usage pour les congés, tels qu'ils sont indiqués plus loin (n° 496) (1).

477. *Lyon.* — Les baux à loyer faits sans écrit sont censés à l'année, sauf congé tous les six mois, pour la Noël ou pour la Saint-Jean, en avertissant trois mois à l'avance.

478. *Marseille.* — Les baux verbaux ou sans durée préfixée des maisons ou appartements non meublés ne durent jamais moins d'une année ; ils se prolongent d'année en année aussi longtemps qu'une des parties n'a pas donné congé à l'autre. L'année commence et finit le 29 septembre, jour de Saint-Michel, alors même que ce jour tomberait un dimanche ou un jour férié. Le locataire sortant doit rendre les clefs le 29 septembre, à midi, au plus tard. — Le bail des maisons de campagne, qu'elles soient meublées ou non, a lieu de Pâques à Pâques.

479. *Nancy.* — La durée ordinaire des baux sans écrit est d'un an. Toutefois, les baux des logements dont le prix est égal ou inférieur à 15 francs par mois, sont considérés comme étant faits au mois.

480. *Rennes.* — A défaut de convention écrite, la durée des baux des maisons d'habitation, ainsi que celle des baux des jardins, est généralement d'un an, à Rennes et dans toute la région.

---

(1) Pabon, nos 45, 46.

CHAPITRE III

CONGÉ. — DÉLAIS ET FORMES

SECTION Ire. — Règles générales.

§ 1er. — A qui et par qui le congé est donné.

481. Le congé est nécessaire dans tous les cas où le bail d'un bien urbain a une durée indéterminée. Il en est ainsi alors même qu'un usage local considérerait comme faits pour une durée fixe les baux dont les parties n'auraient pas déterminé cette durée. Dans les baux à périodes, le congé est nécessaire pour celle des parties qui veut faire cesser le bail à l'expiration d'une période, la dernière exceptée.

482. Le congé doit être donné par le locataire au propriétaire, si c'est le locataire qui veut sortir des lieux loués ; par le propriétaire au locataire, si c'est le propriétaire qui veut expulser le locataire.

483. Le congé doit être donné au bailleur ou à son mandataire. S'il y a plusieurs propriétaires ou preneurs indivis, le congé doit être donné par tous ou à tous. Toutefois, s'il y a plusieurs preneurs solidaires, il suffit de le signifier à l'un d'eux.

484. Le concierge de la maison n'a pas qualité pour recevoir le congé ; il peut en être autrement, toutefois, s'il résulte des circonstances que le concierge était un véritable préposé du propriétaire.

485. La faculté de donner congé des lieux loués est personnelle au locataire, et un créancier de celui-ci n'aurait pas qualité pour user de ce droit au lieu et place de son débiteur. En conséquence, c'est à bon droit que le bailleur refuse de recevoir les offres réelles faites par le créancier de son locataire à charge de les considérer comme un congé régulier des locaux dans lesquels se trouve remisé un matériel revendiqué par ce créancier. — Il en est ainsi, du moins, lorsque celui-ci ne justifie pas qu'il est sous-locataire desdits locaux et ne produit, à cet égard, qu'une pièce ne portant pas la signature du locataire et dépourvue, par conséquent, de toute valeur probante.

§ 2. — Délai.

486. Le congé doit être donné dans le délai fixé par l'usage des lieux. Et, lorsque cet usage fixe les termes auxquels finissent les baux à durée indéterminée, le congé ne peut être donné que pour un de ces termes. En conséquence, à Paris et dans tous les lieux où les locations de maisons ou de parties de maisons se font par périodes trimestrielles commençant avec les mois de janvier, avril, etc..., le congé doit être donné avant la fin de chaque terme, c'est-à-dire le 31 décembre, le 31 mars, le 30 juin, le 30 septembre au plus tard, pour la sortie des termes d'avril, de juillet, d'octobre et janvier (Pabon, n° 48).

487. Dans certains cas, le bailleur doit donner congé six mois d'avance à son locataire *à raison de la qualité de celui-ci*. — Ainsi, le délai de six mois doit être observé, dans tous les cas, à l'égard des *juges de paix*, des *commissaires de police* et autres personnes assujetties à demeurer dans un quartier; de même qu'à l'égard des *instituteurs*, des *maîtres de pension* et des *maîtres d'école*, quand même ces personnes n'occuperaient pas une maison entière.

488. Dans les cas où le bailleur doit donner congé six mois d'avance à son locataire à raison de la qualité de celui-ci, le locataire est astreint, d'après l'opinion dominante, à observer le même délai : le locataire, comme le propriétaire, ne peut donner congé que six mois d'avance.

489. Le congé donné tardivement pour un terme vaut pour le terme suivant.

§ 3. — Forme du congé.

490. Le congé n'est soumis à aucune forme; il peut être donné par huissier, par écrit ou verbalement : il suffit, pour sa validité, qu'il soit incontestablement parvenu en temps utile à la connaissance de celui à qui il était destiné. Les tribunaux ont déclaré valable le congé donné par un locataire dans une lettre recommandée qui a été remise au dimicile du propriétaire dans les limites du délai de congé prévu par le bail. Il est même indifférent que cette lettre ne soit pas parvenue entre les mains du propriétaire dans ces limites, alors, du moins, que le propriétaire était absent quand la lettre a été présentée à son domicile, et qu'il n'avait pas laissé l'indication d'une adresse à laquelle elle pût lui être envoyée.

491. On doit même considérer comme valable un congé donné par un télégramme avec accusé de réception ; alors, d'une part, que par l'opposition de la signature du destinataire, sur l'accusé de réception, il est prouvé que le congé est parvenu à la connaissance, sinon du destinataire lui-même, du moins d'une personne ayant qualité pour recevoir et signer en son nom. Et alors, d'autre part, que la mention *in extenso* par l'expéditeur de son nom et de son adresse, dans le corps du télégramme, ne peut laisser aucun doute sur sa personne dans l'esprit du destinataire.

492. Si un même bail comprend des biens de nature diverse et régis par des règles différentes, par exemple, une usine, des bâtiments d'habitation, des biens ruraux, etc., attenant ensemble et formant un seul corps de domaine, il faut, pour savoir dans quel délai le congé doit être donné, examiner, parmi les choses louées, quelle est la chose principale, et appliquer à la totalité la règle établie pour cette chose. Ainsi, lorsqu'un moulin a été loué *avec ses appartenances et dépendances*, et qu'il y a été annexé quelques pièces de terre, le moulin étant la chose principale, c'est d'après les règles concernant les baux à loyer que doit être déterminé le délai dans lequel le congé doit être donné. De même, lorsqu'un bail verbal porte sur une scierie, un moulin, des prairies et une batteuse, le bailleur peut donner congé en observant les délais fixés par l'usage des lieux conformément à l'art. 1736, et il n'y a pas lieu à l'application des art. 1774 et 1776 C. civ. relatifs aux biens ruraux, alors que ledit bail a pour principal objet la scierie et le moulin, les prairies n'étant que l'accessoire du moulin.

493. Les délais supplémentaires que, dans certaines villes, l'usage accorde au locataire pour déménager, à partir du jour fixé par le congé (V. *infra*, n° 540), ne sont point une *prorogation du délai qui doit s'écouler entre le congé et la sortie*; c'est par faveur et pour faciliter les déménagements qu'ils sont accordés. Ils ne doivent donc pas compter pour la fixation du jour à partir duquel le congé doit être signifié. Et le congé doit être signifié au plus tard six semaines, trois mois ou six mois avant l'expiration du terme qui précède la sortie des lieux, sans que, pour le calcul des délais, il puisse être tenu compte des huit jours ou des quinze jours accordés pour quitter les lieux loués (ces délais de six semaines, trois ou six mois sont les délais de congé usités à Paris; ils sont pris ici à titre d'exemple).

§ 4. — Mise à exécution.

494. Quand le congé a été convenu entre les parties, ou accepté par celle à laquelle il a été donné, si, le jour arrivé, l'une d'elles refuse de tenir sa promesse, on l'assigne en référé devant les juges de la situation du lieu, qui, sur le vu de l'acte contenant acceptation du congé, ordonne par provision qu'il sera exécuté. Au lieu de recourir à l'intervention de la justice, le propriétaire aurait le droit, conformément à un usage autorisé par les anciennes coutumes, d'enlever les portes et les fenêtres de l'appartement en présence d'un huissier requis. Mais, quoique le congé eût été régulièrement donné et que le locataire refusât de vider les lieux, le propriétaire n'aurait pas le droit d'entrer d'autorité dans la maison et de mettre les meubles sur le carreau, encore moins de toucher à la personne du locataire pour le contraindre à sortir. En agissant ainsi, le propriétaire s'exposerait à une condamnation en dommages-intérêts envers le locataire.

495. Lorsque les locations verbales ou écrites n'excèdent pas annuellement 600 francs, les juges de paix connaissent des *congés* sans appel jusqu'à la valeur de 300 francs et à charge d'appel à quelque valeur que la demande puisse s'élever (L. 12 juill. 1905, art 3).

SECTION II. — Usages.

496. *Paris.* — D'après les usages en vigueur à Paris, lorsqu'il s'agit d'appartements et non de maisons entières ou de boutiques, si le prix annuel de la location n'excède pas 400 francs, le congé doit être donné au moins six semaines d'avance. Si le prix annuel excède 400 francs, le congé doit être donné au moins trois mois d'avance, à quelque somme que puisse s'élever le loyer au-dessus de 400 francs Le congé doit être signifié au moins *six mois* d'avance si le bail a pour objet... une maison entière, un corps de logis ou un jardin. L'usage veut, dans ce dernier cas, que le congé soit donné avant le 1er avril pour le 1er octobre.

497. Il est d'usage, à Paris, de considérer le concierge comme le mandataire tacite du propriétaire pour consentir des locations verbales au trimestre et donner congé. Mais cet usage ne s'applique pas aux locations à l'année.

498. Les jours de fin de terme, c'est-à-dire les 8 du mois de janvier, avril, juillet, octobre, les juges de paix tiennent une audience spéciale après midi ; les propriétaires qui craignent que les locataires ayant reçu congé ne déménagent pas, n'ont qu'à s'adresser à un huissier, qui présente au juge de paix une requête en vue d'assigner à bref délai pour l'audience du jour (1).

---

(1) Pabon, n° 274.

499. *Lyon.* — Dans le département du Rhône, le congé pour les baux à loyer, doit être signifié trois mois avant le jour de l'expiration du bail. Un délai de quinzaine est suffisant quand le bail est fait au mois.

500. Un bail fait à l'année, qui s'est continué par tacite reconduction, ne pouvant prendre fin, en vertu d'un congé, qu'à l'expiration d'une année entière, on considère comme nul et non avenu un congé donné en pareil cas pour faire cesser ce bail à l'expiration d'une période de six mois seulement.

501. *Marseille.* — En ce qui concerne les appartements de ville, le congé nécessaire pour faire cesser un bail verbal ou sans durée préfixe doit être donné, au plus tard, le 15 mai pour la sortie du 29 septembre suivant. Pour les maisons de campagne, le congé doit être donné avant le 1er novembre.

502. *Toulouse.* — Le procédé suivant est usité à Toulouse pour donner congé : la partie qui veut donner congé, pour une location ne dépassant pas le taux de la compétence du juge de paix, invite l'autre partie, soit par billet d'avis, soit même verbalement, à se rendre devant ce magistrat, qui lui donne acte de ce que celle-ci, interpellée à cet égard, consent à vider les locaux à telle époque fixée.

503. *Rennes.* — Pour les maisons d'habitation situées dans les villes et faubourgs (quelle que soit leur importance et lors même qu'il s'agirait d'une maison entière), le délai à observer pour donner congé est de trois mois. Par exception, dans certains cantons de la région de Rennes, le délai est de six mois pour les loyers au-dessus de 150 francs. — Relativement aux maisons d'habitation à la campagne, avec ou sans jardin, le délai est en général de trois mois.

504. *Nancy.* — Le délai de congé est de trois mois pour les appartements loués sans écrit et dont le prix de location est supérieur à 15 francs par mois. En ce qui concerne les appartements dont le prix est égal ou inférieur à 15 francs et qui sont censés loués au mois, le délai de congé est de quinze jours seulement.

505. *Lille.* — On distingue suivant que les parties ont accepté, comme termes de payement, les dates fixées par l'usage ancien (Saint-Rémy, Saint-Pierre, mi-mars, Saint-Jean) ou bien, au contraire, des dates qui ne coïncident avec aucune de celles précitées. Dans le premier cas, le congé doit être donné six mois d'avance ; par exemple, pour faire sortir un locataire pour la mi-mars, il faut le sommer avant la Saint-Rémy. — Dans le second cas, le congé doit être donné trois mois d'avance pour une maison entière louée à l'année ; six semaines, pour un appartement, portion de maison ou location trimestrielle.

CHAPITRE IV

PAYEMENT DU PRIX — EXIGIBILITÉ
TERMES DE PAYEMENT

SECTION Ire. — Règles générales.

506. Dans les baux à loyer, le prix doit être payé aux époques fixées, soit par la convention, soit, à défaut de celle-ci, par l'usage local.

507. Il n'est pas d'usage, même pour les maisons dans lesquelles travaillent encore des ouvriers, que le locataire emménageant avant le terme ne doive ses loyers que pour la jouissance courue depuis le terme. Dès lors, le locataire qui, dans ces conditions, prétend ne devoir de loyers que depuis le terme, doit rapporter la preuve de la gratuité du terme que lui aurait accordée le bailleur.

SECTION II. — Usages.

508. *Paris.* — D'après un usage constant à Paris, le payement des loyers, bien que fixé dans les actes et quittances au 1er du mois, a lieu en réalité le 15, lorsque le loyer est supérieur à 400 francs, et le 8, lorsque le prix ne dépasse pas ce chiffre. Et, jusqu'au 16, le bailleur ne peut rien exiger du locataire, qui ne lui doit rien. Par suite, une saisie-arrêt pratiquée le 3 octobre pour sûreté du terme du 1er octobre est prématurée et ne peut être validée. — Avant le 16, aucune compensation ne peut s'établir entre la créance du loyer, d'une part, et, d'autre part, une créance du preneur contre le bailleur.

509. Un usage assez répandu à Paris consiste en ce que le locataire verse d'avance une somme égale à trois ou six mois de loyer, avec indication dans l'acte que cette somme sera imputable sur le dernier semestre de la jouissance.

510. *Lille.* — Pour les baux à l'année, les termes de payement sont la mi-mars, la Saint-Pierre, la Saint-Rémy et la Noël, lorsque l'entrée en possession a eu lieu à l'une de ces dates.

511. *Rennes.* — A défaut de stipulation expresse, le payement des loyers est exigible en deux termes égaux, de six mois en six mois, après jouissance, les 24 juin et 24 décembre. Il n'est accordé aucun délai d'usage pour le payement des termes échus : ils peuvent conséquemment être exigés le jour même de l'échéance.

512. *Bordeaux.* — Si la location est faite à l'année, au semestre ou au trimestre, le payement des loyers a lieu tous les trois mois. Si elle est faite au mois, les loyers sont payés par mois. Il est d'usage que le terme se paye d'avance (1).

513. *Toulouse.* — Le loyer est payé, en général, soit par semestre, soit par trimestre et, dans tous les cas, d'avance. Le payement par année se pratique aussi, mais rarement et seulement pour les locations d'une grande importance.

514. *Marseille.* — Les loyers de tous les baux annuels ou de plus longue durée sont payables par semestre et d'avance à Saint-Michel et à Pâques, ou à Pâques et à Saint-Michel pour les maisons de campagne louées à l'année. Les loyers des locations faites au mois sont payables d'avance au commencement du mois à courir.

515. *Lyon.* — Le payement du prix de location des

---

(1) *Usages locaux du département de la Gironde, publiés en exécution de deux délibérations du Conseil général de la Gironde et de la Commision départementale,* p. 54. — C'est à cet ouvrage que sont empruntés les renseignements, contenus dans cet ouvrage, relatifs aux usages du Bordelais.

appartements, magasins, boutiques, ateliers, usines, a lieu soit en deux termes égaux au 24 juin et au 24 décembre, soit en quatre termes égaux, les 25 mars, 24 juin, 25 septembre et 24 décembre, suivant que le montant annuel du loyer est plus ou moins élevé.

516. A Nancy, les locations se payent trimestriellement, à compter de l'entrée en jouissance. On paye généralement à terme échu.

CHAPITRE V

CHARGES DE VILLE

SECTION Ire. — Balayage de la voie publique.

§ 1er. — Obligation proprement dite.

517. A. *Principes et jurisprudence.* — En principe, l'obligation de balayer la voie publique dans les communes où ce soin est imposé aux *habitants* et *propriétaires* constitue une charge de la propriété et incombe au propriétaire dans toutes les hypothèses. Il en est ainsi, non seulement lorsqu'il habite sa maison, mais même lorsqu'il ne l'habite pas.

518. Cependant l'obligation du propriétaire n'est pas exclusive de celle des locataires. Il a été jugé en ce sens : 1° que les principaux locataires représentent les propriétaires et sont tenus des mêmes obligations, et même que la charge incombe aux locataires quand ils habitent seuls la maison, auquel cas ils sont considérés comme ayant assumé aux lieu et place du propriétaire et solidairement avec lui l'obligation de balayer la rue ; 2° que le règlement de police portant que « les propriétaires ou locataires seront tenus de faire balayer la voie publique au devant de leurs maisons, boutiques, jardins et autres emplacements » serait à tort considéré comme illégal, quant aux obligations imposées aux *locataires*, sous prétexte que les propriétaires auraient exclusivement la charge de balayer la voie publique au devant de leurs maisons ; par suite, doit être puni pour contravention à ce règlement le locataire du rez-de-chaussée (un cafetier) qui s'est abstenu de balayer la rue devant son établissement ou sa boutique.

519. Mais, si les locataires peuvent être astreints au balayage comme aux autres mesures de police auxquelles est assujettie la propriété qu'ils habitent, il ne s'ensuit pas que l'obligation du propriétaire soit éteinte et que sa responsabilité pénale ait cessé d'exister. En conséquence, le propriétaire est personnellement en contravention lorsqu'il ne satisfait pas au balayage à défaut de ses locataires.

520. B. *Usages.* — Les usages locaux sont conformes aux principes ci-dessus ; l'obligation incombe, en règle générale, au propriétaire ; mais, pratiquement, celui-ci s'en décharge sur les locataires : tantôt ces derniers se répartissent la charge effective du balayage, en proportion de l'étendue et de la situation des locaux qu'ils occupent ; tantôt ils payent au propriétaire une somme fixe, qui s'ajoute au loyer et que le propriétaire emploie à la rétribution du concierge ou de toute autre personne qu'il charge du balayage.

521. *Rennes.* — Lorsqu'une maison est habitée par plusieurs locataires, le balayage et l'arrosement de la voie publique devant la maison, ainsi que le balayage de la cour et des allées communes, sont à la charge de ceux qui habitent le rez-de-chaussée ; le balayage de la voie publique, lorsqu'elle est bordée par un mur de cour ou de jardin, est à la charge des locataires de la cour ou du jardin. Le locataire du premier étage balaie l'escalier qui y conduit ; celui du second étage balaye le sien, et ainsi de suite.

522. *Lille.* — Le balayage du trottoir et, d'une manière générale, les charges de ville et de police dans les immeubles où il y a un concierge, sont à la charge du propriétaire. S'il n'y a pas de concierge, le balayage du trottoir incombe au locataire du rez-de-chaussée. S'il y a entrée particulière pour le rez-de-chaussée et entrée commune pour les étages, le locataire du rez-de-chaussée n'est tenu qu'au balayage au droit de la portion de la façade de son logis ; le reste est à la charge des locataires des étages ; ces locataires doivent, comme pour le balayage des escaliers, y pourvoir à tour de rôle.

523. *Lyon.* — Dans les maisons où il n'existe pas de portier, la charge du balayage des cours et escaliers pèse sur les locataires, qui se la partagent de diverses manières : tantôt ils sont tenus du balayage à tour de rôle, chacun pendant une semaine, tantôt chaque locataire balaye son étage.

524. *Marseille.* — La porte d'entrée et le vestibule sont entretenus à tour de rôle par chacun des locataires des étages. Il en est de même de l'escalier conduisant aux mansardes communes à plusieurs locataires. — Chaque locataire est tenu d'entretenir la propreté du palier de son étage et de la partie de l'escalier conduisant à l'étage inférieur. — Lorsqu'un étage est vacant, tous les locataires sont tenus d'entretenir, un jour par semaine, la partie de l'escalier qui y donne accès. Les locataires sont déchargés du soin du nettoiement quand il se trouve dans la maison un concierge.

§ 2. — Taxes de balayage.

525. Les communes sont autorisées à convertir en une taxe directe l'obligation imposée aux propriétaires riverains des voies publiques, de balayer ces rues au droit de leurs immeubles (L. 5 avr. 1884, art. 133, § 13 ; 26 mars 1873, art. 1). La taxe totale ne doit pas dépasser les dépenses occasionnées à la ville par le balayage de la superficie à la charge des habitants. Il ne doit pas être tenu compte, dans l'établissement de cette taxe, de la valeur des propriétés, mais seulement des nécessités de la circulation, de la salubrité et de la propreté de la voie publique. Il semble donc que la taxe de chaque propriétaire doive toujours être proportionnelle à la longueur de la façade de son immeuble.

526. A Paris, notamment, l'obligation imposée aux riverains des voies publiques de balayer le sol livré à la circulation, a été convertie en une taxe municipale

(L. 26 mars-2 avr. 1873). Aux termes de cette loi, c'est aux propriétaires qu'incombe vis-à-vis de la municipalité le payement de la taxe, laquelle, au surplus, ne dispense pas les riverains des obligations qui leur sont imposées par les règlements de police en temps de neige et de glace. Les propriétaires sont, d'ailleurs, libres de faire avec leurs locataires telles conventions qu'ils jugent à propos en vue du remboursement de tout ou partie de la taxe.

SECTION II. — Enlèvement des ordures ménagères.

527. La taxe d'enlèvement des ordures ménagères, créée à Paris par la loi du 31 déc. 1900, encore qu'elle soit imposée au nom des propriétaires et exigible contre eux, incombe aux locataires auxquels le propriétaire est en droit d'en réclamer le montant. Si ce dernier est tenu de la payer, c'est seulement en qualité de collecteur d'impôt, et non de débiteur. Il n'en est autrement que si les parties ont fait à cet égard une convention contraire. Le propriétaire peut exiger du locataire le remboursement des douzièmes échus de la taxe d'enlèvement des ordures ménagères, avant même d'en avoir fait l'avance au Trésor et bien que le rôle n'ait pas été encore publié.

SECTION III. — Tout-à-l'égout.

528. Les travaux du *tout-à-l'égout*, prescrits en vue de l'organisation d'un système d'assainissement de la Ville de Paris et de la Seine et destinés à s'incorporer à l'immeuble, doivent être supportés par le bailleur et ne peuvent incomber au locataire. Il en est ainsi, même en présence d'un bail imposant à ce dernier l'obligation de satisfaire à toutes les charges de ville et de police et de supporter, à l'exception des grosses réparations aux murs, pans de bois et planchers, toutes les charges inhérentes à l'immeuble, telles qu'abonnement aux eaux, consommation du gaz, frais de vidange, de réparation et réinstallation des fosses, gages du concierge, primes d'assurances, de façon que le loyer arrive absolument net entre les mains du bailleur. En effet, les obligations découlant de la loi du 10 juill. 1894 sur le tout-à-l'égout ne peuvent être assimilées aux charges de ville et de police, d'une part à raison des travaux neufs qu'elles occasionnent et dont le coût dépasse de beaucoup les dépenses annuelles ou de jouissance et, d'autre part, à raison du caractère de permanence et de durée de ces travaux, incorporés à l'immeuble et dont le locataire ne peut profiter que pendant la période limitée de son bail.

529. La clause d'un bail, aux termes de laquelle la vidange de la fosse d'aisances et les frais de cette opération sont mis à la charge du locataire d'un immeuble, n'implique pas l'obligation pour ce locataire de payer la taxe du tout-à-l'égout créée par l'art. 3 de la loi du 10 juill. 1894. La clause suivant laquelle le locataire est assujetti à payer les taxes de ville et de police, dont les locataires sont ordinairement tenus, ne saurait non plus avoir ce résultat. — Dès lors, ce ne serait qu'autant qu'il y aurait de la part du locataire promesse de payer ladite taxe du tout-à-l'égout que le propriétaire serait en droit de l'exiger de lui.

SECTION IV. — Nettoiement des façades des immeubles.

530. Dans certaines villes, Paris et Lyon notamment, les propriétaires doivent faire procéder tous les dix ans au badigeonnage des façades de leurs maisons. Cette obligation, charge de la propriété, n'incombe jamais qu'à eux seuls, et son accomplissement ne peut en aucun cas être poursuivi contre les locataires. D'autre part, ces derniers ne peuvent l'exiger du propriétaire, qui est tenu de cette charge vis-à-vis l'administration municipale seule.

SECTION V. — Forfaits stipulés au bail.

531. Pratiquement, les propriétaires stipulent dans les baux une somme forfaitaire destinée à les indemniser des charges de ville à l'accomplissement desquelles ils pourvoient soit en nature, soit sous forme de payement des taxes municipales. Ce forfait est généralement fixé à tant pour 100 du montant annuel de la location.

CHAPITRE VI

OBLIGATIONS ET DROITS DU PRENEUR
A LA FIN DU BAIL

SECTION Ire. — Visite de l'appartement.

§ 1er. — Règles générales.

532. Le locataire doit, dans les derniers temps du bail lorsque celui-ci a une durée fixe ou, dans le cas contraire, lorsqu'il a reçu congé, prendre, d'accord avec le propriétaire, les mesures nécessaires pour que la maison puisse être visitée par les amateurs en vue d'une nouvelle location.

533. Le propriétaire a le droit d'être présent à cette visite ou de s'y faire représenter par un mandataire de son choix. Toutefois ce droit a pour limite le droit des locataires à la jouissance paisible des lieux loués. Ainsi, c'est à bon droit que les juges, en autorisant le bailleur à faire accompagner les visiteurs de l'immeuble par tel mandataire qu'il lui plairait de choisir, excluent de ce choix une personne avec laquelle le locataire a précisément des difficultés et dont la présence dans l'immeuble pourrait faire surgir de nouveaux conflits.

§ 2. — Usages.

534. *Paris.* — Les délais pendant lesquels le locataire est tenu de laisser visiter les lieux loués sont les suivants : trois mois avant l'expiration de la location pour les locations de plus de 400 francs par an, six semaines pour celles de 400 francs et au-dessous ; six mois, lorsqu'il s'agit de la location d'une boutique, d'une maison entière ou d'un corps de logis entier. — Les heures de visite sont de dix à quatre heures (1).

535. *Lille.* — Le locataire est tenu de laisser visiter la maison, ou l'appartement par lui occupé, pendant deux heures par jour et pendant trois jours au moins par semaine, le tout à son choix

536. *Rennes.* — Il est d'usage, à Rennes, de laisser visiter l'appartement chaque jour pendant deux heures consécutives. L'indication en appartient au locataire.

537. *Marseille.* — A partir du 15 mai, pour la sortie du 29 septembre, le locataire dont le bail finit est tenu de laisser visiter les appartements qu'il occupe, à son choix, ou trois jours par semaine et pendant deux heures, ou tous les jours et pendant une heure, sauf les dimanches et jours fériés, mais pas avant 8 heures du matin, ni de midi à 2 heures, ni après 6 heures du soir. A partir du 1er novembre pour la sortie de Pâques, le locataire d'une maison de campagne doit la laisser visiter le dimanche et un autre jour de la semaine à son choix pendant deux heures.

538. *Lyon.* — Le locataire doit laisser visiter les lieux loués pendant les trois mois qui précèdent sa sortie.

539. *Nancy.* — Le délai pendant lequel, à la fin du bail, le locataire est tenu de laisser visiter est de trois mois à Nancy. Les appartements se visitent pendant deux heures chaque jour, le matin ou l'après-midi, suivant entente.

SECTION II. — Délai pour déménager.

§ 1er. — Règles générales.

540. D'après certains usages locaux, il est accordé au locataire, au delà du jour fixé par le congé, un délai pour vider les lieux. Ce délai supplémentaire n'entraîne pas de

---

(1) PABON, no 218.

supplément de prix. A raison même de son caractère de délai de grâce, il pourrait être refusé au locataire dont le déménagement serait susceptible d'être opéré, sans aucun inconvénient, dès le lendemain de l'expiration du bail.

§ 2. — Usages.

541. *Paris.* — Suivant un usage constant, bien que les baux partent du premier jour du trimestre, le locataire sortant a le droit absolu d'occuper les lieux jusqu'au 8 ou au 15, suivant l'importance du bail (inférieur ou supérieur à 400 francs par an), et le locataire entrant n'a le droit d'en prendre possession qu'à compter des mêmes dates. Si le huitième ou le quinzième jour est férié, le locataire doit déménager la veille.

542. *Rennes.* — En général, aucun délai n'est accordé au locataire pour l'enlèvement de ses meubles. Cependant, si le jour de la sortie est férié, l'usage, à Rennes, est d'accorder au locataire un délai de vingt-quatre heures ou jusqu'au lendemain, à midi.

543. *Bordeaux.* — Le délai pour la sortie des locataires après le congé est, pour les maisons, d'un mois si le loyer est payable au mois, de trois mois si le loyer est payable par trimestre, semestre ou par année. Pour les appartements et les chambres, le délai est de quinze jours.

544. *Lyon.* — Un usage ancien admet que le locataire sortant a un délai de faveur de quatre à cinq jours pour opérer le déménagement; en conséquence, la délivrance d'un appartement loué au 24 juin peut n'avoir lieu que le 29 juin à midi, au plus tard. Ce délai est une pure faveur, et le locataire ne saurait l'exiger si le propriétaire le lui refusait.

545. *Nancy.* — L'usage n'accorde au locataire aucun délai de grâce pour déménager.

CHAPITRE VII

ENTRETIEN DE L'IMMEUBLE URBAIN
PAR LE PROPRIÉTAIRE ET SES PRÉPOSÉS

SECTION Ire. — Concierge. — Rôle et responsabilité.

§ 1er. — Règles générales.

546. L'attitude convenable du concierge est une condition essentielle de la jouissance paisible à laquelle tout locataire a droit en vertu de son bail. Notamment, les procédés vexatoires d'un concierge envers les locataires et envers les personnes qui leur rendent visite constituent un trouble à la paisible jouissance des appartements loués. Il en est, spécialement, ainsi lorsqu'il est établi que les concierges ont systématiquement employé des moyens vexatoires pour nuire au preneur et l'entraver dans l'exercice de sa profession de médecin, soit en lui remettant tardivement les lettres de ceux de ses clients qui l'appelaient près d'eux, soit en faisant des réponses évasives ou inexactes à ceux qui se présentaient en personne à son domicile, soit en retenant pendant plusieurs jours des dépêches officielles émanant de l'administration publique à laquelle le locataire était attaché.

547. Lorsqu'il est établi qu'un concierge, alors qu'il vaquait à un acte de son emploi, s'est rendu coupable d'injures envers un locataire, celui-ci est fondé à exiger du propriétaire le renvoi et le remplacement du concierge.

548. Le propriétaire d'un immeuble est civilement responsable des délits commis par son concierge en qualité de préposé. Spécialement, il en est ainsi lorsque le concierge s'est rendu coupable du délit de complicité d'escroquerie, en recevant, en connaissance de cause, des marchandises qu'un tiers s'est fait livrer à crédit sous le nom d'un locataire et en les remettant à ce tiers.

549. En cas de refus par le concierge de laisser monter par le grand escalier les clients d'un locataire exerçant la profession d'avocat ou d'agent d'affaires, le locataire qui en a souffert un préjudice a le droit d'agir en dommages-intérêts contre son propriétaire.

550. La concierge qui, d'une façon permanente et habituelle, s'absente de sa loge et en confie la garde à des personnes étrangères, non agréées par le propriétaire, pour aller faire des ménages dans la maison, manque gravement à l'engagement pris envers le propriétaire et les locataires de surveiller l'immeuble, et, ainsi, commet une faute lourde par suite de son défaut de surveillance, dont elle doit être tenue comme responsable. Spécialement, si, pendant son absence, un vol est commis chez un locataire, la concierge est tenue, conjointement et solidairement avec le propriétaire, de réparer le préjudice souffert par le locataire.

551. Le locataire qui, à son départ pour la campagne, remet à la concierge les clefs de son appartement en la chargeant, moyennant rémunération, de l'entretenir et de le surveiller, se conforme à un usage presque constant à Paris, établi tant dans l'intérêt du propriétaire que dans l'intérêt du locataire. Par suite, si la concierge commet un vol dans l'appartement du locataire, le propriétaire peut être déclaré responsable (Trib. corr. de la Seine, 25 mai 1902, *Rec. de la Gazette des Trib.*, 1903. 2. 82).

552. On doit voir une faute engageant la responsabilité du concierge et, par suite, celle du propriétaire, dans le fait que ce concierge, prévenu durant la nuit que des objets de valeur se trouvaient sur le palier d'un appartement, n'a rien tenté pour s'informer d'où provenaient ces objets et a permis ainsi à des voleurs, qui se trouvaient alors dans cet appartement, de consommer leur vol et d'en emporter le produit.

553. En ce qui concerne les personnes étrangères à la maison, on ne saurait soutenir que le concierge est responsable vis-à-vis d'elles des actes, faits et négligences des locataires. Ainsi, lorsqu'un pot de fleurs placé par un locataire sur une fenêtre cause, en tombant, un accident, la responsabilité du concierge n'est, de ce fait, aucunement engagée, et la victime n'est pas admise, à moins de circonstances particulières, à soutenir que ledit concierge était tenu d'empêcher le locataire de placer d'une façon dangereuse le pot qui a causé l'accident.

§ 2. — Usages.

A. *Remise de la correspondance et des paquets aux locataires.*

554. *Paris.* — a) *Lettres.* — Tout concierge a le devoir de remettre consciencieusement les lettres qui arrivent, soit pour les locataires, soit pour les personnes que ceux-ci hébergent, alors surtout qu'il n'ignore pas la présence de ces personnes dans la maison. Dès lors, si un concierge refuse les lettres adressées à l'hôte d'un locataire de l'immeuble, le destinataire des lettres est en droit d'actionner ce concierge en vertu de l'art. 1382 C. civ. Mais le destinataire, n'étant pas locataire, ne peut actionner le propriétaire de l'immeuble comme civilement responsable du concierge.

555. Le bailleur est responsable vis-à-vis de son locataire du préjudice que cause à celui-ci la remise tardive d'une lettre par le concierge. Et le timbre de distribution apposé par l'administration des Postes sur l'enveloppe de la lettre fait foi, jusqu'à preuve contraire, de la date de la remise de la lettre au concierge.

556. Le concierge qui, lors de la distribution du courrier du soir, a sonné à la porte d'un locataire et n'a pas reçu de réponse, ne commet aucune faute en faisant passer sous la porte du locataire la lettre qui lui est destinée. Par suite, le locataire ne saurait réclamer au concierge des dommages-intérêts, lorsqu'il est sorti le lendemain sans apercevoir cette lettre qui l'informait d'un rendez-vous important pour le jour même.

557. Aucun usage n'impose au concierge l'obligation d'affranchir des lettres déposées dans sa loge et de les expédier par la poste à l'adresse laissée par le locataire absent.

558. Si un locataire s'entend avec le concierge pour que celui-ci lui fasse parvenir les actes d'huissier qui pourraient, en son absence, être remis à son adresse sous pli cacheté, il se forme un contrat spécial qui, en cas d'inexécution par le concierge, n'engage pas la responsabilité du propriétaire.

559. Le concierge qui, chargé par le locataire absent de lui faire parvenir en province ses lettres et ses papiers, répond à un huissier, venu pour signifier un exploit, que le locataire était déménagé sans laisser d'adresse, et oblige ainsi l'huissier à faire, conformément à la loi, la signification au parquet, commet une faute qui engage sa propre responsabilité et aussi celle du propriétaire de la maison, son commettant.

560. b) *Télégrammes.* — Les télégrammes délivrés au domicile indiqué par l'adresse doivent être remis au destinataire ou à la personne chargée par lui de les recevoir. Dès lors, le concierge d'un immeuble, qui n'a reçu d'un locataire aucune autorisation formelle d'accepter les télégrammes qui lui seraient adressés, doit s'abstenir de les recevoir. Et leur réception dans ces conditions entraîne pour le concierge les mêmes obligations que la réception des lettres remises par le facteur : elle engage sa responsabilité et celle du propriétaire dont il est le préposé.

561. Mais on ne saurait relever à la charge d'un concierge le fait de n'avoir pas remis sur-le-champ, au locataire, un télégramme arrivé à une heure avancée de la soirée ; alors, du moins, qu'il n'est pas prouvé que ledit locataire se trouvât chez lui à ce moment, ni qu'il ait pris soin de s'informer en rentrant si le concierge avait reçu des plis à son adresse.

562. c) *Prospectus et catalogues.* — Le concierge est tenu de distribuer aux locataires les catalogues et prospectus que les commerçants lui remettent à l'intention de ces locataires ; alors, surtout, que ces catalogues portent bien le nom et l'adresse exacte des locataires.

563. d) *Paquets.* — Le concierge est tenu de monter les paquets qui lui sont remis pour les locataires, pourvu que ce ne soit pas en dehors des heures où il monte la correspondance venue par la poste (Trib. civ. de la Seine, 19 déc. 1901, *Rec de la Gazette du Palais*, 1902. 1. 210).

564. *Toulouse.* — Le concierge doit recevoir les lettres, journaux et paquets adressés aux locataires : il monte ordinairement chez ces derniers deux fois par jour, le matin et le soir, pour les remettre à chacun d'eux. Les dépêches doivent être remises immédiatement ; il doit en être de même des exploits portés par les huissiers ; ces derniers laissent au concierge les copies des actes qu'ils signifient aux personnes de la maison.

565. *Lyon.* — Les concierges sont chargés seulement de balayer et d'éclairer l'escalier, d'indiquer l'étage habité par les divers locataires aux personnes qui viennent se renseigner, comme aussi de recevoir et de conserver avec discrétion dans leur loge la correspondance et les journaux déposés par les facteurs, pour les remettre aux locataires sur leur demande et réquisition. Et, en l'absence de toute convention contraire sur ce point, le propriétaire d'une maison ne saurait être responsable de son concierge, pour avoir négligé de monter régulièrement les lettres et les paquets des locataires et de prévenir le facteur du départ et de la nouvelle résidence de ces derniers, quand ils quittent Lyon.

566. *Nancy.* — Dans les maisons où il existe des concierges, ceux-ci sont tenus de remettre aux locataires leur correspondance.

B. Rétribution. — Congé.

567. Généralement, le propriétaire stipule au bail, en sus du montant du loyer, une somme forfaitaire (tant pour cent) qu'il affecte partiellement au payement du concierge. En outre, des usages qui n'ont, d'ailleurs, rien d'obligatoire, veulent que les locataires donnent au concierge, à certaines occasions, des étrennes ou gratifications.

568. *Paris.* — Il est d'usage, au jour de l'an, que les locataires donnent au concierge une gratification qui est ordinairement de 2 °/₀ du loyer; mais cet usage n'est pas obligatoire pour les locataires (1).

569. *Lyon.* — Un supplément de 3 °/₀ est généralement stipulé sur le montant de la location « pour l'éclairage et le concierge ». — Le délai imposé au propriétaire pour renvoyer son concierge est de huit jours.

570. *Toulouse.* — Les concierges sont rétribués par l'allocation d'une somme basée sur le produit de la maison. Il est d'usage que le locataire, lorsqu'il achète son bois, fasse cadeau au concierge de deux bûches par stère. — Le délai de huitaine est généralement usité pour le congé à donner au concierge.

571. *Nancy.* — Il existe peu de maisons ayant des concierges. Les propriétaires qui en ont les logent et leur donnent une faible rétribution.

C. *Divers.*

572. Tout concierge est, en cas de déménagement d'un locataire, tenu de donner sa nouvelle adresse pendant un certain délai à partir du jour de la sortie. Ce délai est d'un an à Paris. Par suite, le concierge auquel un locataire a, en partant, laissé sa nouvelle adresse, et qui refuse de l'indiquer aux tiers qui s'en enquièrent auprès de lui, commet une faute qu'il est tenu de réparer. Et le propriétaire doit être déclaré responsable de la condamnation à des dommages-intérêts prononcée contre son concierge.

573. Le concierge doit rendre compte aux locataires des noms des personnes qui viennent les demander et indiquer aux visiteurs la porte d'entrée de l'appartement, ainsi que la présence ou l'absence du locataire demandé. Il est tenu de montrer l'ascenseur aux visiteurs et, au besoin, de le faire fonctionner (2).

574. L'usage du téléphone établi par le propriétaire dans la loge du concierge de son immeuble, concédé d'une

---

(1) PABON, n° 106.
(2) PABON, n° 104.

façon générale aux locataires par leur bail, permet à chacun d'eux de communiquer librement lui-même avec ses relations, ses fournisseurs ou tous autres. Mais il ne peut astreindre le concierge de l'immeuble à avertir les locataires des communications qui peuvent lui être demandées à toute heure du jour et de la nuit.

575. Il a été jugé que le concierge ne saurait s'opposer à ce qu'un locataire use du téléphone, sous prétexte qu'il aurait à se plaindre des propos grossiers des enfants de ce locataire. Ce dernier fait peut seulement servir de base à une action en dommages-intérêts intentée par le concierge contre le locataire.

576. En ce qui concerne l'usage, répandu à Paris, suivant lequel le locataire, à son départ pour la campagne, confie au concierge les clefs de son appartement, V. *supra*, n° 551.

577. Le transfert d'une loge de concierge à un étage où il est impossible à ce dernier de remplir convenablement ses fonctions (par exemple, au 5° étage) équivaut à sa suppression. Et le locataire est bien fondé à réclamer son rétablissement ou, à défaut, la résiliation de son bail avec dommages-intérêts.

SECTION II. — Entretien général de la maison.

578. L'état de malpropreté du vestibule et de l'escalier de la maison louée, ainsi que la pose et la suspension d'objets divers au devant des fenêtres, même non permanentes ni continues, constituent des troubles à la jouissance du locataire et des infractions aux clauses de son bail qui sont de nature à justifier de sa part une demande de dommages-intérêts contre le propriétaire. — V. *supra*, n° 109 bis, relativement à l'entretien des immeubles dont les divers étages appartiennent à des propriétaires différents.

SECTION III. — Fermeture de la porte d'allée.

§ 1. — Heures de fermeture.

579. Elles dépendent de l'importance des immeubles, du quartier où ils sont situés, de la manière dont ils sont habités. Notamment, à Toulouse, l'heure de la fermeture des portes a été fixée par un arrêté de la municipalité fort ancien : elles doivent être fermées en hiver à neuf heures du soir et en été à dix heures. — A Nancy, l'heure de fermeture des portes est en général dix heures. — Il en est de même à Lyon, où toutefois la porte peut rester ouverte jusqu'à onze heures, à la condition que l'allée et l'escalier restent éclairés jusqu'à la même heure. Le droit de police municipale intervient aussi à cet égard.

580. Si le preneur a l'obligation de respecter la destination de la chose louée, il a, par réciprocité, le droit de jouir de la chose conformément à sa destination et à l'usage. Ainsi, il a été jugé que pour un immeuble occupé par des marchands, dans un endroit très fréquenté le soir, la fermeture de la porte dès huit heures serait, de la part du bailleur, un fait vexatoire dont le preneur serait fondé à se plaindre.

581. D'après l'usage de Paris, le propriétaire est tenu d'entretenir un concierge et de faire ouvrir la porte à toute heure tant aux locataires qu'aux personnes qui les fréquentent, spécialement lorsque les allées et venues pendant la nuit sont la conséquence de la profession ou de l'exploitation en vue de laquelle les lieux ont été loués. Et, notamment, le propriétaire qui donne à bail une partie de sa maison pour y tenir un cercle ne peut pas refuser de faire ouvrir la porte la nuit, alors qu'il n'est point allégué que les habitudes de ce cercle aient rien de contraire aux règlements de police ou au régime ordinaire de ce genre d'établissements. Il n'en serait autrement que si la présence, dans l'immeuble, des personnes qui fréquentent les locataires, était de nature à troubler la jouissance des autres locataires ou à nuire au propriétaire.

582. Le propriétaire ne peut pas, lorsqu'il n'existe aucune interdiction expresse dans le bail, s'opposer à ce que les voitures conduisant, soit le locataire, soit les personnes qui viennent chez celui-ci (par exemple, pour assister à des soirées), entrent, même après minuit, dans la cour de la maison louée; alors, surtout, qu'une semblable prétention est contraire soit à l'exécution donnée au bail par les parties, soit à l'usage. On opposerait vainement une clause au bail, portant que la cour et l'escalier de la maison seront éclairés aux frais du propriétaire seulement jusqu'à minuit, et que le locataire ne pourra troubler la tranquillité des autres habitants de la maison. On objecterait aussi en vain que l'introduction des voitures dans la cour peut occasionner des accidents quand l'éclairage du vestibule a cessé, cet éclairage devant se faire aux frais du locataire, à partir du moment où le propriétaire n'y est plus tenu.

§ 2. — Mode de fermeture.

583. Un locataire n'est pas admis à se plaindre d'un mode de fermeture de la maison qui est conforme à l'usage local et qu'il a accepté pendant plusieurs mois sans protestation. Il en est ainsi, par exemple, du procédé en usage à Fontainebleau, dans les maisons dépourvues de concierge, procédé qui consiste en ce que chaque habitant sortant le soir dépose son bougeoir sur une table placée dans le vestibule et que, chaque rentrée étant attestée par l'enlèvement d'un bougeoir, le dernier rentré ferme la porte à l'intérieur au moyen d'une chaîne de sûreté ne pouvant s'ouvrir du dehors.

SECTION IV. — Escaliers.

§ 1. — Grand escalier.

584. On doit admettre que, dans une maison où il existe un tapis d'escalier, alors qu'il n'a été stipulé à son usage aucune restriction, les locataires sont en droit d'en réclamer la jouissance pendant tout le temps nécessaire, tant pour leur usage personnel que pour l'usage des personnes qu'ils reçoivent ; le tapis ne peut être enlevé pour un laps de temps excédant celui qu'exigent sa conservation et son entretien. Spécialement, dans une maison bourgeoisement occupée, les locataires ont le droit d'exiger du propriétaire la jouissance du tapis du 15 octobre au plus tard jusqu'au 1ᵉʳ juillet. Mais les locataires ne sauraient réclamer le remplacement, pendant son enlèvement, du tapis de laine par un tapis de toile que si cette mesure était commandée par l'état et la situation de la maison.

585. Il est d'usage, à Paris, dans toutes les maisons où l'escalier principal est en bois et bien entretenu de cire, et par conséquent glissant et dangereux en l'absence d'un tapis, de remplacer, pendant les mois d'été, le tapis d'hiver par un autre tapis, et les propriétaires ne peuvent se soustraire à cette obligation que par une réserve expresse insérée dans le bail. À plus forte raison doit-il en être ainsi quand les clauses du bail mettent à la charge des locataires une redevance annuelle payable par quarts, en même temps que chaque trimestre de loyer (Trib. civ. de la Seine, 18 mars 1901, *Rev. de la Gazette des Trib.* 1901. 1. 442).

586. L'existence d'un trou dans le tapis d'un escalier, exposé par la force des choses et par son usage même à des détériorations accidentelles, doit être considérée comme une circonstance fortuite. Par suite, la victime d'une chute, causée par ce mauvais état du tapis, n'est pas fondée à demander au propriétaire de l'immeuble une indemnité en raison des suites de cet accident ; alors surtout qu'il n'est pas allégué que l'escalier fût obscur, et que la vétusté du tapis eût été signalée au propriétaire comme pouvant présenter un danger pour les locataires et les visiteurs.

587. Les dégradations qu'un locataire a causées au tapis et au mur du grand escalier par le déménagement de ses meubles, effectué par cet escalier en violation de la clause de son bail, ne constituent pas des réparations locatives, dès lors que l'immeuble est habité par plusieurs locataires. En conséquence, le bailleur peut porter son action en indemnité des dégradations devant le tribunal civil, si, d'ailleurs, son action excède le taux de la compétence ordinaire des juges de paix.

588. A défaut de stipulation spéciale d'un bail, l'usage de l'escalier de service est réservé aux fournisseurs et aux domestiques. — Dès lors, l'usage du grand escalier ne peut être refusé par le concierge aux clients, quelle que soit leur apparence, qui se rendent chez un locataire exerçant la profession d'avocat ou d'agent d'affaires.

§ 2. — Escalier de service.

589. Dans tous les immeubles où il y a deux escaliers pour chaque appartement, les gens de service et les fournisseurs doivent, d'après l'usage basé sur un accord tacite entre propriétaire et locataire, se servir uniquement de l'escalier de service.

590. Est valable et obligatoire la clause d'un bail qui fixe dans des conditions raisonnables les heures où les fournisseurs pourront apporter leurs marchandises chez le locataire. Il en est ainsi, spécialement, de la clause qui interdit aux fournisseurs d'apporter leurs marchandises chez le locataire après onze heures du matin. Mais cette interdiction doit être considérée comme s'appliquant seulement aux fournisseurs qui viennent tous les jours apporter ou prendre les commandes, et non point à ceux qui apportent leurs marchandises à des intervalles de temps irréguliers.

591. Le locataire n'est pas recevable à demander la suppression de l'écriteau, relatif à cette réglementation, apposé sur le mur du passage de la porte cochère.

592. Lorsque, d'après une des clauses du bail, les fournisseurs, domestiques ou gens de service, ne doivent passer que par l'escalier à eux réservé, cette stipulation peut être interprétée en ce sens que les gens chargés d'opérer le service du déménagement d'un locataire doivent n'user du grand escalier que pour l'enlèvement des meubles qui, à raison de leur fragilité et de leurs dimensions, ne peuvent être emportés sans difficulté par l'escalier de service. En conséquence, est à bon droit rejetée l'action en dommages-intérêts introduite par un locataire contre le propriétaire qui, en se fondant sur la clause ainsi interprétée, s'est opposé à l'enlèvement de tout son mobilier par le grand escalier.

593. Il importerait peu que le locataire eût effectué son emménagement par le grand escalier, cette circonstance n'impliquant pas, de la part du propriétaire, renonciation à se prévaloir de la clause sus-indiquée.

SECTION V. — Ascenseur.

594. Le propriétaire qui fait établir un ascenseur dans son immeuble est tenu de munir cet appareil de tous les perfectionnements de nature à assurer la sécurité de ceux qui l'emploient. S'il manque à cette obligation, il doit réparer le dommage causé par le mauvais fonctionnement de l'ascenseur. Notamment, il est responsable de l'accident survenu à une personne en visite dans la maison, lorsqu'il n'a pas fait munir les portes d'accès à l'ascenseur des organismes nécessaires à la manœuvre.

595. Les propriétaires sont tenus d'éclairer l'ascenseur aussi longtemps que l'escalier.

596. Lorsqu'un locataire a loué un appartement dans une maison munie d'un ascenseur servant tout à la fois à monter et à descendre, et que d'ailleurs il s'est servi de cet appareil pour ce double usage pendant un certain nombre d'années, sans protestation de la part du propriétaire, ce dernier ne peut, sans troubler la jouissance du locataire, diminuer l'usage de l'ascenseur en le restreignant exclusivement à la montée ; alors, au surplus, qu'aucune clause du bail n'avait interdit ou restreint l'usage de l'ascenseur.

597. Les arrêts dans le fonctionnement d'un ascenseur ne peuvent entraîner la résiliation du bail ni justifier une réduction quelconque dans le montant du loyer annuel, alors que les arrêts signalés sont isolés et se produisent parfois dans les ascenseurs les mieux construits et les mieux installés.

SECTION VI. — Éclairage des parties communes de la maison.

598. *Paris.* — A défaut de convention contraire, les vestibules et escaliers des maisons louées bourgeoisement doivent demeurer éclairés jusqu'à onze heures du soir au minimum.

599. Il est d'usage à peu près constant que, dans les immeubles d'une certaine importance, d'un loyer élevé, le grand escalier doit rester éclairé jusqu'à minuit et, par exception, jusqu'à onze heures, lorsque les locataires sont rentrés et leurs visiteurs sortis. Mais un locataire ne saurait exiger que l'escalier de service reste éclairé en entier tous les jours jusqu'à onze heures, alors, du moins, qu'il s'agit d'une maison dont les appartements sont d'un prix modéré ; le propriétaire remplit suffisamment les obligations que met à sa charge l'art. 1719 C. civ. en laissant le gaz allumé dans l'escalier de service jusqu'à dix heures du soir.

600. Lorsqu'un propriétaire a, sans l'autorisation du locataire, substitué dans l'escalier de son immeuble un éclairage permanent au gaz à une minuterie électrique, les locataires peuvent prétendre que cette substitution constitue un trouble de jouissance devant entraîner une diminution dans le prix des charges annuelles qui leur sont imposées.

601. *Lille.* — Dans les maisons à locataires, ceux-ci n'ont pas la charge de l'éclairage de l'escalier comme desservant leurs logements ; cette charge incombe au propriétaire, à moins de stipulation contraire dans les baux.

602. *Marseille.* — Les frais d'éclairage de l'escalier commun à plusieurs locataires sont à la charge de ceux-ci, qui ont à s'entendre entre eux pour la part contributive de chacun, ainsi que pour l'allumage et l'extinction.

603. *Nancy.* — En général, c'est jusqu'à neuf heures que les vestibules et escaliers communs doivent être éclairés. L'éclairage incombe au propriétaire, qui, cependant, fait quelquefois payer une cotisation aux locataires.

SECTION VII. — Calorifère.

604. Le propriétaire qui, aux termes du bail, a pris, moyennant une redevance déterminée, le chauffage à sa charge, est tenu, sous peine de dommages-intérêts envers son locataire, de veiller à l'alimentation continue du calorifère, de manière à éviter toute interruption dans le chauffage.

605. La période d'usage pendant laquelle le propriétaire doit entretenir le fonctionnement du calorifère commence le 1er octobre et finit le 30 avr. (1).

SECTION VIII. — Garage des bicyclettes.

606. On doit voir un dépôt *nécessaire* dans l'obligation imposée à ses locataires par le propriétaire d'un immeuble, pour éviter la dégradation dudit immeuble, de déposer leurs bicyclettes dans une remise dont la clef doit rester entre les mains du concierge. Dès lors, il appartient au propriétaire d'assurer la sécurité des bicyclettes ainsi déposées. Et, lorsque l'une d'elles a été volée, vers six heures du matin, au moment des allées et venues des premiers fournisseurs, qui ont coutume de déposer leurs marchandises à la porte du locataire et se retirent souvent sans fermer la porte de la rue, le propriétaire ne saurait alléguer, pour se soustraire à sa responsabilité, qu'à ce moment le concierge, ayant besoin de compléter le repos de la nuit, est encore couché et ne peut exercer aucune surveillance.

607. Lorsque la location comprend un garage commun à plusieurs locataires et que le propriétaire en a remis la clef à son concierge, celui-ci est devenu, pour le compte du propriétaire, gardien et dépositaire des bicyclettes des locataires, et il y a lieu de décider que le propriétaire, dont le concierge est le préposé, est responsable, conformément aux art. 1384 et 1921 C. civ., des vols commis dans le garage.

608. Il en serait différemment si le concierge ne déte-

---

nait pas seul la clef du garage, mais si chacun des locataires en avait une entre les mains.

609. Quand le garage commun est fermé par une simple serrure à loquet ou un verrou, la responsabilité du propriétaire ne saurait davantage être impliquée en cas de vol des machines, en supposant d'ailleurs que la maison était bien gardée et qu'aucun fait de négligence ne peut être reproché au propriétaire ou à son concierge.

CHAPITRE VIII

PRESCRIPTIONS PARTICULIÈRES. — AMÉNAGEMENT DES APPARTEMENTS. — MESURES CONTRE L'INCENDIE

Séparation entre les appartements.

610. Les usages locaux imposent au propriétaire certaines précautions destinées à rendre aussi indépendants que possible les uns des autres les divers appartements de l'immeuble urbain. Par exemple, à Lyon, il est d'un usage constant, au moins pour les locaux destinés à l'habitation et dont le loyer est perçu non au mois, mais à l'année, que deux appartements voisins doivent être séparés par une cloison en platets, ou en tuf, ou tout au moins par un double briquetage. Dès lors, le bailleur ne remplit pas l'obligation de faire jouir paisiblement le preneur, et, par suite, ce dernier est fondé à réclamer la résiliation de son bail, avec dommages-intérêts, si l'appartement loué n'est séparé de l'appartement voisin que par un simple briquetage, insuffisant pour le protéger contre le bruit provenant de ce dernier appartement.

611. Dans la plupart des villes, il existe aussi des règlements destinés à assurer une épaisseur et une résistance particulières aux gaines des fours de boulangers. Ainsi, à Lyon, un arrêté municipal dépose que les gaines des cheminées des fours de boulangers doivent être construites en carreaux ou tuiles de fours d'une épaisseur d'au moins 5 centimètres. — Dès lors, quand une gaine de four de boulanger a été établie comme une simple gaine ordinaire d'appartement, et non dans les conditions spécifiées par cet arrêté municipal, le propriétaire est responsable, vis-à-vis des locataires, d'un incendie dû à ce vice de construction.

CHAPITRE IX

USAGE DES LIEUX LOUÉS PAR LE LOCATAIRE

SECTION Ire. — Chauffage.

612. Le preneur a le droit indiscutable d'introduire dans la maison le chauffage au gaz.

613. Quant aux autres modes de chauffage, il est à noter que, souvent, les baux interdisent aux locataires l'emploi des appareils à combustion lente. Les propriétaires entendent par là se mettre à l'abri de toute responsabilité éventuelle à raison des émanations et refoulements qui peuvent se produire et entraîner les conséquences les plus graves. Cette précaution leur est inspirée par l'incertitude actuelle de la jurisprudence relativement à leur responsabilité, dans le cas où le bail ne contient aucune prohibition.

614. La cour de Paris a décidé, le 9 nov. 1908 (D. P. 1909. 2. 78), que le bailleur est responsable du dommage causé à un locataire par les émanations du gaz oxyde de carbone, lorsque ces émanations proviennent d'un vice de construction des cheminées. Et il en serait ainsi, d'après la cour, alors même que le locataire se serait servi, à l'insu du propriétaire, d'une *salamandre*, l'usage des appareils à combustion lente s'étant répandu, notamment à Paris, de telle sorte qu'aujourd'hui tout bailleur est tenu de prévoir que son locataire emploiera ce mode de chauffage, et qu'il lui appartient de l'interdire, s'il le juge convenable, sans que ce dernier ait à prendre l'initiative pour s'y faire autoriser. — La Cour de cassation a rejeté

le pourvoi formé contre cette décision (arrêt du 26 juill.
1909, D. P. 1909. 1. 533).

615. On peut formuler contre ces décisions les objec-
tions suivantes : en principe, aucune responsabilité ne
doit peser sur le propriétaire si le locataire est lui-même
en faute. Or le locataire, tenu de jouir de la chose en
bon père de famille et conformément à la destination
de cette chose, manque à cette obligation si, sans prévenir le bailleur, il emploie comme moyen de chauffage
un appareil auquel la cheminée n'est pas destinée. On ne
voit pas d'où proviendrait l'obligation pour un propriétaire de construire des cheminées adaptées à tous les
modes de chauffage et d'interdire par avance l'emploi de
tous les modes de chauffage dont il pourra plaire au locataire de se servir. Sans doute, il agit prudemment, pour
éviter toute contestation, en interdisant l'emploi des appareils à combustion lente; mais, lorsqu'il a oublié d'insérer une clause de ce genre dans le bail, et lorsqu'il est
prouvé que les émanations délétères ne se seraient pas produites si le locataire s'était servi de la cheminée conformément à sa destination, il semble que la responsabilité
du propriétaire doive être hors de cause.

SECTION II. — Éclairage particulier des locataires.

§ 1. — Éclairage au gaz.

616. Il faut reconnaître au preneur, d'une manière
générale, le droit d'introduire dans la maison louée l'éclairage au gaz, qui est depuis longtemps entré dans nos
mœurs. Il a été jugé en ce sens que le locataire d'une
boutique, à qui son bail n'interdit pas de modifier l'état
des lieux, est présumé avoir reçu du propriétaire l'autorisation tacite d'y introduire l'emploi du gaz, ainsi qu'en
usent la plupart des locataires du même quartier.

§ 2. — Éclairage électrique.

617. A défaut de clause spéciale dans le bail, le locataire est fondé à prétendre que l'installation de l'éclairage électrique dans l'appartement loué ne constitue pas un changement de destination des lieux loués, et qu'il peut y procéder sans autorisation du propriétaire, à la condition de rétablir, à sa sortie, les lieux dans leur état primitif.

§ 3. — Éclairage à l'acétylène.

618. L'éclairage à l'acétylène doit être présumé autorisé en principe. Il suffit au bailleur, s'il entend l'interdire au locataire, d'insérer dans le bail une clause prohibitive. Mais, dans le silence du contrat, le locataire est libre d'employer un mode d'éclairage qui est aujourd'hui répandu et doit être rangé parmi les procédés connus et usités.

619. Au cas où le bailleur a omis d'exprimer dans le bail sa volonté contraire, il ne peut s'en prendre qu'à lui de cette négligence ; d'ailleurs, aucun mode d'éclairage n'est, par lui-même, exempt de tout danger ; ce ne saurait être là, évidemment, un motif pour que le locataire ne puisse s'éclairer.

620. Cependant, si l'installation de l'éclairage à l'acétylène dans les lieux loués présentait, eu égard à la disposition des lieux, un inconvénient ou un péril particulier, la résistance du propriétaire deviendrait légitime, et il appartiendrait aux tribunaux, suivant les circonstances, de pourvoir à toutes mesures utiles ou même de prononcer l'interdiction non insérée dans le bail.

621. L'installation dans un immeuble de l'éclairage au gaz acétylène ne présente pas un danger excédant celui résultant des autres procédés usuels d'éclairage, si le local où est établi le générateur d'acétylène est largement ventilé de façon à permettre l'échappement facile des gaz accumulés ; si le bidon soudé renfermant la provision de carbure de calcium est hermétiquement fermé au moyen d'un tampon à bague de caoutchouc pressé par un étrier à vis, et si, au cas où une explosion viendrait à se produire par une imprudence manifeste de la personne maniant l'appareil, celle-ci ne doit menacer que l'opérateur seul et ne doit pas présenter de danger sérieux soit pour l'immeuble, soit pour les personnes qui l'habitent.

SECTION III. — Voitures, voitures automobiles, bicyclettes.

§ 1er. — Voitures, Voitures automobiles.

622. La question de savoir si et dans quelle mesure un propriétaire peut s'opposer à la circulation, dans la cour de son hôtel ou de sa maison, de voitures, et spécialement d'automobiles, appartenant à un locataire, dépend de l'interprétation des clauses du bail et, dans le silence du bail, de toutes les circonstances propres à révéler l'intention des parties, notamment de l'aménagement des lieux. C'est donc, d'après les faits et avec des solutions variables suivant les cas, que les tribunaux décident si le locataire a le droit de faire entrer, de jour et de nuit, par la porte cochère de la cour de l'immeuble à lui loué, sa voiture automobile et celles de ses visiteurs ou invités, de faire évoluer et stationner ces voitures dans la cour de l'immeuble, pendant le temps nécessaire au chargement et au déchargement des personnes ou objets au transport desquels elles sont affectées.

623. Il a été jugé que le locataire d'un appartement a le droit, à défaut d'une clause particulière du bail, de faire entrer ses voitures automobiles et celles des personnes qui lui font visite sous la porte cochère et dans la cour de l'immeuble, si le local est d'ailleurs aménagé à cet effet. Et il en est ainsi, alors même qu'il n'est locataire d'aucune écurie ou remise dans l'immeuble (Paris, 23 juin 1908, D. P. 1909. 5. 11).

624. Par contre, en l'absence de toute stipulation

expresse dans le contrat du bail, le locataire ne peut prétendre à ce droit quand il est établi qu'il ne possédait ni voiture, ni automobile lors de la passation du bail, que sa profession n'en exigeait pas et ne devait pas nécessairement en faire prévoir l'usage ultérieur, qu'il n'existe dans l'immeuble aucune remise pour automobiles et qu'enfin l'exiguïté de la cour et son aménagement ne permettent pas de supposer que, dans la commune intention des parties, un droit d'accès de voitures automobiles devait être réservé au locataire (Besançon, 9 avr. 1910, D. P. 1910. 5. 38).

625. Lorsque le bail donne au preneur le droit de faire entrer et stationner sa voiture dans la cour de l'hôtel loué, sans spécifier s'il s'agit d'une voiture attelée ou d'une automobile, le bailleur est mal fondé à lui interdire de se servir d'un coupé électrique. Il en est surtout ainsi lorsque, ce coupé étant silencieux et inodore, rien ne peut faire supposer que la commune intention des parties ait été de l'exclure de leurs conventions. — Il importe peu de rechercher si l'automobile électrique a été ou non achetée par le preneur, une voiture à son usage, même louée ou prêtée, devant toujours être sa « voiture personnelle » au sens du bail.

626. Le propriétaire qui stipule la faculté de garer ses propres voitures automobiles dans les lieux par lui loués à un tiers pendant toute la durée de la location, et qui use de cette faculté, n'accomplit ni un fait de co-occupation, ni un acte de dépôt, ni un louage d'ouvrage ou de services, ni enfin un louage de choses. Le locataire, en garant ainsi les automobiles de son bailleur, rend à celui-ci un simple service qui, en dehors d'une faute lourde bien établie, ne saurait lui imposer de responsabilité, notamment en cas d'incendie du garage (Trib. civ. de la Seine, 26 juin 1909, D. P. 1910. 5. 5).

§ 2. — Bicyclettes.

627. En présence de l'usage constant qu'une bicyclette soit placée par le locataire dans l'appartement même, comme faisant partie intégrante du mobilier, il appartient au propriétaire de prendre toutes dispositions utiles, lors de la location, pour interdire la montée et la descente des bicyclettes par le grand escalier, s'il estime que ce fait entraîne des inconvénients. Dès lors, lorsque le bail d'un appartement stipule simplement que le grand escalier est réservé aux locataires et aux visiteurs et que toutes personnes chargées de paquets ou de fardeaux devront passer par l'escalier de service, sans formuler d'autre restriction ni interdire le transport des bicyclettes, le propriétaire ne peut défendre à un locataire de transporter sa bicyclette en passant par le grand escalier, alors surtout qu'il n'établit l'existence d'aucune dégradation ni d'aucune plainte des autres locataires.

628. Lorsqu'une remise particulière de bicyclettes dans une maison particulière a été par son propriétaire donnée à bail au locataire de ladite maison ou d'un appartement de cette maison, le propriétaire ne saurait, en cas de vol d'une bicyclette placée dans la remise, être rendu responsable que si la preuve est faite par le locataire que le vol a eu pour cause le défaut de surveillance ou la négligence du propriétaire ou de ses préposés, notamment de son concierge. Et si, en pareil cas, la clef de la remise a été déposée entre les mains du concierge, comme cela n'a pu avoir lieu que par le fait du locataire, pour sa commodité et à ses risques et périls, la responsabilité du vol doit être mise à la charge du concierge et non à celle du propriétaire.

SECTION IV. — Animaux domestiques.

629. La jurisprudence décide que la clause du bail par laquelle le preneur s'oblige à n'avoir chez lui « aucun animal domestique, tel que chien, chat, perroquet ou autre, qui pourrait être désagréable ou nuisible aux autres locataires », ne saurait être considérée comme l'interdiction formelle et absolue pour le preneur d'avoir chez lui aucun chien, chat et perroquet ; elle doit être interprétée en ce sens, que ces animaux domestiques ne sont interdits que dans le cas où ils seraient désagréables ou nuisibles aux autres locataires. En conséquence, il n'y a pas lieu de condamner le preneur, à la demande du propriétaire, à supprimer, des lieux loués, un petit chien qu'il y possède, si celui-ci n'a jamais fait l'objet d'aucune plainte, réclamation ou même observation de la part des autres locataires.

630. Dans le même sens, on admet que la clause d'un bail, par laquelle le preneur s'engage à ne *laisser circuler* dans la maison ni chien, ni chat ou tout autre animal domestique, doit être interprétée à la lettre. Il en résulte que le locataire peut avoir des chiens, pourvu qu'il ne les laisse pas circuler et que, par suite, il peut soit les enfermer dans ses appartements, soit les tenir en laisse dans la maison (Trib. civ. de Lyon, 16 juill. 1903 ; *Mon. jud. de Lyon*, 29 mars 1904).

631. Il a été jugé encore que la clause d'un bail stipulant que le preneur ne pourra avoir dans son appartement, ni laisser circuler dans la cour ou dans les escaliers, « aucun animal, même tenu en laisse, dont puissent se plaindre les autres locataires », n'implique pas pour les locataires de la maison l'interdiction absolue d'avoir des chiens dans leurs appartements ; elle suppose qu'il existe une plainte d'un colocataire, plainte qui n'est pas l'effet d'un simple caprice, la présence d'un chien étant réellement pour ce locataire un trouble de jouissance ou un danger compromettant sa propre sécurité et celle de sa famille. Il importe peu, à cet égard, que la concierge de la maison ait été mordue par le chien du locataire au moment où elle entrait, le soir, dans le jardin entièrement clos de grilles dépendant de l'hôtel annexe de l'immeuble occupé par ce locataire : ce fait isolé et les circonstances où il s'est produit ne permettent pas de considérer l'animal comme dangereux et ne justifient pas une demande en résiliation de bail.

632. Par contre, lorsqu'un locataire, malgré la clause de son bail lui interdisant d'avoir des animaux susceptibles de gêner les autres locataires, et malgré les défenses réitérées du propriétaire, conserve dans son appartement un chien qui est une cause de gêne pour ses voisins et dont ceux-ci se sont plaints, le propriétaire est fondé à réclamer en justice la résiliation du bail.

5*

SECTION V. — Usage de la façade.

633. Le locataire d'un appartement est, à moins de stipulations contraires, locataire de la partie extérieure de la façade qui correspond à l'appartement loué, depuis le niveau du plancher jusqu'à la hauteur du plafond. Il est donc fondé à demander la suppression de l'enseigne et des tentes établies par un autre locataire sur la partie extérieure de la façade correspondant aux locaux dont il lui a été fait bail, alors surtout que l'enseigne gêne la vue et enlève le jour d'une partie de son appartement.

634. Et le droit du preneur existe encore que l'état de choses critiqué ait été autorisé par lui au profit du prédécesseur de l'autre locataire, si l'autorisation n'avait été donnée qu'à titre de tolérance provisoire et révocable. Il importerait peu, à plus forte raison, que cet état de choses existât au jour de l'entrée en location, le nouveau locataire ayant pu le considérer comme une simple tolérance de la part du précédent occupant.

635. Le locataire n'a pas droit à des dommages-intérêts vis-à-vis de son propriétaire, à raison de l'affichage qui a été pratiqué sur les murs correspondant aux lieux loués, s'il n'établit pas qu'un préjudice lui ait été causé par ce fait.

636. Mais le propriétaire a la libre disposition de toutes les parties de la façade derrière lesquelles ne se trouve aucun local loué à un preneur déterminé.

SECTION VI. — Eaux, éviers.

637. Lorsqu'une clause du bail met à la charge du preneur le payement de l'abonnement à l'eau de la ville, le preneur doit supporter les frais de l'acquisition d'un compteur imposée aux abonnés par une décision de l'autorité municipale postérieure à la conclusion du bail.

638. Le locataire qui, au moyen d'un dispositif placé par lui intentionnellement, maintient constamment ouvert le robinet placé dans sa cuisine au-dessus d'un évier et provoque ainsi un écoulement d'eau constant, jour et nuit, pendant plusieurs mois, commet un abus de jouissance et crée un danger permanent pour l'immeuble et pour les autres locataires. Par suite, le bailleur est, à bon droit, autorisé par le juge des référés à expulser ce locataire.

639. Sur la question de savoir si la fourniture des eaux de ville doit être considérée ou non comme un accessoire de la chose louée, à la charge du bailleur, V. *supra*, nᵒˢ 84 et s.

SECTION VII. — Réparations locatives.

§ 1ᵉʳ. — Réparations spécifiées
par le Code civil art. 1754, 1756.

640. A. *Cheminées.* — Les réparations à faire « aux âtres, contre-cœurs, chambranles et tablettes des cheminées » sont réputées nécessitées par la faute des locataires ou de leurs gens et, comme telles, mises au nombre des réparations locatives. On ne distingue pas si les chambranles et les tablettes des cheminées sont en menuiserie, en pierre ou en marbre. Dans ces divers cas, si les objets sont cassés ou fêlés, ou détériorés d'une manière quelconque, le locataire en est responsable. — L'art. 1754 C. civ. ne parle pas des croissants, placés à droite et à gauche du foyer pour retenir les pelles et pincettes. Mais leur entretien et conservation sont également à la charge du locataire.

641. B. *Recrépiment des murailles.* — La loi met au nombre des réparations locatives le recrépiment du bas des murailles des appartements et autres lieux d'habitation, à la hauteur d'un mètre.

642. C. *Pavés et carreaux, parquets.* — La loi met à la charge du locataire les réparations à faire aux pavés et carreaux des chambres, dans le cas où il y en a seulement quelques-uns de cassés. Lorsque tous ou presque tous les pavés ou carreaux sont cassés, la présomption est que cette dégradation a une cause qui ne peut être imputée à la faute du locataire ; il n'en est donc pas responsable. Lors, au contraire, qu'il y en a seulement quelques-uns de cassés, il y a présomption que c'est le locataire qui les a cassés, et le rétablissement en est à sa charge. Peu importe, du reste, que les pavés et carreaux soient de terre cuite, de pierre ou de marbre.

643. On doit décider à l'égard des *parquets* comme à l'égard des pavés et carreaux. Lorsque quelques panneaux seulement ont été brisés ou enfoncés, le locataire en est tenu. Mais il en est autrement si un parquet se trouve détérioré *en totalité* ou du moins *en grande partie :* le locataire n'est pas présumé l'auteur de la dégradation, à moins que le propriétaire ne prouve qu'elle doit être imputée au locataire.

644. On doit appliquer aux pavés des escaliers des règles analogues : si les marches sont carrelées, les carreaux cassés ou déplacés sont à la charge du locataire, lorsque quelques-uns seulement sont dégradés.

645. La règle établie par l'art. 1754 C. civ. pour les pavés et carreaux des chambres ne doit pas être appliquée aux pavés des grandes cours ou des écuries : lorsqu'il s'y trouve des pavés dégradés, on ne doit pas en attribuer la faute au locataire ; il n'en est donc pas responsable. Il en est de même pour le pavé des remises, bûchers, halliers, etc. Au contraire, dans les petites cours où il n'entre pas de voitures, les pavés cassés sont censés l'avoir été par la faute du locataire, et, par conséquent, les réparations sont à sa charge. Mais, si les pavés dont il s'agit étaient seulement ébranlés, le locataire n'en serait pas responsable.

646. D. *Vitres.* — Le remplacement des vitres cassées ou fêlées est aussi à la charge du locataire, à moins qu'elles ne soient cassées par la grêle ou autres accidents extraordinaires et de force majeure. Le locataire serait même tenu de faire remplacer les vitres brisées par la grêle, s'il y avait des contrevents qu'il eût négligé de fermer au moment de l'orage.

647. E. *Portes, cloisons, serrures.* — L'art. 1754 C. civ. déclare encore locatives les réparations à faire aux *portes, croisées, planches de cloison ou de fermeture de boutiques,* *gonds, targettes et serrures.* Lorsque quelques-uns de ces objets manquent, ou qu'il s'en trouve de détachés par violence, ou de cassés ou endommagés autrement que par vétusté ou par leur mauvaise qualité, le locataire est obligé de réparer ceux qui sont susceptibles de réparation, et de remplacer ceux qui manquent ou qui ne peuvent se réparer.

648. Le locataire qui fait percer une chatière dans une porte est tenu de faire remettre la planche entière où le trou a été pratiqué.

649. F. *Puits.* — Le propriétaire a la charge du curement des puits (C. civ. 1756). L'entretien des cordes, des seaux et des poulies incombe, en vertu de l'usage, au locataire ; il en est de même de l'entretien des mains en fer et des pompes.

650. G. *Fosses d'aisances.* — Le curement des fosses d'aisances est à la charge du bailleur, s'il n'y a clause contraire dans le bail ou usage contraire (C. civ. 1756) ; l'usage est généralemeut conforme à la loi ; il en est notamment ainsi à Paris, Lyon, Marseille et Nancy.

§ 2. — Réparations non spécifiées par le Code civil.

651. *Éviers, tuyaux, pompes.* — Si, pendant la durée du bail, les *pierres à laver la vaisselle* sont cassées ou écornées, c'est au locataire à les réparer ou à les remplacer, s'il y a lieu. — Au contraire, l'entretien du tuyau de plomb qui, dans l'évier, est destiné à l'écoulement des eaux, n'est point à la charge du locataire. Il en est de même de la soudure en mastic qui attache le tuyau à la pierre. — Mais, lorsque la petite grille qui empêche l'engorgement du tuyau vient à être enfoncée ou rompue, le locataire est obligé de la réparer.

652. Les tuyaux destinés à l'écoulement des eaux pluviales et ménagères doivent être entretenus, non par le locataire, mais par le propriétaire.

653. Quant aux pompes qui servent à tirer l'eau, l'entretien et la réparation du piston, de la tringle qui le fait mouvoir et du balancier sont à la charge du locataire.

654. L'entretien du conduit d'aspiration d'une pompe incombe au propriétaire et non au locataire, alors qu'il n'est pas établi que ce conduit ait été détérioré par le fait ou la faute de ce dernier. Il n'appartient pas davantage au locataire de faire fixer le robinet de la prise d'une pompe au moyen de brides scellées dans la maçonnerie et de protéger la partie extérieure de la pompe par une enveloppe en bois.

655. *Glaces, Sculptures, etc.* — La cassure des *glaces* incorporées à l'appartement rentre dans les réparations locatives, et, par conséquent, le locataire en est responsable, à moins qu'il ne justifie qu'elle provient soit du gonflement des plâtres, soit de l'effort des parquets qui les soutiennent, soit de toute autre cause exclusive de sa faute. — Le locataire répond également des sculptures, des dessus de portes ou autres tableaux, des bordures et autres ornements qui existent dans l'appartement, et qu'il est censé avoir reçus en bon état.

656. *Fourneaux.* — A l'égard des *fourneaux*, l'entretien et les réparations des *murs, voûtes* et *planchers* sont à la charge du propriétaire.

657. *Écuries.* — Dans les écuries, la réparation est à la charge du locataire lorsqu'il existe des dégradations à la maçonnerie des *mangeoires* des chevaux et, notamment, lorsque des trous y ont été faits. — De même, si le devant d'une mangeoire a été rongé par un cheval, le locataire est obligé de la remplacer. — De même encore, si les râteliers, ainsi que les *piliers* et les *barres* qui servent à séparer les chevaux, sont endommagés autrement que par vétusté, force majeure ou mauvaise qualité de la matière, c'est au locataire à les réparer.

658. *Ramonage des cheminées.* — Il a été jugé que le ramonage des cheminées n'est pas une véritable réparation locative, mais plutôt une conséquence de l'obligation générale imposée au locataire d'user de la chose louée en bon père de famille. Envisagée sous l'un ou l'autre de ces aspects, l'obligation de ramonage est généralement considérée par l'usage comme incombant au locataire. Il en est, notamment, ainsi, à Paris (sauf, bien entendu, le ramonage d'un calorifère servant à chauffer une maison occupée par plusieurs locataires (1), — à Lille, — à Bordeaux, — à Marseille, — à Nancy. — Par contre, des usages particuliers et dérogatoires au principe ci-dessus existent dans certaines villes, entre autres Lyon et Toulouse, où le soin du ramonage incombe au propriétaire.

659. *Papiers de tenture, tapisseries.* — Dans les villes où le propriétaire a la charge de les faire placer, la détérioration des papiers de tenture n'est à la charge du locataire que si elle se révèle après une occupation de très courte durée. Au contraire, après un long bail, elle ne saurait être imputée au preneur, étant le résultat naturel et obligatoire d'une habitation prolongée.

660. Ainsi, à Paris, l'obligation pour le locataire de remplacer les papiers de tenture et les peintures, si leur détérioration, même minime, provient de son fait, existe pendant trois ans à partir de l'entrée en jouissance ou de la pose des tentures ou de la confection des peintures. Après ce délai, les détériorations sont présumées provenir de l'usure et de la vétusté, et leurs réparations sont à la charge du propriétaire.

661. A Rennes, après neuf années de jouissance, le propriétaire ne peut rien réclamer au locataire en ce qui concerne le mauvais état des tapisseries. Si, au contraire, la jouissance est inférieure à neuf ans, le locataire doit payer à sa sortie, si le propriétaire l'exige, une indemnité proportionnée à la dépréciation qu'ont pu subir les tapisseries au cours de son bail, sans que l'indemnité en question puisse jamais être une source quelconque de profit pour le propriétaire.

662. Lorsque les papiers de tenture ont été payés par le locataire, suivant l'usage de certaines villes, Lyon, par exemple, le propriétaire n'a évidemment aucun droit à rechercher le preneur à raison de la détérioration de ces papiers, quelle qu'ait été la durée du bail.

663. *Divers.* — Ne constituent pas des réparations locatives selon la loi : les trous faits dans les murs ou plafonds

---

(1) PABON, n° 165.

pour suspendre des tableaux (1), patères, tringles, rideaux, couronnes de lit, ou accrocher à la cuisine les ustensiles de ménage, le trou pratiqué à la porte d'entrée pour y placer un verrou de sûreté, la décoloration ou le ternissement des papiers de tenture, et, pour les peintures murales et les plafonds, surtout dans les cuisines, la patine grise et noirâtre déposée par les fumées ou les poussières, non plus enfin que les dégradations que fait subir le feu aux fourneaux et appareils de chauffage.

664. On doit considérer comme des faits entraînant des grosses réparations et non pas seulement des réparations locatives le mauvais état de la toiture, les fentes et la menace de ruine des plafonds, le salpêtrage des murs qui provoque le décollement des plâtres et la destruction des peintures.

665. *Jardins.* — Lorsqu'un jardin est attaché à la maison louée, son entretien est, en principe, à la charge du locataire. Ainsi, ce dernier doit entretenir en bon état les allées sablées, les parterres, les plates-bandes, les bordures et les gazons. — En ce qui concerne les treillages, portiques de treillages, berceaux, etc., le locataire est bien tenu de réparer ce qui a été cassé par violence, mais non ce qui a été dégradé par les intempéries de l'air, les grands vents ou un long usage.

666. En ce qui touche les bassins, jets d'eau et leurs conduits, les réparations ne sont point, en thèse générale, à la charge du locataire. Mais le locataire serait responsable de leur dégradation si elle provenait de sa faute, notamment s'il avait négligé de vider les bassins et les conduits pendant l'hiver et que la gelée les eût fait crever.

667. Les vases de fleurs et bancs que le propriétaire a placés dans un jardin, et qui se trouvent détériorés, sont présumés, lorsque ces objets sont de faïence, fonte, fer ou bois, avoir été dégradés par la faute du locataire, à moins qu'il n'apparaisse qu'ils l'ont été par vétusté. S'ils sont en

---

(1) Toutefois, à Bordeaux, les locataires doivent, à leur sortie, boucher les trous faits aux murailles pour y clouer des tableaux ou autres objets mobiliers.

marbre, en pierre ou en terre cuite, comme les dégradations peuvent fort bien provenir des intempéries de l'air, le locataire n'en est pas responsable, à moins que le propriétaire ne prouve qu'elles doivent lui être imputées.

668. *Moulins.* — Pour déterminer, à l'égard des moulins, les réparations qui doivent être considérées comme locatives, il faut s'en rapporter aux usages de chaque localité. — A défaut d'usages spéciaux dans la localité, on suit les usages de l'ancienne coutume de Paris qui forment à peu près le droit commun sur ce point. — Suivant ces usages, on doit estimer, au moment de l'entrée en jouissance du locataire, la valeur de tous les objets nécessaires à l'exploitation des moulins, puis l'estimer de nouveau au moment où finit le bail, en tenant compte non pas seulement de la valeur vénale des objets, mais de leur état actuel, comparativement à leur état au moment où le bail a commencé. Cette opération est connue sous le nom de *prisée de moulins.*

669. Si la comparaison des deux estimations constate une augmentation de valeur, le propriétaire rembourse au locataire la différence. Dans le cas contraire, le locataire paye au propriétaire la moins-value.

670. Sont réputées locatives les réparations à faire aux *palées*, aux *vannes*, aux *tournants* et aux *travaillants*.

671. *Usines.* — L'usage de faire estimer le matériel à l'entrée du locataire, pour faire tenir compte au preneur de la plus-value ou au bailleur de la moins-value du matériel à la fin du bail, n'existe qu'à l'égard des moulins et ne s'impose pas en matière de bail d'usines.

672. Mais souvent, en fait, les parties se soumettent à cet usage lorsqu'elles passent bail d'une usine dont le matériel doit faire l'objet de réparations fréquentes; et dans ce cas, où le bail porte le nom de *bail à la prisée,* les règles suivies en ce qui concerne les moulins doivent être appliquées.

§ 3. — Contestations relatives aux réparations locatives.

673. Le propriétaire a droit, en principe, de procéder, dès le jour où le bail expire, à la vérification de l'état des lieux pour déterminer quelles sont les réparations incombant au preneur. Toutefois, lorsqu'un usage constant accorde à ce dernier un délai pour vider les lieux, la vérification ne doit avoir lieu qu'à l'expiration dudit délai. Notamment, à Paris, quoique le bail porte que la location cessera le premier jour d'un des trimestres de janvier, avril, juillet ou octobre, celle-ci, dans l'usage de Paris, ne doit prendre fin que le 15 du mois, si le prix en est supérieur à 400 francs ; l'énonciation du bail dont s'agit n'est qu'une clause de style. Dès lors, le propriétaire commet une faute en pénétrant chez son locataire à son insu, avant le 15 du mois, pour faire dresser un état des réparations locatives.

674. D'après l'art. 135 C. pr. civ., le jugement qui ordonne à un locataire d'exécuter des réparations que la loi met à sa charge (C. civ. 1754) est susceptible d'exécution provisoire, si ces réparations sont *urgentes*.

CHAPITRE X

DE L'HABITATION DITE « BOURGEOISE » DES IMMEUBLES URBAINS

SECTION Ire. — Principes.

675. Le locataire tenu d'habiter bourgeoisement ne peut exercer dans l'immeuble aucune industrie ni faire aucun changement susceptible de diminuer ou supprimer le caractère que le bailleur tient à conserver à sa maison.

676. Il ne saurait, notamment, indiquer au public la profession qu'il exerce par des enseignes ou écriteaux dont le nombre et la nature ne seraient pas en harmonie avec le caractère général de la maison. Ainsi, lorsque dans un immeuble loué en partie bourgeoisement et en partie au commerce, une personne a pris à bail un appartement avec clause qu'elle l'occuperait bourgeoisement, mais qu'elle aurait le droit d'exercer dans les lieux loués la profession de représentant de commerce, cette personne n'a pas le droit d'apposer des lettres mobiles sur son balcon ou une enseigne au fond de la cour, mais seulement de placer deux plaques en marbre noir avec lettres dorées à l'entrée de l'immeuble, sur la paroi intérieure du mur, à droite et à gauche, si, d'ailleurs, tel est l'usage de la maison. En effet, quand aucune clause du bail n'indique exactement les droits du locataire en ce qui concerne la pose des écriteaux et des enseignes, ces droits ne peuvent être différents de ceux des autres locataires ; le nouveau locataire doit se conformer à ce que font les autres (Trib. civ. de la

Seine, 2 janv. 1908, *Rec. de la Gazette des Trib.*, 1908. 2. 2. 378).

SECTION II. — Applications:

§ 1. — Stipulation
au bail de la clause d'habitation bourgeoise.

677. L'obligation pour le preneur d'habiter les lieux bourgeoisement implique pour le bailleur l'obligation corrélative de ne louer le surplus de l'immeuble que dans les mêmes conditions. En conséquence, le locataire dont le bail impose une semblable obligation, peut se plaindre de la location consentie à une couturière, dont les plaques indicatrices de sa profession et les stores couverts d'inscriptions commerciales modifient essentiellement le type bourgeois de l'immeuble.

678. Le bailleur exciperait en vain de la présence dans l'immeuble d'un médecin, d'un courtier lapidaire et d'un institut de beauté qui ne se révèlent au public par aucun signe extérieur. Il n'est pas fondé davantage à invoquer l'occupation du rez-de-chaussée par un emballeur et une blanchisseuse, étant d'usage constant que le rez-de-chaussée de tels immeubles peut être occupé par des boutiques qui n'en dénaturent pas le caractère.

679. Les locataires d'un immeuble, tenus de l'occuper bourgeoisement, paisiblement et honorablement, ont le droit de compter sur une jouissance de même nature, tant en ce qui concerne l'immeuble même qu'ils occupent, qu'en ce qui concerne une impasse commune qui en est la dépendance. Par suite, ils sont en droit de réclamer des dommages-intérêts au propriétaire d'autres immeubles situés dans l'impasse, si ce propriétaire fait de cette dernière, en l'utilisant pour l'entrée et la sortie du personnel de magasins ayant façade sur une autre rue et en y autorisant le stationnement de voitures de commerce attelées, une véritable cour de service et de manutention.

680. Le locataire qui a stipulé dans son bail que la maison dans laquelle il entre ne pourrait être occupée que bourgeoisement a droit de s'opposer à ce que le surplus de cette maison soit loué en hôtel garni.

681. Toutefois, les principes ci-dessus ne sont pas absolus, et la question du droit à l'habitation bourgeoise est, en définition, une question de pur fait. Ainsi que l'a jugé la Cour de cassation, le 24 mars 1908 (D. P. 1908. 1. 240), il se peut, en raison des circonstances, que la clause d'un bail imposant au locataire d'une partie d'un hôtel l'obligation d' « habiter les lieux loués bourgeoisement comme l'est le reste de l'hôtel », doit être comprise comme une charge imposée spécialement et exclusivement au locataire et, par suite, n'interdise pas au bailleur de louer d'autres parties de l'immeuble avec une affectation commerciale.

682. D'autre part, si l'obligation de jouir et habiter bourgeoisement est réciproque et peut engager le propriétaire aussi bien que le locataire, il convient de ne pas étendre outre mesure la portée de cette obligation à l'encontre du bailleur. Spécialement, lorsque ce dernier est propriétaire de deux corps de bâtiment voisins, mais séparés par un *hall* aussi large qu'une rue ordinaire et desservi par des escaliers spéciaux, le locataire d'un appartement situé dans l'un de ces corps de bâtiment, auquel est imposée l'obligation de jouir bourgeoisement, ne peut demander la résiliation de son bail sous prétexte que son bailleur aurait loué des chambres garnies dans l'autre corps de bâtiment. Il en est ainsi, bien que les deux corps de bâtiment soient surveillés par le même concierge (Trib. civ. de la Seine, 4 mai 1901, *Rec. de la Gazette des Trib.*, 1901. 2. 2. 178).

§ 2. — Réserves faites par le propriétaire.

683. Le preneur ne saurait se plaindre de ce que les autres parties de la maison ne sont pas habitées bourgeoisement, lorsqu'il est tenu par son bail de supporter les locations qui pourraient être consenties par le propriétaire à des commerçants ou à des industriels.

684. La clause d'un bail par laquelle le bailleur, tout

en imposant au preneur l'obligation d'habiter bourgeoisement l'appartement loué, s'est réservé le droit de louer les autres appartements de l'immeuble « pour le commerce », doit s'interpréter en ce sens que ces appartements ne peuvent être loués qu'à des commerçants exerçant un commerce d'appartement.

685. Spécialement, le bailleur ne peut s'autoriser de cette clause pour louer deux appartements de son immeuble à un grand magasin de nouveautés. Les conséquences de cette location, consistant notamment dans l'ouverture constante des portes des magasins sur l'escalier, dans la circulation incessante dans cet escalier d'employés et de clients munis de paquets, dans le tumulte et le désordre résultant de ces allées et venues, autorisent les autres locataires à demander la résiliation de leur bail.

§ 3. — Absence de stipulation au bail.

686. Dans ce cas, les tribunaux, saisis de la demande du locataire à fin de suppression de la location consentie par le bailleur, en apprécient le bien ou le mal fondé suivant l'importance et la situation de l'immeuble, le caractère des locations précédemment consenties dans le même immeuble, le préjudice qui peut résulter pour le plaignant de la location incriminée, l'inconvénient que celle-ci présente au point de vue de la sûreté, de la tranquillité, de la bonne tenue de la maison.

687. C'est ainsi qu'il a été jugé que le locataire d'un étage d'une maison habitée bourgeoisement a le droit de demander la résiliation de son bail avec dommages-intérêts, à raison de la location postérieure d'un autre étage à un cercle...

688. ... ou que, lorsqu'une maison est occupée exclusivement par des locataires commerçants ou habitant bourgeoisement, l'installation ultérieure d'un hôtel meublé constitue un trouble à la jouissance des locataires, les autorisant à exiger du propriétaire la suppression de l'établissement, à peine de dommages-intérêts.

689. De même l'installation, dans une maison habitée bourgeoisement, d'une école d'enfants constitue un trouble dont le preneur est autorisé à demander la suppression.

690. Ou bien, c'est l'établissement d'un bureau de bienfaisance dans l'immeuble loué qui constitue, par l'affluence des personnes qui y ont recours, une atteinte à la jouissance d'un autre locataire et autorise celui-ci à demander contre le bailleur, qui a permis cet état de choses, une diminution de loyers, limitée au temps pendant lequel le bureau de bienfaisance existera dans l'immeuble.

691. Par contre, les tribunaux ont décidé qu'un propriétaire ne peut être considéré comme troublant la jouissance de son locataire, par cela qu'il laisse sous-louer, garnis et meublés, d'autres appartements de la même maison qu'il a loués postérieurement au bail de ce locataire, et qui, auparavant, étaient habités bourgeoisement, s'il n'y a, à cet égard, aucune interdiction dans le bail, et si le locataire ne justifie d'aucun préjudice. En conséquence, ce dernier ne peut pas exiger que le propriétaire fasse cesser les sous-locations. Il est cependant fondé à demander la suppression des écriteaux ou écussons apposés à l'extérieur de la maison et ayant pour objet d'indiquer la location des appartements meublés, cet affichage étant de nature à lui causer un trouble en permettant à tout étranger de s'introduire dans la maison sous prétexte de visiter les appartements meublés, ou en facilitant des locations passagères et de courte durée à des personnes de moralité douteuse.

692. De même, le seul fait de l'installation d'un cercle dans un immeuble ne suffit pas à justifier une demande de résiliation de bail ou de diminution de loyer de la part des autres locataires. Et la preuve d'un abus de jouissance et d'un trouble est nécessaire pour établir, dans ce cas, une demande de dommages-intérêts.

CHAPITRE XI

INDEMNITÉ DUE AU BAILLEUR EN CAS DE RÉSILIATION PAR LA FAUTE DU LOCATAIRE

SECTION Ire. — Règles générales.

693. Lorsque le bail est résilié par la faute du locataire, celui-ci doit, aux termes de l'art. 1760 C. civ., payer au bailleur une double indemnité. Cette indemnité comprend, d'abord, le prix du bail pendant le temps nécessaire à la relocation, c'est-à-dire, en principe, pendant le temps qui, d'après l'usage des lieux, doit s'écouler entre le congé et la fin du bail. Tandis que, dans les cas ordinaires, l'évaluation des dommages-intérêts est abandonnée à l'appréciation du juge, la loi a établi, pour ce cas spécial, une règle fixe dont il n'est pas permis aux magistrats de s'écarter.

694. Toutefois les tribunaux peuvent, suivant les circonstances, condamner le preneur à payer le loyer pendant un temps plus long ou plus court. Si, avant que l'indemnité soit fixée, le bailleur avait reloué les lieux, il ne pourrait obtenir le prix du loyer pour le temps postérieur à la relocation. Le bailleur ne pourrait pas davantage demander que le droit au bail soit vendu aux enchères publiques et le preneur condamné à lui payer la différence entre le prix de la vente et le montant du bail originaire.

695. De même, l'indemnité n'est pas due si le bailleur reprend lui-même, sans y être contraint, et parce qu'il y trouve avantage, la jouissance des lieux loués.

696. L'indemnité comprend ensuite, s'il y a lieu, des dommages-intérêts que les juges fixent conformément au droit commun.

SECTION II. — Usages.

697. *Paris.* — L'indemnité que doit payer le locataire est égale au montant du loyer pendant trois mois, six mois ou six semaines, suivant chaque espèce de location (1).

698. *Lyon.* — L'indemnité totale est de deux termes de location, de trois ou six mois chacun, suivant que le loyer se paye tous les trois mois ou tous les six mois.

699. *Nancy.* — En cas de résiliation du bail d'un appartement par la faute du locataire, celui-ci doit *trois mois* de loyer. — Pour les logements d'ouvriers ou ceux dont le chiffre de location rentre dans la compétence du juge de paix, celui-ci n'accorde pas de dommages-intérêts.

---

(1) Pabon, n° 278.

CHAPITRE XII

HOTELS ET APPARTEMENTS MEUBLÉS

SECTION Ire. — Règles générales.

700. La location des maisons meublées est soumise à
la plupart des règles qui régissent celle des maisons louées
en vide. On entend par maisons ou appartements meublés
ceux dont la jouissance exclusive est réservée au locataire
sans que le propriétaire ait à assurer le service de la maison ou de l'appartement et en ait conservé une clef. Quand
le propriétaire conserve le service de l'appartement ainsi
que la clef, il n'y a plus une véritable location, mais
plutôt une sorte de contrat innommé qui est le même que
celui qui intervient entre hôtelier ou logeur et voyageur (1).

701. Lorsque le prix d'un *appartement meublé* est fixé
à tant par an, par mois ou par jour, le bail est censé fait
pour un an, pour un mois ou pour un jour, et prend fin
de plein droit à l'expiration de cette durée *sans congé préalable.* Si, au contraire, rien ne constate que le bail soit fait
à tant par an, par mois ou par jour, la location est régie
par l'usage des lieux (C. civ. 1758). Ainsi, cet article pré-
voit deux hypothèses distinctes : celle d'une location faite
à l'année, au mois, à la semaine (bien que l'article ne
le dise pas expressément), au jour, et celle d'une location
faite sans cette clause. C'est dans ce dernier cas seulement

---

(1) PABON, n° 312.

que, d'après le vœu de la loi, il faudrait suivre les coutumes locales (V. toutefois l'usage de Paris, *infra*, n° 708).

702. Le preneur d'un appartement meublé ne saurait se substituer un locataire qui ne présenterait pas, par sa position et ses habitudes sociales, les garanties d'ordre et de soins qu'il pouvait présenter lui-même, et que comportent la nature et l'importance de la location.

703. Le bailleur d'un appartement meublé a, comme tout autre locataire, droit au privilège de l'art. 2102, § 1, C. civ.

704. Il n'y a aucune époque déterminée pour l'entrée en jouissance des appartements meublés. L'usage est que le prix de la location soit payé d'avance; cette précaution se comprend, le propriétaire n'ayant pas les meubles du locataire comme garantie du loyer.

705. Au moment de l'entrée en jouissance d'une maison ou appartement meublé, il est généralement dressé entre les parties un inventaire en double expédition des meubles et effets appartenant au propriétaire, avec la description de leur état et le montant de leur valeur fixée amiablement. A la sortie, le locataire doit représenter tous les objets qui se trouvent sur l'inventaire et dans le même état, sauf l'usure; les objets non représentés sont payés par le locataire suivant l'estimation de l'inventaire, s'il y en a eu une, déduction faite de la dépréciation ayant pu résulter de l'usure et, à défaut d'estimation, à dire d'expert (1).

706. Le locataire d'une maison meublée est tenu personnellement et sans recours contre le bailleur, en cas de réquisition, au logement des militaires et aux frais qui en sont la conséquence.

707. L'obligation de déclarer les baux verbaux pour la perception du droit proportionnel d'enregistrement ne s'applique pas aux baux d'appartements meublés.

---

(1) Pabon, n° 322.

SECTION II. — Usages.

708. *Paris.* — L'usage déroge à la règle édictée par l'art. 1758 C. civ. (V. *supra*, n° 701). Alors même que la location a été faite à tant par mois ou par jour, un congé est toujours nécessaire pour la faire cesser. La location au jour cesse par l'avertissement donné le jour même de l'avertissement, avant midi ; la location à la semaine cesse par l'avertissement donné le quatrième jour après l'entrée, avant midi ; la location à la quinzaine cesse par l'avertissement donné le huitième jour après l'entrée, avant midi ; la location au mois cesse par l'avertissement donné le quinzième jour après l'entrée, avant midi (1).

709. Il suit de là que si le locataire part sans avoir donné les congés ci-dessus, il est tenu de payer une indemnité égale au loyer pendant un jour, une semaine, quinze jours ou un mois, suivant que sa location est au jour, à la semaine, à la quinzaine ou au mois (2).

710. L'usage a introduit, en faveur des officiers et militaires en garnison, une exception à la règle de réciprocité d'obligations de donner congé pour les chambres, logements et appartements loués en garni. Les officiers et militaires qui reçoivent un ordre de déplacement ne sont tenus, envers les hôteliers, à aucun congé, tandis que les bailleurs leur doivent le congé ordinaire (3).

711. *Marseille.* — Les baux d'appartements meublés sont censés faits au mois, et la location se prolonge de mois en mois, tant qu'il n'y a pas eu de notification de congé. — Le congé doit être donné huit jours avant l'expiration du mois compté de date à date.

712. *Bordeaux.* — Les baux des maisons de campagne meublées, pour la saison d'été, commencent le 1ᵉʳ mai et finissent le 1ᵉʳ novembre, à défaut de convention contraire.

713. *Rennes.* — Dans les régions côtières du département d'Ille-et-Vilaine, le prix de loyer des villas et appar-

---

(1 à 3) PABON, nᵒˢ 315, 316, 321.

tements meublés, loués pendant la saison balnéaire, est payé par le locataire moitié le jour de son entrée en jouissance et le surplus au milieu de la période pour laquelle la location a été faite.

714. *Lille.* — Les usages pour les appartements non meublés s'appliquent également aux locataires d'appartements ou de chambres meublés.

CHAPITRE XIII

LOGEMENTS EN GARNI, HOTELS, AUBERGES

SECTION Ire. — Définition et réglementation communes.

§ 1er. — Définition.

715. « On désigne sous les noms d'hôteliers, aubergistes ou logeurs les personnes qui, moyennant une rétribution, fournissent à des tiers le logement dont ils assurent en même temps le service ; il n'est pas indispensable, pour être compris dans la catégorie d'hôtelier, d'aubergiste ou de logeur, de fournir à la fois la nourriture et le logement ; il suffit que le logement soit fourni, mais sous la condition expresse que le logement reste sous la surveillance et sous la clef du logeur qui en assure le service. C'est là le point essentiel... Dans le contrat d'hôtellerie, l'hôtelier, l'aubergiste ou le logeur ne donne point un appartement ou une chambre en location ; il concède simplement au voyageur le droit de loger dans cet appartement ou cette chambre ; en un mot, il lui fournit simplement le gîte, mais il reste lui-même en possession de la chambre ou de l'appartement dont il a la clef et dont, généralement, il fait le nettoyage et le service » (1).

---

(1) PABON, n° 333.

§ 2. — Réglementation commune.

716. A. *Registre.* — L'art. 475, § 2, C. pén. impose aux aubergistes, hôteliers, logeurs ou loueurs de maisons garnies, l'obligation de tenir des registres sur lesquels ils inscrivent les noms, qualités et domicile habituel, dates d'entrée et de sortie de toutes personnes qui couchent ou passent une nuit dans leurs maisons. Cette obligation incombe même à ceux qui, sans exercer la profession d'aubergiste ou de logeur, sans être assujettis à la patente applicable à cette profession, louent dans leur maison des chambres garnies à des personnes non sédentaires.

717. Les hôteliers, logeurs, aubergistes, etc., ne sont pas assujettis à faire l'inscription au moment même de l'arrivée des voyageurs ; elle est faite en temps suffisant, si elle a lieu immédiatement après la première nuit passée dans l'hôtellerie ou l'auberge. L'autorité municipale a le droit, en vertu de ses pouvoirs de police, de prendre des mesures qui ne sont que le développement ou la mise à exécution de ces prescriptions.

718. L'art. 475 précité se bornant à exiger que les registres soient tenus régulièrement, des arrêtés municipaux précisent habituellement les conditions nécessaires pour assurer cette régularité. La formule est donnée par le maire. Les mentions à inscrire sur le registre sont celles indiquées par l'art. 475, § 2, C. pén., complété par les arrêtés municipaux. Toute personne ayant couché dans la maison doit être inscrite.

719. Les aubergistes, hôteliers, etc., sont, en outre, assujettis à l'obligation de représenter leurs registres aux époques fixées, et suivant le mode prescrit par les arrêtés municipaux, ou, lorsqu'ils en sont requis par les maires, adjoints, commissaires de police ou par les citoyens commis à cet effet par l'autorité municipale.

720. On doit déclarer applicable aux logeurs en garni l'art. 73 du Code pénal aux termes duquel les aubergistes et hôteliers, convaincus d'avoir logé plus de vingt-quatre heures quelqu'un qui, pendant son séjour, a commis un crime ou un délit, sont civilement responsables envers la victime de ce crime ou délit, faute par eux d'avoir inscrit leur locataire sur leur registre.

721. Il importe peu, d'ailleurs, que le locataire ait, ou non, séjourné ou passé la nuit dans la chambre garnie, du moment que, plus de vingt-quatre heures avant l'infraction, il a eu la libre disposition de ce local. Et cette responsabilité du logeur ne comporte aucune atténuation en cas de faute de la part de la victime du crime ou délit, quelque lourde qu'ait été cette faute, et quelque facilité qu'il en soit résulté pour l'accomplissement du fait constitutif de ce crime ou de ce délit.

722. B. *Responsabilité des objets apportés par les personnes logées.* — Les hôteliers ou aubergistes sont responsables des objets apportés par les personnes qui logent chez eux (C. civ. 1952). Il en est de même pour les logeurs en garni, à l'égard des personnes qu'ils reçoivent à titre temporaire et passager. — L'hôtelier est responsable de tous les effets apportés par le voyageur dans son hôtellerie, sans distinction entre ceux remis entre ses mains et ceux apportés par le voyageur dans la chambre qu'il a louée. Le mot *effets* est une expression générique, qui comprend les marchandises, les animaux et tous autres objets.

723. Une loi du 18 avr. 1889 (D. P. 89. 4. 47) a restreint à 1 000 francs la responsabilité des hôteliers pour les espèces monnayées et les valeurs ou titres au porteur de toute nature non déposés réellement entre leurs mains. Les termes de la loi sont limitatifs : ainsi la restriction qu'ils consacrent ne s'étend pas aux bijoux ou autres objets précieux dont le voyageur était accompagné. En ce qui concerne ces objets, la responsabilité de l'hôtelier n'est pas renfermée dans les limites tracées par la loi de 1889 ; on admet, toutefois, que cette responsabilité n'est pas indéfinie, qu'elle est limitée à la valeur des objets que le voyageur pouvait, suivant sa condition, être présumé avoir avec lui.

724. Ces atténuations ne sont, d'ailleurs, pas applicables au cas où la perte ou le vol est le résultat d'une faute commise par les personnes dont l'hôtelier doit répondre ; celui-ci est alors responsable de la valeur entière des objets précieux, et même des espèces monnayées ou des titres qui n'auraient pas été déposés entre ses mains.

725. La responsabilité de l'hôtelier cesse s'il prouve que le dommage survenu chez lui est dû à un accident de force majeure ; elle peut encore être atténuée et même complètement annihilée par la faute ou l'imprudence du voyageur ; ainsi, un hôtelier doit être affranchi des consé-quences du vol commis au préjudice d'un voyageur qui a laissé, sans le prévenir, des marchandises dans un corridor ouvert à tout venant et échappant à sa surveillance, mais non de la disparition de bijoux contenus dans une sacoche enfermée par le voyageur dans une armoire dont il a pris la clef, et cela quand bien même il aurait laissé la clef sur la porte de sa chambre.

726. Dans tous les cas, l'hôtelier ne peut cesser d'être responsable qu'autant que l'auteur du vol est un étranger et non un domestique de l'hôtel.

727. L'hôtelier ne peut, pour dégager ou limiter sa responsabilité, se prévaloir d'un avis affiché dans les chambres de l'hôtel, indiquant les mesures de précaution à prendre par les voyageurs et la valeur jusqu'à concur-rence de laquelle il entend être responsable : un tel avis ne lie pas les voyageurs. Toutefois, les tribunaux peuvent, suivant les circonstances, considérer que le voyageur, ayant pris connaissance de l'avis, a commis une faute en ne s'y conformant pas.

728. C. *Privilège.* — L'aubergiste a le droit de se faire payer de ses fournitures par préférence à tous les autres créanciers du voyageur qui loge chez lui, sur les effets que ce voyageur a transportés dans l'auberge. Le privilège s'étend même aux effets qui ne seraient pas la propriété du voyageur, si l'aubergiste avait ignoré qu'ils apparte-naient à des tiers et, si, d'ailleurs, il ne s'agissait pas d'objets perdus ou volés. L'aubergiste ne conserve son pri-vilège qu'à la condition que les effets du voyageur restent déposés dans l'auberge ou dans les lieux qui en dépendent.

— Le privilège peut être invoqué par les logeurs en garni pour la créance résultant du logement qu'ils fournissent.

729. D. *Prescription.* — L'action des hôteliers et traiteurs, à raison du logement et de la nourriture qu'ils fournissent, est prescrite par six mois.

730. E. *Objets abandonnés ou laissés en gage.* — Le sort des objets abandonnés ou laissés en gage par les voyageurs aux aubergistes, hôteliers et logeurs, a été réglementé par la loi du 31 mars 1896. D'après ce texte (art. 2), ces objets peuvent être vendus par l'hôtelier dans les conditions suivantes : le dépositaire présente au juge de paix du canton où les effets mobiliers ont été laissés en gage ou abandonnés une requête qui énonce les faits et désigne les objets avec leur valeur approximative.

731. L'ordonnance du juge, mise au bas de la requête, fixe le jour, l'heure et le lieu de la vente ; celle-ci doit être faite par les soins d'un officier public et, sauf le cas d'extrême urgence, ne peut avoir lieu que six mois après le départ constaté du voyageur. Elle est annoncée huit jours à l'avance par affiches apposées dans les lieux indiqués par le juge. — L'officier public commis par le juge prévient huit jours à l'avance, par lettre recommandée, le voyageur des lieu, jour et heure de la vente, dans le cas où son domicile est connu. La vente a lieu aux enchères, et il y est procédé alors même que le déposant n'y assisterait pas.

732. Le propriétaire peut s'opposer à la vente par exploit signifié au dépositaire. Cette opposition emporte de plein droit citation à comparaître à la première audience utile du juge de paix qui a autorisé la vente. Le juge statue dans le plus bref délai. Le produit de la vente, après prélèvement des frais, est déposé à la Caisse des dépôts et consignations, et le montant en est acquis au Trésor, au bout de deux ans.

733. F. *Contestations, Compétence.* — Les juges de paix prononcent sans appel jusqu'à la valeur de 300 francs et, à charge d'appel, jusqu'à la valeur de 1 500 francs, des contestations entre les hôteliers, aubergistes ou logeurs et les voyageurs ou locataires en garni, leurs répondants ou cautions, pour dépense d'hôtellerie et perte ou avarie d'effets déposés dans l'auberge ou dans l'hôtel (L. 12 juill. 1905, art. 2).

SECTION II. — Jurisprudence et usages spéciaux
aux logements en garni.

§ 1. — Jurisprudence.

734. L'obligation de garnir les lieux loués de meubles suffisants (C. civ. 1752) n'existe pas en ce qui concerne les appartements garnis. C'est au bailleur à se procurer, pour les baux de ces appartements, d'autres sûretés, en exigeant, notamment, que le loyer soit, en tout ou partie, payé d'avance, ou que le preneur apporte des vêtements de nombre et de qualité suffisante.

735. Dans tous les cas et nonobstant toute déclaration de leur part, les propriétaires ou principaux locataires demeurent responsables de la contribution *personnelle-mobilière* des personnes qu'ils logent en garni.

736. Le fait, par le locataire d'une chambre dans un hôtel meublé, d'y avoir introduit une concubine et d'y avoir cohabité avec elle ne constitue pas, à lui seul, un abus de jouissance autorisant le bailleur à demander la résiliation du bail, alors, d'ailleurs, que le locataire n'a, ni par lui-même, ni par la personne introduite dans son appartement, commis d'actes scandaleux ayant troublé la tranquillité des autres locataires.

737. Les dispositions de l'art. 1758, étant exceptionnelles et ne visant que les appartements meublés, ne doivent pas être étendues à la location d'un hôtel garni (V. *supra*, n° 701).

§ 2. — Usages et règlements locaux.

738. *Paris*. — La police des garnis est réglementée par une ordonnance du 19 oct. 1908.

739. *Rennes*. — Le délai de congé est de quinze jours pour les locations qui sont faites au mois. Toutefois, une exception existe en faveur des militaires en garnison, lesquels, en cas de départ, ne sont pas astreints à donner congé dans le délai ci-dessus, pour les chambres et appartements garnis qu'ils occupent, et ne payent que le mois courant, à la condition de prévenir le loueur aussitôt qu'ils sont eux-mêmes officiellement avisés de leur changement de résidence. Le locataire est tenu, pendant la quinzaine qui précède sa sortie, de souffrir la visite des lieux et l'apposition d'un écriteau à la fenêtre.

740. *Bordeaux.* — Le délai ordinaire pour la sortie des locataires après le congé est de quinze jours. Il est d'usage, pour les locations en garni faites par les officiers ou fonctionnaires, qu'elles cessent de plein droit du jour où le déplacement des locataires est obligatoire.

741. *Toulouse.* — Le congé se donne quinze jours d'avance.

742. *Lyon.* — La durée des baux verbaux des chambres garnies est d'un mois. Le payement de la location se fait en une seule fois, à la fin de chaque mois. Le congé est valablement donné quinze jours à l'avance. L'obligation pour le locataire de souffrir la visite de la chambre commence quinze jours avant la sortie.

743. *Nancy.* — La location des chambres garnies est généralement au mois, et le délai de congé de huit jours.

CHAPITRE XIV

HYGIÈNE DES HABITATIONS URBAINES

SECTION Ire. — Obligations découlant des principes
généraux en matière de louage.

744. Le locataire est tenu d'effectuer où de payer les
travaux d'assainissement des locaux contaminés par une
maladie contagieuse. Et, depuis que les causes de propa-
gation des maladies contagieuses sont mieux connues,
depuis que les lois et règlements imposent l'assainissement des locaux contaminés, l'usage qui consiste à soigner
chez soi ses maladies et celles des membres de sa famille
ne reste normal et conforme à la destination d'un appartement loué, qu'à la condition que les mesures de désinfection soient prises immédiatement.

745. Notamment, le locataire dont un enfant a été
atteint d'une maladie contagieuse (la diphtérie, dans l'espèce) est tenu envers le propriétaire d'effectuer tous les
travaux nécessaires à l'assainissement et à la désinfection
des locaux contaminés. Il doit en être ainsi quand bien
même ni les usages locaux, ni une clause expresse du bail
ne mettent ces mesures à la charge du locataire ; alors,
du moins, qu'il est certain que le germe de la maladie
n'a pas été pris dans l'immeuble même et que le prix du
bail n'a pas été établi en prévision des frais de désinfection que le propriétaire pourrait avoir à faire, le cas
échéant.

746. Si le locataire ne fait pas procéder lui-même
aux mesures d'assainissement, le propriétaire de l'appar-

tement contaminé par la maladie contagieuse est tenu, avant de relouer les locaux, de les faire désinfecter d'une manière sérieuse et efficace, à peine d'être déclaré responsable vis-à-vis du locataire entrant ; ce dernier refuserait à bon droit de prendre possession du local et pourrait au besoin obtenir la résiliation du bail.

747. La désinfection doit être sérieuse et complète ; le propriétaire ou le locataire, suivant les cas, pourraient être déclarés responsables de son insuffisance.

SECTION II. — Loi du 15 février 1902.

§ 1ᵉʳ. — Principales prescriptions. — Pouvoirs des maires.

748. Dans toute commune, le maire est tenu, afin de protéger la santé publique, de déterminer, après avis du conseil municipal et sous forme d'arrêtés municipaux portant règlement sanitaire, les prescriptions destinées à assurer la salubrité des maisons et de leurs dépendances ; spécialement, le maire doit, dans son arrêté, déterminer les conditions nécessaires à une construction nouvelle pour qu'elle puisse être considérée comme salubre, telles que celles-ci : hauteurs des maisons, nombre et hauteur des étages, dimensions des pièces habitées, des cours et courettes, dispositions relatives aux cabinets d'aisances et aux évacuations des eaux ménagères, branchements d'égouts, conduits de fumée, etc. (L. 15 févr. 1902, art. 2).

749. La loi de 1902 détermine aussi dans quelles conditions, après avis de la commission sanitaire ou du conseil départemental d'hygiène, le maire peut prescrire, à l'occasion d'un immeuble déclaré insalubre, des mesures d'assainissement, ou même l'interdiction d'habitation.

750. L'arrêté qui édicte cette dernière mesure doit être revêtu de l'approbation du préfet (L. 1902, art. 11 et 12). Un recours est ouvert aux intéressés contre l'arrêté du maire devant le conseil de préfecture, dans le délai d'un mois à dater de la notification de l'arrêté. Ce recours est suspensif (art. 13).

751. A défaut de recours contre l'arrêté du maire, ou si l'arrêté a été maintenu, les intéressés qui n'ont pas exécuté, dans le délai imparti, les travaux jugés nécessaires sont traduits devant le tribunal de simple police, qui autorise le maire à faire exécuter les travaux d'office.

752. En cas d'interdiction d'habitation, s'il n'y a pas été fait droit, les intéressés sont passibles d'une amende de 16 à 5oo francs et traduits devant le tribunal correctionnel, qui autorise le maire à faire expulser, à leurs frais, les *occupants* de l'immeuble.

753. L'art. 17 explique que, lorsqu'il y a résiliation des baux par suite de l'interdiction d'habitation prononcée, cette résiliation n'emporte, en faveur des locataires, aucun droit à des dommages-intérêts.

754. Les maires ont également le droit et le devoir de prescrire toutes mesures utiles pour la fixation des heures après lesquelles les tapis, linges, etc., ne peuvent plus être secoués par les fenêtres.

755. Les arrêtés municipaux déterminent encore les mesures à prendre pour la désinfection des appartements dont les locataires ont été atteints d'une maladie contagieuse (L. 15 févr. 1902, art. 4, 7).

756. A Paris, le préfet de la Seine a, dans ses attributions, tout ce qui concerne la salubrité des habitations et de leurs dépendances (sauf celle des logements loués en garni), le service des désinfections, etc. (L. 15 févr. 1902, modifiée par celle du 7 avr. 1903, art. 22, 23).

§ 2. — Personnes atteintes par la loi.

757. C'est au propriétaire que doivent être prescrits les travaux pour l'assainissement des logements insalubres mis en location, sauf à lui, s'il estime qu'à raison de conventions particulières son locataire doit être tenu de supporter la dépense, à porter sa réclamation devant l'autorité judiciaire.

758. La responsabilité pénale des infractions aux arrêtés municipaux interdisant l'habitation des immeubles insalubres, que la loi du 15 février 1902 impose aux propriétaires, usufruitiers et usagers, ne saurait être étendue au régisseur, simple mandataire du propriétaire d'un immeuble.

§ 3. — Décisions diverses.

759. Des dispositions par lesquelles le maire rappelle aux locataires le droit qui leur appartient de porter plainte contre l'insalubrité de leur appartement et les sanctions établies par les art. 27 et 29 de la loi du 15 févr. 1902, ne sont entachées d'aucun excès de pouvoir (Cons. d'Et., 21 mai 1909, D. P. 1911. 3. 25).

760. Les arrêtés réglementaires que prennent les maires dans l'intérêt de la salubrité publique doivent être précédés de l'avis du conseil municipal et approuvés par le préfet, après avis du conseil départemental d'hygiène. En l'absence de ces formes, ils sont nuls pour excès de pouvoir (Cons. d'Et. 30 juill. 1909, D. P. 1911. 3. 72).

761. Dans les immeubles déjà construits, le maire ne peut imposer, pour l'évacuation des matières des cabinets d'aisances, l'usage exclusif de la chasse d'eau (Cons. d'Et. 21 mai 1909, D. P. 1911. 3. 25).

SECTION III. — Hôtels, auberges et logements en garni.

762. L'hôtelier dans l'hôtellerie duquel un voyageur a été atteint d'une maladie contagieuse a droit au remboursement des frais par lui faits pour l'épuration et la désinfection des lieux occupés par le malade. Mais cet hôtelier n'a droit à aucuns dommages-intérêts à raison du préjudice causé à son industrie par le séjour de ce voyageur dans son hôtellerie, alors que le malade, ne pouvant être transporté sans danger, n'a pu obéir à l'injonction de déguerpir qui lui a été adressée.

763. A Paris, la surveillance, au point de vue sanitaire, des logements loués en garni est comprise dans les attributions du préfet de police. L'ordonnance du 19 oct. 1908, relative à la police de ces établissements, contient un grand nombre de prescriptions dites « mesures de salu-brité » (art. 11 à 28). Elles édictent en détail quel doit être l'aménagement des chambres : sol, murs, peintures, ventilation, éclairage, cheminées ; elles indiquent quelles conditions doivent remplir, au point de vue de l'hygiène, les cabinets d'aisances, corridors, paliers, escaliers et quelles mesures doivent être prises toutes les fois qu'un cas de maladie contagieuse ou épidémique se manifeste dans un garni.

764. Dans la plupart des grandes villes, les maires ont pris, en exécution de la loi du 15 févr. 1902, des arrê-tés relatifs à la salubrité des logements en garni. De tels arrêtés existent notamment à Toulouse, en date du 12 sept. 1906.

CHAPITRE XV (APPENDICE)

TAXES LOCATIVES ÉTABLIES EN REMPLACEMENT DES DROITS D'OCTROI

SECTION Iʳᵉ. — Principes communs.

§ 1ᵉʳ. — Obligation personnelle du locataire.

765. Ces taxes sont imposées au nom des *occupants*, quels qu'ils soient, c'est-à-dire que, pratiquement, elles atteignent soit le propriétaire s'il habite lui-même sa maison, soit les locataires. Ces derniers sont tenus personnellement, sans qu'il soit besoin de le stipuler au bail, et l'Administration est sans recours contre le propriétaire pour l'acquittement d'une taxe qui concerne le preneur exclusivement; du moins, si le bailleur peut être tenu de la payer en l'acquit de son locataire, ce n'est que dans un cas tout à fait exceptionnel, celui où le preneur déménage furtivement sans avoir acquitté la taxe et sans que le bailleur ait prévenu l'Administration; au surplus, dans cette hypothèse même, le recours de l'Administration contre le propriétaire est presque purement théorique; pratiquement, les percepteurs ne l'exercent que très rarement.

§ 2. — Assiette et recouvrement.

766. Toutes les règles relatives à l'assiette et au recouvrement des contributions directes sont applicables aux taxes locatives ou d'habitation.

SECTION II. — Réglementations locales.

§ 1er. — Paris.

767. La taxe locative est fixée à 1 pour 100 de la valeur locative des locaux servant à l'habitation personnelle (L. 31 déc. 1900, D. P. 1902. 4. 1).

768. Les valeurs locatives servant de base à la taxe sont déterminées conformément aux dispositions contenues dans le troisième paragraphe de l'art. 12 de la loi du 15 juill. 1880 sur les patentes (1).

769. Sont affranchies de la taxe locative les personnes reconnues non imposables à la contribution mobilière, c'est-à-dire celles dont le loyer réel d'habitation est inférieur à 500 francs, à l'exception toutefois de diverses catégories comprenant notamment ceux qui ont un simple pied à terre à Paris, et ceux qui sont imposés au rôle foncier de cette ville, qu'ils soient logés ou non dans leurs propres maisons (L. 31 déc. 1900, art. 4 et 8).

§ 2. — Lyon.

770. La taxe d'habitation, fixée primitivement à 9 p. 100, a été abaissée à 6 p. 100.

771. La taxe est due pour l'année entière d'après les faits existant au 1er janvier, et, par suite, un contribuable qui a quitté la ville avant le 1er juillet doit néanmoins le semestre non échu.

772. La taxe d'habitation dans la ville de Lyon étant, aux termes de l'art. 12 de la loi du 28 juin 1901, imposée au nom des occupants à quelque titre que les locaux soient habités, une personne occupant un logement ne peut se prévaloir, pour soutenir qu'elle n'est pas imposable, de ce que le bail serait au nom d'un de ses parents et de ce que celle-ci serait propriétaire du mobilier.

---

(1) V. notre *Dictionnaire pratique de droit*, v° *Patentes*, n°ˢ 294 et s.

773. Dans le cas où deux contribuables ont loué par baux distincts deux logements qu'ils occupent chacun pour son compte, ils ont l'un et l'autre droit à la réduction de 150 francs sur la valeur locative servant de base à Lyon, à la taxe d'habitation établie par la loi du 28 juin 1901 au profit des locaux d'habitation dont la valeur locative ne dépasse pas 800 francs, alors même que les deux logements n'ont qu'une cuisine et une seule porte d'entrée.

774. Dans le cas où deux personnes occupent des locaux d'habitation d'une valeur locative inférieure à 800 francs, qui sont communs par leur usage et leur destination, l'existence de deux baux distincts n'est pas de nature à leur donner droit à deux déductions de 150 francs et elles n'ont droit qu'à une déduction de 150 francs sur la valeur locative totale des locaux qu'elles occupent indivisément. — Par contre, lorsque deux personnes demeurent dans un appartement muni d'une seule porte palière et d'un corridor commun, mais qu'elles occupent chacune des pièces séparées et ne prennent pas habituellement leurs repas ensemble, elles doivent être considérées comme occupant des locaux d'habitation distincts et ont l'une et l'autre droit à une déduction de 150 francs sur la valeur locative du local qu'elles habitent.

TROISIÈME PARTIE

PARTICULARITÉS RELATIVES AUX BIENS RURAUX

CHAPITRE PREMIER

BAIL A FERME

SECTION Ire. — Entrée en jouissance, usages.

775. *Rennes.* — Le 29 septembre (jour de Saint-Michel) est l'époque invariablement fixée par l'usage pour l'entrée en jouissance des fermes et métairies situées dans l'arrondissement de Rennes, tandis que le 23 avril (jour de Saint-Georges) est l'époque généralement suivie pour le commencement des mêmes baux dans les arrondissements de Fougères et de Vitré.

776. *Bordeaux.* — Dans le Bordelais, les époques d'entrée des fermiers sont des plus variables, de canton à canton.

777. *Marseille.* — Les époques d'entrée en jouissance sont des plus variables, de canton à canton.

778. *Lyon.* — Les baux à ferme commencent généralement le 11 novembre.

779. *Nancy.* — La date ordinaire d'entrée en jouissance pour les biens ruraux est le 23 avril (Saint-Georges).

6*

780. *Lille.* — L'entrée en jouissance a lieu, pour les terres, au 1er octobre.

SECTION II. — Durée des baux.

§ 1er. — Durée indéterminée au contrat.

781. A. *Principes.* — Le bail à ferme dont les parties n'ont pas déterminé la durée est, sauf clause contraire, censé fait pour le temps qui est nécessaire afin que le preneur recueille tous les fruits de l'immeuble loué (C. civ. 1774). Lorsque des biens de nature diverse, terres, prés, bois, etc., sont affermés ensemble, la durée du bail est celle de la culture la plus longue, du moins lorsque ces biens forment l'objet principal du bail ; sinon, le bail a pour durée celle afférente au corps de biens principal. Le bail à ferme cesse toujours de plein droit, et sans congé, à l'expiration soit du temps pour lequel il était fait, soit du temps pour lequel il était censé fait, ainsi qu'il vient d'être dit, lorsque sa durée n'était pas déterminée par le contrat (C. civ. 1775).

782. Il suffit donc au fermier, s'il ne veut pas continuer sa jouissance, de sortir à l'expiration du temps pour lequel le bail est censé fait. Si c'est le bailleur qui ne veut pas continuer le bail, il lui suffit de manifester sa volonté à cet égard, avant que le fermier ait fait des actes de culture desquels on pourrait inférer une tacite reconduction.

783. B. *Ce qu'on entend par « temps nécessaire pour recueillir les fruits ».* — Le Code civil (art. 1774) donne les exemples suivants : le bail à ferme d'un pré, d'une vigne et de tout autre fonds dont les fruits se recueillent en entier dans le cours de l'année est censé fait pour un an. — Le bail des terres labourables, lorsqu'elles se divisent par soles ou saisons, est censé fait pour autant d'années qu'il y a de soles.

784. Cette division des cultures par soles est appelée *assolement* de la terre. L'assolement est pratiqué dans presque toutes les *régions* de la France ; sa durée est variable : il est souvent triennal, notamment dans le pays de Rennes, celui de Nancy, celui de Toulouse ; il est biennal aux environs de Marseille. Il n'existe pas à Lille.

785. C. *Manifestation par les parties de leur volonté de mettre fin au bail.* — Elle se présente, dans de nombreuses régions, sous la forme d'un véritable congé réputé nécessaire pour délier les parties ; mais, en réalité et rigoureusement, on ne saurait lui donner ce nom et prétendre à une assimilation avec le congé proprement dit, tel qu'il existe en matière de biens urbains ; ce congé-là est inconnu, d'après la loi, en matière de bail à ferme (C. civ. 1775, *supra*, n° 781). L'acte qu'on appelle ici congé tend seulement à empêcher la tacite reconduction, et non pas à mettre fin au bail primitif, dont la loi elle-même a fixé la durée.

786. *Usages.* — *Lille.* — La signification du congé doit être faite avant le 2 février, et le propriétaire doit payer au locataire le prix des labours et des semences, postérieurs au 1ᵉʳ octobre, c'est-à-dire le prix des labours et semences effectués après le 1ᵉʳ octobre par le preneur qui, bien qu'ayant reçu congé, se serait maintenu en possession après cette date.

787. *Marseille.* — Il est d'usage, dans presque tous les cantons, de donner congé pour mettre fin au bail non écrit. — Dans le canton de Marseille, quand l'entrée du fermier a lieu le 1ᵉʳ novembre, le congé doit être donné avant le 15 mai ; si l'entrée a eu lieu le 25 décembre, le congé doit être donné au plus tard le 24 juin.

788. *Lyon.* — Le délai de congé généralement observé est de six mois.

§ 2. — Durée déterminée.

789. Il arrive souvent que les baux ruraux ont une durée déterminée par la convention, les parties n'acceptant pas les règles fixées par la loi dans les art. 1774 et 1775 C. civ. Notamment, dans la région de Toulouse et dans celle de Lyon, la durée des baux à ferme est souvent fixée à trois, six et neuf ans. Au bout de chacune de ces périodes, l'une et l'autre des parties peut se retirer en prévenant l'autre quelque temps d'avance ; le bail fixe généralement la durée de préavis.

SECTION III. — Tacite reconduction.

790. Tous les biens ruraux, que leur durée soit ou non déterminée par les parties, peuvent être l'objet d'une tacite reconduction. Le nouveau bail qui se forme ainsi est toujours censé fait pour le temps qui est nécessaire au preneur pour recueillir tous les fruits de l'héritage affermé (C. civ. 1776). Il ne se forme, d'ailleurs, que si le preneur reste en possession et dans des conditions qui démontrent l'intention des parties de contracter un nouveau bail.

791. En principe, le nouveau bail finit de plein droit, sans congé. Les autres règles générales de la tacite reconduction s'appliquent aux baux ruraux (V. *supra*, n°s 373 et s.).

792. Parmi les circonstances indicatives de l'intention des parties de former un nouveau bail, il faut placer principalement les *travaux de culture* qui tendent à préparer la récolte suivante. Mais, pour que ces actes de culture puissent être opposés au bailleur, il faut qu'il en ait eu connaissance et qu'il n'ait pas protesté. — Ainsi, le fermier qui a refusé de renouveler son bail, pour lequel le bailleur demandait un prix plus élevé, ne peut pas prétendre avoir été laissé en possession par cela seul qu'il a ensemencé, lorsque le propriétaire lui avait déclaré qu'i ne voulait pas continuer le bail au même prix, et qu'il a affermé à un autre.

SECTION IV. — Prix de la ferme.

§ 1er. — Époques de payement. — Usages.

793. *Rennes.* — A défaut de stipulation expresse, le payement des fermages est exigible en deux termes égaux, de six mois en six mois, les 29 mars et 29 septembre.

794. *Bordeaux.* — Le payement des fermages des biens ruraux a lieu, suivant les cantons, soit aux 24 juin et 24 décembre, soit à Noël et à Pàques, soit à l'enlèvement de la récolte.

795. *Toulouse.* — Le paiement du fermage a lieu par semestre, soit d'avance, soit à terme échu, exceptionnellement par année.

796. *Marseille.* — Le loyer se paye par semestre, terme échu. Par exception, dans les environs immédiats de Marseille, le loyer des jardins potagers se paye également par semestre, mais d'avance.

797. *Nancy.* — La date du 11 novembre est généralement usitée pour le payement des fermages.

798. Si une ferme était louée moyennant une certaine somme pour chaque année, sans fixation de l'époque de payement, le fermage étant le prix de la récolte, il serait dû après la récolte seulement, et il ne pourrait même être exigé qu'au terme où il serait d'usage, dans le pays, de payer les fermages. Il a été jugé en ce sens que les loyers de terres en labour ne sont dus, d'après l'usage généralement admis, qu'après la récolte.

§ 2. — Accessoires du prix.

799. Le fermier peut être considéré comme ayant pris à sa charge la contribution foncière afférente à la propriété louée, lorsque, ayant toujours payé cette contribution, il n'en a jamais déduit le montant du prix du fermage fixé par l'acte de bail, qui ne contient pas de clause spéciale à cet égard. Et les juges qui le décident ainsi, en interprétant la convention d'après l'exécution qui lui a été donnée par le fermier lui-même, ne font qu'user de leur pouvoir souverain d'appréciation.

SECTION V. — Privilège du propriétaire.

800. La loi du 19 févr. 1889, art. 1, a restreint l'étendue du privilège, même au cas où le bail a date certaine, aux fermages des deux dernières années échues, de l'année courante et d'une année à partir de l'expiration de l'année courante.

801. *Par fonds rural*, il faut entendre tout immeuble affecté à l'exploitation agricole. La restriction ci-dessus ne serait pas applicable au bailleur d'une maison située hors ville, à la campagne, mais qui ne serait pas louée avec des terres et ne servirait pas à la culture. Elle ne s'appliquerait pas non plus au bailleur d'une carrière, d'un étang ou de tous autres immeubles, tels que moulins, usines, etc., situés à la campagne, mais non affectés à la culture, à moins qu'ils n'aient été loués accessoirement à un domaine rural.

802. Les deux dernières années échues qui bénéficient du privilège sont celles qui ont précédé l'année au cours de laquelle a eu lieu la saisie des meubles du fermier. Les années doivent se compter à partir du commencement du bail. Le bailleur conserve, d'ailleurs, le droit de réclamer le payement des fermages antérieurs, mais à titre purement chirographaire.

SECTION VI. — Obligations particulières du bailleur.

§ 1ᵉʳ. — Garantie de la contenance.

803. Indépendamment des obligations générales de tout bailleur, le bailleur d'un fonds rural doit garantir la contenance portée au contrat. Si le fonds a une contenance moindre ou plus grande que celle qui lui a été attribuée, il y a lieu à diminution ou à augmentation du prix du bail dans les cas et suivant les règles suivies en matière de vente (C. civ. 1765) (1). Les parties peuvent, d'ailleurs, librement déroger à ces règles par une clause du bail.

---

(1) D'après l'art. 1618 C. civ., l'erreur sur la contenance n'est prise en considération que si elle est au moins d'un vingtième.

§ 2. — Indemnisation du preneur en cas
de perte de récoltes.

804. Les art. 1769 et s. C. civ. accordent au fermier une remise dans certains cas de perte de récolte ; c'est une conséquence des principes du louage. — Dans le cas où le bail est fait pour une seule année, le fermier a droit à une remise proportionnelle de son fermage, mais à condition que la moitié au moins de la récolte ait péri par cas fortuit (C. civ. 1770). On considère, en général, qu'il y a perte de moitié dès que la *quantité* récoltée ne dépasse pas la moitié d'une récolte ordinaire ; on ne tient pas compte de la *valeur* des choses récoltées. Si le bail comprend plusieurs espèces de fonds affermés pour un seul et même prix, la perte doit s'estimer eu égard à la totalité des produits du fonds. La remise de fermage est accordée au fermier pour toute la perte, et non pas seulement pour ce qui excède la perte de moitié de la récolte. Elle a lieu dans tous les cas où la perte s'est produite par cas fortuit, sans qu'il y ait à distinguer s'il s'agit d'un cas fortuit ordinaire, tel que la grêle, la gelée, l'excessive sécheresse (Limoges, 28 nov. 1894, D. P. 96. 2. 147), ou d'un cas fortuit extraordinaire, tel que la guerre, une inondation.

805. Par contre, un fait ne constituant vraiment un cas fortuit ou de force majeure que si celui qui l'invoque ne pouvait s'y soustraire, le *mildew* ne peut, par lui-même, être rangé au nombre des cas fortuits constitutifs de la force majeure, que la vigilance et l'industrie humaine ne peuvent ni prévoir, ni empêcher ; il ne saurait, par suite, donner lieu à une réduction du chiffre du fermage au profit du fermier conformément aux art. 1769 et s. Il en est autrement, toutefois, si par suite d'un événement fortuit, imprévu et irrémédiable, par exemple une pluie continuelle, le preneur a été dans l'impossibilité de pratiquer le traitement préventif indispensable pour soustraire la récolte aux ravages du mildew.

806. Il ne faudrait pas mettre au nombre des cas fortuits le *vice de la chose*, spécialement le trop grand âge de la vigne et des arbres loués. Le fermier ne pourrait pas davantage demander une remise à raison de la mauvaise qualité des terres, qui ne lui aurait permis d'avoir que des récoltes infiniment médiocres.

807. Lorsque le bail est fait pour plusieurs années, le droit du fermier à une réduction de prix ne s'ouvre que si la récolte d'une année est inférieure à la moitié de la récolte d'une année moyenne, et à la condition que les récoltes précédentes n'aient pas indemnisé le preneur de cette perte (C. civ. 1769). S'il n'est pas indemnisé, la remise n'est fixée qu'à la fin du bail ; et on la calcule alors en faisant compensation de toutes les années de jouissance. Dans ce calcul, on doit tenir compte de toutes les années, bonnes ou mauvaises, pour déterminer si finalement le fermier est ou non en perte ; et la remise est due si de la compensation ainsi faite ressort une perte définitive pour le fermier : peu importe qu'elle soit inférieure à la moitié d'une récolte moyenne. Dans le calcul, on tient compte de la quotité des récoltes et non de leur valeur ; la preuve de cette quotité peut être faite par tous moyens. Bien que la remise ne soit fixée qu'à la fin du bail, le juge peut cependant dispenser provisoirement le fermier de payer son fermage (C. civ. 1769). Si le fermier a contracté une assurance contre les cas fortuits, il conserve son droit à la remise des fermages dans les cas prévus par la loi. Lorsque le bail prend fin par la volonté des parties avant le terme fixé par le contrat, la réduction de fermage est réglée immédiatement en tenant compte seulement des années écoulées. Si le bail était résolu par la faute du fermier, celui-ci serait déchu de tout droit à remise de fermage.

808. Le fermier peut, à toute époque, recourir à tous les moyens de preuve pour établir la perte qu'il a subie. Mais, pour éviter des difficultés de preuve, il fera bien, s'il ne peut obtenir du bailleur un acte amiable, de recourir à un procès-verbal régulier ou à une expertise judiciaire.

809. L'indemnité cesse d'être due : 1° lorsque la perte des fruits arrive après qu'ils sont séparés de la terre. Le droit à l'indemnité persisterait cependant s'il s'agissait d'un colon partiaire ou d'un fermier payant son prix en nature, à moins, dans ces cas, que le preneur fût déjà, au moment de la perte, en demeure de délivrer les récoltes dues au bailleur ; — 2° lorsque la cause de la perte de la récolte était existante et connue à l'époque où le bail a été passé ; il suffit que la cause fût généralement connue, alors même que le fermier l'eût ignorée ; — 3° lorsque la perte a été causée par une faute du fermier ; — 4° lorsque le fermier s'est chargé des cas fortuits. Il faut, pour cela, une stipulation expresse ; stipulation qui ne s'entend, d'ailleurs, que des cas fortuits ordinaires, tels que grêle, gelée, etc., et non des cas fortuits extraordinaires, tels que ravages de la guerre, etc. La stipulation ne s'étendrait à ces derniers que si le fermier s'était chargé de tous les cas fortuits, prévus ou imprévus (C. civ. 1772 et 1773).

SECTION VII. — Obligations particulières du preneur.

810. Le fermier est tenu des obligations générales de tout preneur. La loi a énuméré certaines de ces obligations qui produisent des conséquences spéciales (C. civ. 1766, 1768).

§ 1er. — Exploitation suffisante.

811. Le fermier doit garnir l'héritage des bestiaux et ustensiles nécessaires à son exploitation. Cette obligation est remplie, en principe, dès que les bestiaux et ustensiles suffisent à assurer l'exploitation ; il n'est pas nécessaire qu'ils représentent une valeur suffisante pour garantir le payement des fermages. On doit, d'ailleurs, consulter avant tout les circonstances, l'usage des lieux, l'intention des parties.

§ 2. — Entretien et culture en bon père de famille.

812. La loi impose au preneur l'obligation d'entretenir les cultures, sauf les cas de force majeure, et de cultiver en bon père de famille. L'usage local fixe l'étendue de cette obligation. D'une manière générale, le fermier ne doit divertir aucuns fumiers, pailles ou fourrages, à moins qu'ils n'excèdent les besoins de la ferme. — Les fourrages des prairies artificielles doivent être, comme ceux des prairies naturelles, consommés dans le domaine, et le fermier ne peut les vendre s'ils n'excèdent pas les besoins de la culture. Par contre, à moins que l'usage des lieux ne soit contraire, le fermier peut disposer des chaumes comme bon lui semble, pourvu, d'ailleurs, que la ferme soit suffisamment garnie de pailles et de fourrages.

813. Le fermier peut dessoler ou dessaisonner les terres, et cela, suivant une opinion, quand même le bail le lui interdirait, pourvu qu'à sa sortie il rende la terre dans l'état où il l'a reçue.

814. Le fermier qui cultive le sol qu'il devait laisser en jachère dans la dernière année de son bail est passible de dommages-intérêts.

§ 3. — Emploi de la terre conformément à sa destination.

815. Ainsi, le fermier ne peut détruire les étangs, arracher les vignes; toutefois, il peut farie certaines modifications pourvu qu'elles ne nuisent pas au bailleur.

§ 4. — Dénonciation des usurpations.

816. Si des usurpations sont commises sur le fonds, le preneur doit en avertir le bailleur (C. civ. 1768). Cette obligation s'applique non seulement aux usurpations de fait, mais aussi aux troubles de droit. — La forme de l'avertissement prescrit par l'art. 1768 n'est point déterminée : il peut être indistinctement donné verbalement, ou par écrit, ou par exploit d'huissier. — Si le fermier n'a pas averti le bailleur dans le délai établi par la loi, il doit l'indemniser de tout le préjudice que le défaut de dénonciation lui cause.

§ 5. — Réparations locatives.

817. Les réparations locatives **sont** déterminées par l'usage des lieux ; elles comprennent notamment, en principe, le curage des cours d'eau et l'entretien des digues, l'entretien des haies vives, la clôture des étangs et les réparations que leur état peut exiger, l'échenillage des arbres, les réparations d'entretien aux pressoirs et aux vaisseaux vinaires, l'entretien de l'aire des granges, l'entretien et le remplacement des échalas des vignes.

§ 6. — Obligations diverses.

818. On peut citer les suivantes : engranger dans les lieux à ce destinés ; — exécuter les clauses accessoires du bail, — relativement, par exemple, aux prestations ; — restituer la chose en l'état où elle se trouvait lors de l'entrée en jouissance.

§ 7. — Sanctions.

819. L'inexécution par le preneur de l'une de ses obligations permet au bailleur de demander la résiliation du bail avec dommages-intérêts. Mais les tribunaux ont un droit d'appréciation très étendu et ne doivent prononcer la résiliation que si cette inexécution est une cause de préjudice assez grave. Le bailleur peut, pendant le bail, faire constater l'inexécution des obligations du fermier ; mais il ne peut demander des dommages-intérêts qu'à la fin du bail, à moins que le dommage causé ne soit d'ores et déjà irréparable. Il ne saurait, d'ailleurs, être autorisé à sous-louer aux risques du preneur.

SECTION VIII. — Obligations respectives du propriétaire, du fermier sortant et du fermier entrant.

§ 1er. — Principes généraux.

820. Les fermiers, sortant et entrant, ne doivent rien faire qui diminue leur jouissance respective. Le fermier sortant doit laisser à l'entrant les logements convenables et autres facilités pour les travaux de l'année suivante ; et, réciproquement, le fermier entrant doit procurer à celui qui sort les mêmes avantages pour la consommation du fourrage et pour les récoltes restant à faire. Dans tous les cas, on doit se conformer à l'usage des lieux (C. civ. 1777).

821. Tout usage qui ne se concilierait pas avec les dispositions de l'art. 1777 est abrogé. Le renvoi aux usages, dont parle le second paragraphe, n'a rapport qu'à la durée du délai pour la consommation des fourrages et les travaux à faire, et au mode d'exécution dudit article.

§ 2. — Pailles et engrais.

822. Le fermier sortant doit laisser les pailles et engrais de l'année sans indemnité, lorsqu'il les a reçus lors de son entrée en jouissance ; s'il ne les avait pas reçus à cette époque, le propriétaire pourrait quand même les retenir en en payant la valeur (C. civ. 1778). L'obligation du fermier de laisser les pailles et engrais cesse lorsqu'ils ont été détruits par cas fortuit. Le fermier sortant n'est obligé de délivrer les pailles de l'année que sous déduction de celles qui étaient nécessaires à la consommation de ses bestiaux jusqu'au jour de sa sortie ; mais, réciproquement, il ne doit pas convertir toutes ses pailles en fumier et enfouir tout le fumier dans le sol ; il doit laisser des pailles pour les bestiaux et des engrais pour les cultures incombant au fermier entrant. Le fermier entrant pourrait exiger que le fermier sortant lui livre les pailles et engrais avant la fin du bail, dès le moment propice à leur emploi.

§ 3. — Foins et semences.

823. Les foins et semences sont soumis à des règles analogues à celles qui précèdent. Ces règles s'appliquent d'ailleurs, en principe, quelle que soit la cause qui met fin au bail. — Le fermier doit laisser ceux de l'année, s'il a trouvé ceux de l'année où il est entré en jouissance, et c'est ce qui a lieu ordinairement quand le fermier entre à la Saint-Martin d'hiver.

824. A l'égard du foin qu'on appelle de réserve, c'est-à-dire qui n'est pas destiné à la nourriture des animaux employés à la culture de la métairie, mais bien à être vendu, le fermier a le droit de l'emporter, à moins, par analogie de ce qui est décidé pour les pailles et engrais, que le propriétaire ne préfère le retenir suivant l'estimation.

825. A défaut d'estimation à l'entrée en ferme ou de convention particulière, le fait d'avoir pris une ferme garnie de tous les fourrages que produit la propriété impose, par voie de conséquence, au preneur, l'obligation de laisser à sa sortie les lieux comme il les a pris, c'est-à-dire garnis de tous les fourrages qui sont le produit de la propriété.

826. Les fourrages artificiels, bien qu'étant le résultat de l'industrie, ne peuvent, pas plus que tous autres, être exceptés de cette règle, alors surtout que rien ne prouve que le preneur n'en a pas trouvé à son entrée.

827. Les semences appartiennent à la ferme, quand le fermier les a reçues lors de son entrée. Il doit donc, à son départ, les laisser à son successeur. Il n'en doit pas, s'il n'en a pas reçu.

§ 4. — Réparations et améliorations.

828. En ce qui concerne les réparations locatives et les améliorations faites par le fermier, il y a lieu d'appliquer les règles ordinaires du louage.

829. En ce qui concerne particulièrement les dépenses

de culture, le fermier ne peut prétendre à aucune indemnité sous le prétexte qu'il aurait mis dans les terres une quantité exceptionnelle de fumier leur donnant une plus-value, alors même que son bail se trouverait résilié avant le terme de son expiration normale. De même, on admet que le fermier sortant n'a droit à aucune indemnité pour frais de marnage, lorsque la nature du terrain et l'usage constant du pays font considérer la marne comme indispensable pour la culture.

830. Le bailleur qui reprend les terres affermées sans faire constater leur état, et les fait ensuite cultiver et ensemencer, est présumé avoir renoncé à toute indemnité pour prétendu défaut d'engrais.

§ 5. — Usages.

831. *Artois.* — Il est d'usage, au pays d'Artois, que le fermier entrant, bien qu'il n'ait pas la jouissance immédiate des terres ensemencées en grains d'hiver par le fermier sortant et qui composent la tierce sole, n'en paye pas moins la totalité des fermages et contributions du premier terme ou semestre de son bail, sauf à lui, lorsqu'il sortira, à enlever la récolte de la même tierce sole, sans payer aucune portion du premier terme du bail suivant ; et que le propriétaire est tenu de se conformer à cet usage, à moins d'une clause dérogatoire dans le bail.

832. *Berry.* — C'est un usage constant, dans le Berry, que le fermier entrant serre la récolte du fermier sortant, si celui-ci l'avait à son entrée serrée pour son prédécesseur et s'il consent à laisser les pailles dans son domaine ; que, dès lors, si le fermier entrant ne veut pas serrer la récolte, le fermier sortant peut actionner le propriétaire directement pour le forcer à la serrer lui-même, ou à la faire serrer par son nouveau fermier.

833. *Bretagne.* — L'usage généralement suivi dans la région de Rennes donne au locataire un délai de huit à quinze jours, suivant l'importance de la ferme, pour enlever ses meubles et ses récoltes et pour emmener ses bestiaux, sans préjudice des logements et autres facilités qui lui sont dus pendant un plus long délai pour la façon de son cidre. (Le fermier sortant au 29 septembre a, en règle générale, le droit de façonner son cidre au pressoir de la ferme qu'il quitte : il prend sur les lieux la paille pour pressurer, l'osier nécessaire pour la réparation de ses tonneaux, et laisse le marc au fermier entrant ; il peut disposer du pressoir et des celliers jusqu'à une date variable suivant les localités : le 1er novembre, le 1er décembre ou Noël).

834. *Lyonnais.* — On se réfère aux art. 1777 et 1778 C. civ. et aux dispositions de la coutume de Paris qui régissait les contrées du Lyonnais. Dans plusieurs cantons, la règle suivant laquelle le fermier sortant doit laisser tous les fourrages, pailles et engrais est appliquée avec une rigueur particulière : le fermier sortant doit engranger toutes les premières coupes de foin, de trèfle ou de luzerne, et ne toucher pour la nourriture de ses bestiaux qu'aux secondes coupes, à moins de nécessités contraires bien démontrées.

835. *Usages divers.* — Dans le Bordelais ainsi qu'un Provence, les usages locaux varient beaucoup d'un canton à l'autre, en ce qui concerne les droits respectifs du fermier entrant et du fermier sortant.

836. Lorsque les usages locaux (1) autorisent le fermier entrant à Pâques « à façonner les jachères et à les préparer à recevoir un ensemencement en blé d'hiver », ce fermier peut lever de suite les guérets, et, une fois les terres labourées, y semer des plantes fourragères de façon à leur faire rendre toute l'utilité dont elles sont susceptibles, alors même que par ce fait il rendrait illusoire le droit du fermier sortant de faire pâturer son troupeau sur les terres non ensemencées. Et cette interprétation, par les juges du fait, d'usages locaux dont ils se sont bornés à déterminer le sens, échappe à la censure de la Cour de cassation.

---

(1) Des usages de ce genre existent dans la région du département actuel de Seine-et-Oise.

CHAPITRE II

LOUAGE A CHEPTEL

837. Le bail à cheptel est un contrat par lequel l'une des parties donne à l'autre un fonds de bétail pour le garder, le nourrir et le soigner, sous les conditions convenues entre elles (C. civ. 1800). — On peut donner à cheptel toute espèce d'animaux susceptibles de croît ou de profit pour l'agriculture ou le commerce (C. civ. 1802). Le plus souvent, le bail à cheptel a pour objets les bêtes à laine ou les bêtes à corne.

838. Le cheptel n'a jamais été pratiqué pour les *volatiles domestiques*. Quand il s'en trouve attachés à une ferme, le fermier en jouit, habituellement, suivant les règles qui gouvernent la jouissance du reste de la ferme. Mais rien n'empêche que ces volatiles ne soient l'objet d'un cheptel.

SECTION Iʳᵉ. — Cheptel simple.

839. C'est un contrat par lequel on donne à un autre des bestiaux à garder, nourrir et soigner, à condition que le preneur profitera de la moitié du croît, et qu'il supportera aussi la moitié de la perte (C. civ. 1804). Il est d'une nature mixte, participant à la fois du contrat de société et du louage; mais le contrat de louage y prédomine. Le cheptel demeure la propriété du bailleur pendant toute la durée du contrat, alors même qu'il aurait été estimé dans le bail; l'estimation n'a d'autre objet que de fixer la perte ou le profit qui pourra se trouver à l'expiration du bail (C. civ. 1805).

840. Le preneur doit à la conservation du cheptel les soins d'un bon père de famille (C. civ. 1800). La perte par cas fortuit décharge en principe le preneur (C. civ. 1807, 1808); mais celui-ci est toujours tenu de rendre compte des peaux des bêtes (C. civ. 1809), c'est-à-dire qu'il doit représenter les peaux si elles existent, ou faire connaître la cause pour laquelle il ne peut les représenter. La perte totale sans la faute du preneur est à la charge du bailleur; la perte partielle est supportée en commun (C. civ. 1810) : le preneur doit non seulement remplacer, jusqu'à concurrence du croît, les animaux qui ont péri, mais encore contribuer en argent pour moitié à la perte, si sa part de croît n'est pas suffisante pour couvrir sa part dans la perte.

841. Par application de l'art. 1808, dans le cas où des bêtes du troupeau ont été volées ou dévorées par les bêtes sauvages, c'est au preneur à prouver le fait qui a été la cause de leur perte, et au bailleur, ensuite, à prouver que l'accident ne serait point arrivé si le preneur avait fait tout ce qu'il fallait pour le prévenir.

842. On ne peut valablement stipuler, dans le bail à cheptel, que le bailleur sera affranchi de la perte, soit totale, soit partielle du troupeau, quoique arrivée par cas fortuit et sans sa faute, ni que le preneur supportera dans la perte une part plus grande que dans le profit (C. civ. 1811, § 1 et 2). Mais on peut convenir que le preneur supportera dans la perte une part plus forte que celle du bailleur, pourvu qu'il ait une part égale dans le profit. Le bailleur ne peut pas stipuler qu'il prélèvera, à la fin du bail, quelque chose de plus que ce qu'il a fourni pour cheptel (C. civ. 1811, § 3). Les prohibitions ci-dessus sont édictées à peine de nullité (C. civ. 1811, § 4).

843. Le profit du laitage, des fumiers et du travail des animaux appartient exclusivement au preneur (C. civ. 1811, § 5), et, suivant une opinion, le bailleur ne pourrait valablement se réserver une partie de ce profit. La laine et le croît se partagent (C. civ. 1811, § 6). Il ne pourrait être valablement stipulé que le preneur sera tenu de délaisser au bailleur sa part dans la toison à un prix inférieur à sa valeur ordinaire. Le preneur ne peut tondre sans en prévenir le bailleur (C. civ. 1814).

844. Par laine, il faut entendre non seulement la toison des moutons, mais aussi le poil et le crin des autres animaux qui peuvent être donnés à cheptel, par exemple le poil des chèvres et le crin des chevaux. Quant au croît, il faut entendre par là, en manière de cheptel, tout accroissement de valeur qui survient au troupeau, soit par la multiplication des têtes qui le composent, soit par l'augmentation de la valeur intrinsèque de chacune d'elles; lorsque, par exemple, de maigre une bête devient grasse, ou bien quand une génisse devient vache laitière et sert à la reproduction.

845. Il est interdit au preneur de disposer d'aucune bête du troupeau, soit du fonds, soit du croît (tant qu'il n'a pas été partagé), sans le consentement du bailleur (C. civ. 1812). Ainsi, il ne peut ni les vendre, ni les louer. L'aliénation par lui faite au mépris de cette prohibition constituerait un abus de confiance, mais non un vol; par suite, le bailleur ne pourrait revendiquer les animaux même dans les trois ans (C. civ. 2279, § 2) (1). — Le bailleur ne peut davantage disposer, sans le consentement du preneur, d'aucune bête du troupeau (C. civ. 1812). Mais les créanciers du bailleur peuvent saisir le cheptel, dont il conserve la propriété, à la condition toutefois d'obliger l'adjudicataire à entretenir le bail jusqu'à son expiration. A l'inverse, les créanciers du preneur ne peuvent pas saisir le cheptel ni le faire vendre. Si une saisie était pratiquée, le bailleur pourrait former une demande en distraction (C. pr. civ. 608). Par exception, lorsque le cheptel est donné au fermier d'autrui, le propriétaire de qui ce fermier le tient peut le saisir et le faire vendre pour ce que son fermier lui doit, à moins que l'existence du cheptel ne lui ait été notifiée (C. civ. 1813). Cette notification doit

---

(1) D'après l'art. 2279 C. civ., celui qui a perdu ou auquel il a été volé une chose peut la revendiquer pendant trois ans, à compter du jour de la perte ou du vol contre celui dans les mains duquel il la trouve; sauf à celui-ci son recours contre celui duquel il la tient.

être faite avant l'introduction du cheptel dans la ferme ; faite postérieurement, elle serait sans effet. Elle n'est, d'ailleurs, soumise à aucune forme spéciale, et il peut même y être suppléé par des équivalents, notamment par la preuve que le propriétaire du fonds a eu connaissance de l'introduction du cheptel et qu'il y a consenti au moins tacitement.

846. Le bail à cheptel simple cesse à l'expiration de la durée fixée par les parties dans leur convention. A défaut de convention, le cheptel est censé fait pour trois ans (C. civ. 1815). La mort du bailleur ne met pas fin au cheptel simple. — Si, après l'expiration de la durée légale ou conventionnelle du cheptel, le preneur reste et est laissé en possession, il s'opère une tacite reconduction, conformément aux principes généraux du louage. La durée du nouveau bail qui se forme par tacite reconduction est toujours de trois ans. — Le bailleur peut demander la résolution du contrat si le preneur ne remplit pas ses obligations (C. civ. 1816), par exemple s'il laisse dépérir le cheptel. Il peut même, le cas échéant, obtenir des dommages-intérêts. Le même droit appartient au preneur si le bailleur manque à son engagement. — A la fin du bail, il est procédé à une nouvelle estimation du cheptel. Elle est faite soit par les parties elles-mêmes, soit par experts. Le bailleur prélève ensuite des bêtes de chaque espèce pour une valeur égale au montant de la première estimation ; l'excédent, s'il y en a, se partage entre les parties (C. civ. 1817, § 1 et 2). S'il n'existe pas assez de bêtes pour remplir la première estimation, le bailleur prend ce qui reste, et la perte est supportée par moitié (C. civ. 1817, § 3), à moins qu'elle ne provienne d'un cas fortuit, auquel cas le preneur est dispensé d'y contribuer.

SECTION II. — Cheptel à moitié.

847. Le cheptel à moitié est une *société* dans laquelle chacun des contractants fournit la moitié des bestiaux, qui demeurent communs pour le profit ou pour la perte

(C. civ. 1818). Comme dans le cheptel simple, le preneur profite seul des laitages, des fumiers et du travail des bêtes. La part du bailleur consiste seulement dans la moitié des laines et du croît ; toute convention tendant à lui accorder davantage et qui stipulerait, par exemple, une redevance en beurre, fromage, charretées de fumier, etc., serait nulle, à moins qu'il ne fût propriétaire de la métairie dont le preneur est fermier ou colon partiaire (C. civ. 1819). Les autres règles du cheptel simple s'appliquent au cheptel à moitié (C. civ. 1820).

SECTION III. — Cheptel donné par le propriétaire à son fermier.

848. Le cheptel donné au fermier est appelé aussi *cheptel de fer*. C'est moins une convention principale qu'un pacte accessoire ajouté au bail d'une ferme. Le fermier reçoit du propriétaire une certaine quantité de bestiaux qui sont estimés, et il est tenu, à l'expiration du bail, d'en laisser une valeur égale au prix de l'estimation (C. civ. 1821). Il n'y a, dans ce cheptel, aucun élément social : les profits et les pertes ne sont point partagés ni répartis entre le bailleur et le fermier.

849. Le bailleur demeure unique propriétaire du cheptel ; le fermier n'acquiert que le droit d'en user dans les lieux, suivant les modes et pendant le temps déterminé (C. civ. 1822).

850. Les animaux confiés à titre de cheptel de fer sont immeubles par destination, et, par suite, les créanciers du bailleur ne peuvent les saisir qu'avec l'immeuble. Quant aux créanciers du preneur, ils ne peuvent évidemment saisir et vendre le fonds du cheptel, qui est la propriété du bailleur ; mais on admet généralement que si le troupeau, dans son état actuel, présentait un excédent de valeur sur ce qui a été fourni au preneur au commencement du bail, lesdits créanciers pourraient saisir cet excédent. — Dans le cheptel de fer, les risques incombent, sauf convention contraire, au fermier, bien qu'il ne soit pas propriétaire du cheptel (C. civ. 1822, 1825).

851. Tous les profits du cheptel, non seulement le laitage et le travail des animaux, mais encore les laines et le croît, appartiennent exclusivement au fermier. Toutefois, le fumier n'est pas compris dans ces profits; il appartient à la métairie, à l'exploitation de laquelle il doit être exclusivement employé (C. civ. 1823, 1824).

852. A la fin du bail, le preneur ne peut retenir le cheptel en en payant l'estimation; il doit laisser un cheptel en nature, de valeur égale à celui qu'il a reçu. Il profite de l'excédent; mais, si la valeur du cheptel est inférieure à celle de la première estimation, il doit compléter cette valeur de ses deniers personnels (C. civ. 1826), quand même le déficit ne proviendrait pas de sa faute.

SECTION IV. — Contrat improprement appelé cheptel.

853. La convention dont il s'agit est celle en vertu de laquelle une ou plusieurs vaches sont données pour les loger et les « nourrir ». C'est en réalité un louage d'ouvrage. Le bailleur reste propriétaire des vaches; il a seulement le profit des veaux qui en naissent (C. civ. 1831); le preneur bénéficie du laitage et du fumier. Les animaux sont, en principe, exclusivement aux risques du bailleur. Toutefois, le preneur supporterait la perte, si elle avait eu lieu par sa faute. Lorsqu'aucune durée n'a été assignée au contrat, les vaches peuvent être soit retirées, soit rendues, à la volonté des parties, pourvu que ce soit en temps opportun, ce qu'il appartient aux juges d'apprécier.

SECTION V. — Le bail à cheptel et l'enregistrement.

854. Le bail à cheptel, considéré comme un bail de meubles, n'est pas soumis à l'enregistrement dans un délai déterminé, lorsqu'il n'est pas constaté par acte authentique. Il est soumis au droit de 0,20 pour cent francs, qui est perçu sur le prix cumulé de toutes les années (L. 16 juin 1824, art. 1) ou, à défaut de prix exprimé, sur l'évaluation de bétail à fournir par les parties (L. 22 frim. an VII, art. 69, § 1ᵉʳ, n° 2). Si le cheptel était donné à vie ou pour une durée illimitée, le droit serait de deux francs par cent francs sur le prix annuel capitalisé par dix dans le premier cas, et par vingt dans le second cas (L. 22 frim. an VII, art. 69, § 5, n° 2).

855. Le cheptel à moitié est soumis au droit proportionnel de 0,20 pour cent sur la valeur des bestiaux remis par le bailleur au preneur.

856. Le droit à percevoir sur le cheptel de fer se confond avec celui dû sur le bail. Dans ce cheptel, s'il existe un excédent, et que le fermier le laisse au bailleur moyennant un prix, cette convention donne ouverture à un droit qui est liquidé d'après la distinction suivante : s'il s'agit d'un excédent de valeur, c'est-à-dire si les bestiaux reçus ont augmenté de valeur sans augmenter en nombre, la somme remise par le bailleur, en représentation de cet excédent, est une indemnité passible du droit de 0,50 pour cent. Si, au contraire, l'excédent provient de l'augmentation du nombre des bestiaux, il y a vente passible du droit de 2 pour cent.

CHAPITRE III

LOUAGE A COLONAGE PARTIAIRE

SECTION Ire. — Définition.

857. Le bail à colonage partiaire, ou *métayage,* est le contrat par lequel le possesseur d'un héritage rural le remet pour un certain temps à un preneur qui s'engage à le cultiver, sous la condition d'en partager les produits avec le bailleur (L. 18 juill. 1889, art. 1er, D. P. 90. 4. 22). Les fruits et produits se partagent par moitié, s'il n'y a stipulation ou usage contraire (L. 1889, art. 2). La perception des fruits est à la charge du métayer ; celui-ci, avant d'y procéder, doit avertir le propriétaire ; il doit l'avertir également avant de rentrer la récolte. Il ne peut disposer des produits du fonds qu'après qu'ils ont été partagés.

SECTION II. — Droits et obligations du bailleur.

858. Le bailleur est tenu : 1° de délivrer au colon la chose louée ; 2° d'entretenir cette chose en état de servir à l'usage pour lequel elle a été louée ; 3° d'en faire jouir paisiblement le colon pendant la durée du bail. Il doit faire aux bâtiments toutes les réparations qui peuvent devenir nécessaires ; quant aux réparations locatives ou de menu entretien, qui ne sont occasionnées ni par vétusté, ni par force majeure, elles sont laissées à la charge du colon. Le bailleur est tenu, sauf clause contraire, de contribuer par moitié aux achats des matières nécessaires à l'exploitation, notamment des engrais.

859. Le transport et l'épanchement des engrais achetés sont à la charge du colon, pourvu, cependant, qu'ils puissent se faire au moyen des animaux du domaine : dans le cas contraire, la dépense devrait être supportée en commun.

860. Le bailleur a le droit de surveiller les travaux et de diriger l'exploitation, soit pour le mode de culture, soit pour l'achat et la vente des bestiaux (L. 1889, art. 5, § 1er).

SECTION III. — Obligations du colon partiaire.

§ 1er. — Obligations diverses.

861. Il doit user de la chose louée en bon père de famille, en se conformant à la destination qui lui a été donnée par le bail. Il lui est interdit d'employer les bestiaux en dehors de la culture, et spécialement à faire des charrois pour autrui. Il est obligé : de rendre la chose telle qu'il l'a reçue, suivant l'état des lieux s'il en a été dressé, sinon en bon état de réparations locatives (C. civ. 1731); ... d'avertir le bailleur des usurpations qui pourraient être commises sur le fonds (C. civ. 1768). Il répond de l'incendie, des dégradations et des pertes survenues pendant la durée du bail, à moins qu'il ne prouve qu'il a veillé à la garde et à la conservation de la chose en bon père de famille.

862. Le colon partiaire est tenu de se servir des bâtiments d'exploitation existant dans le fonds qui lui est confié et de résider dans ceux affectés à l'habitation. Il est tenu, comme le fermier (C. civ. 1767), d'engranger dans les lieux à ce destinés d'après le bail.

§ 2. — Prestations. Impôts.

863. Indépendamment de la prestation en nature qui est l'élément caractéristique du bail partiaire, et dont la quantité est variable comme les récoltes elles-mêmes, le métayer est quelquefois soumis au payement d'une prestation fixe en argent. Le métayer, d'après l'usage, serait tenu de payer cette somme sans diminution, encore que la récolte eût manqué tout à fait par cas fortuit.

864. Par exemple, dans le Lyonnais, il est admis que le granger, outre les prestations en nature consistant ordinairement en une certaine quantité de beurre, œufs, fromages, poulets, paye une prestation en argent dont la quotité varie à l'infini, mais qui souvent représente à peu près l'impôt foncier.

865. L'impôt foncier reste, en principe, à la charge du bailleur. La contribution des portes et fenêtres ou la taxe sur le revenu de la propriété foncière bâtie, qui, en vertu de l'art. 1er de la loi du 18 juill. 1892, remplace la contribution des portes et fenêtres, doit être payée intégralement par le métayer. Il en est de même, à plus forte raison, de la contribution personnelle-mobilière.

866. Au surplus, on s'en rapporte aux usages locaux qui sont variables. Ainsi, dans plusieurs cantons de la Gironde, les impôts sont payés par moitié par le maître et le métayer. Dans d'autres portions du même pays, la part du colon est acquittée au moyen d'un prélèvement (le treizième) que le maître fait sur la récolte; ou bien encore le métayer donne au maître un ou deux hectolitres de froment ou de seigle pour sa contribution à l'impôt; ailleurs, le maître prend à sa charge tous les impôts, sauf toutefois les prestations.

SECTION IV. — Privilège du propriétaire.

867. Le privilège de l'art. 2102 du C. civ. (V. *supra*, n° 272) garantit au profit du propriétaire l'exécution des obligations du métayer. Le bailleur exerce son privilège sur les meubles, effets, bestiaux et portions de récolte appartenant au colon (L. 18 juill. 1889, art. 10).

868. Le privilège garantit le payement du reliquat du compte à rendre par le colon (L. 18 juill. 1889, art. 10).

Il s'applique aussi aux sommes que le colon s'oblige à payer au propriétaire, soit pour sa part dans l'impôt foncier, soit à titre de loyer de l'habitation ou pour compenser la jouissance exclusive qu'il peut avoir de certains produits ou denrées, soit pour les prestations annuelles en argent connues sous des noms divers : droit de cour, de basse-cour, charges de culture, impôts, menus suffrages, et dont l'importance varie suivant l'avantage que présente l'exploitation du domaine. Le privilège garantit de même le remboursement des avances faites au colon pour les besoins de l'exploitation.

SECTION V. — Règlement annuel des comptes.

869. Chacune des parties peut demander le règlement annuel du compte d'exploitation. Si un litige s'élève sur les éléments de ce compte, il est de la compétence du juge de paix, sauf le cas où les obligations résultant du contrat seraient contestées. Ce magistrat juge sans appel lorsque l'objet de la contestation ne dépasse pas le taux de sa compétence en dernier ressort, c'est-à-dire 300 francs (L. 12 juill. 1905, art. 1er), et, à charge d'appel, à quelque somme que le litige puisse s'élever. Le juge statue sur le vu des registres des parties, et peut même admettre la preuve testimoniale s'il le juge convenable (L. 18 juill. 1889, art. 11).

SECTION VI. — Prescription particulière.

870. Toute action résultant du bail à colonage partiaire se prescrit par cinq ans. Cette prescription ne s'applique pas spécialement à chaque année ; ce n'est qu'à partir de la sortie du colon qu'elle commence à courir.

SECTION VII. — Fin du bail à colonage.

871. Les art. 1774 et 1776 C. civ., qui fixent la durée des baux ruraux sans écrit, ne sont pas applicables aux baux à colonat partiaire. Par suite, en cas de bail sans écrit, ayant pour objet la culture d'un fonds soumis à la pratique des assolements, la résiliation du bail n'est plus subordonnée à l'expiration de la période d'assolement en cours. Les baux à colonat partiaire faits sans écrit, ou renouvelés par tacite reconduction, doivent donc être considérés comme consentis pour une durée indéterminée; ils prennent fin par la volonté de chacune des parties, pourvu qu'elle donne congé à l'autre dans les délais établis par l'usage des lieux (1).

872. Le contrat de colonat partiaire se résout, comme le louage en général, par le défaut respectif du bailleur et du preneur de remplir leurs engagements. L'infirmité du colon ne serait une cause de rupture que si elle lui ôtait la faculté de diriger et surveiller les travaux, et le mettait dans l'impossibilité de remplir ses obligations.

SECTION VIII. — Règles diverses.

873. A. *Perte de la chose.* — La perte totale par cas fortuit des biens donnés à métayage entraîne l'extinction du contrat. S'ils ne sont détruits que partiellement, le bailleur peut se refuser à faire les réparations et les dépenses nécessaires pour les remplacer et les rétablir. La résiliation peut alors, suivant les circonstances, être demandée soit par le preneur, soit par le bailleur. En ce dernier cas, le preneur peut avoir droit à une indemnité (L. 18 juill. 1889, art. 8). La perte totale ou partielle de la récolte par cas fortuit ne lui donne, au contraire, droit à aucune indemnité : chacun supporte sa portion correspondante dans la perte commune (L. 1889, art. 9).

874. B. *Vente de la métairie.* — Si la métairie est vendue, la vente ne résout pas de plein droit le bail à colonat

---

(1) Exemple : Dans la région de Toulouse, le délai qui doit être observé pour le congé varie suivant les communes. Dans les unes, le congé doit être donné avant le 24 juin; dans d'autres, il doit intervenir soit six mois, soit dix mois avant la sortie du métayer, qui partout a lieu le 11 novembre, époque où toutes les récoltes ont été retirées.

partiaire. Mais le contrat cesse « s'il a été convenu qu'en cas de vente l'acquéreur pourrait résilier ». Cette disposition suppose d'ailleurs un bail à colonat partiaire écrit et ayant date certaine opposable à l'acquéreur du bien. L'acheteur qui veut user de la faculté de résiliation doit donner congé au colon suivant l'usage des lieux. Ainsi l'obligation exceptionnelle imposée à l'acquéreur vis-à-vis d'un fermier de biens ruraux par l'art. 1748, § 2, C. civ., aux termes duquel l'acquéreur doit avertir le fermier des biens ruraux, au moins un an à l'avance, n'est pas imposée à l'acquéreur du domaine cultivé par un colon partiaire.

875. C. *Prohibition de sous-louer.* — Le colon partiaire n'a le droit ni de sous-louer, ni de céder, s'il ne lui a été expressément accordé par le bail (C. civ. 1763). En cas de contravention, le propriétaire a le droit de rentrer en jouissance, et le preneur peut être condamné à des dommages-intérêts (C. civ. 1764). Les tribunaux peuvent, d'ailleurs, tenant compte des circonstances, ne pas prononcer la résiliation pour toute infraction à cette règle.

876. D. *Droit de chasse et de pêche.* — Dans le bail à colonage partiaire, le droit de chasse et de pêche reste au propriétaire (L. 1889, art. 5, § 2).

877. E. *Représentation et responsabilité vis-à-vis des tiers.* — Le colon partiaire, lorsqu'il achète des bestiaux, ne peut pas être, à moins d'une preuve formelle à cet égard, considéré comme le mandataire du propriétaire ; qu'on l'envisage comme preneur ou comme associé vis-à-vis du propriétaire, il est sans qualité pour engager celui-ci vis-à-vis des tiers. En conséquence, le propriétaire poursuivi en payement solidaire du prix de vaches achetées par le colon partiaire doit être mis hors de cause, si rien n'établit qu'il ait donné à celui-ci le mandat d'acheter, et si tout fait présumer, au contraire, que le colon partiaire n'a traité qu'en son nom seul et a été, au moment du contrat, accepté par le vendeur comme unique débiteur.

878. Le métayer n'est pas le préposé du propriétaire dans les opérations du colonage, telles que la garde du cheptel, et il ne peut engager sa responsabilité, à moins qu'il n'ait agi en vertu d'un mandat spécial. Dès lors, à défaut de ce mandat, le métayer est seul responsable du dommage causé par les animaux dont il a la garde en vertu du contrat de colonage et qu'il conduit et vend en foire en vertu de ses obligations de colon.

879. *Cheptel donné au colon partiaire.* — Il peut être de deux sortes : ce peut être un cheptel à moitié (V. plus haut, n° 847), ou bien le bailleur peut fournir tous les animaux : dans ce dernier cas, c'est une variété du cheptel simple. Le bailleur supporte la perte du cheptel lorsque celui-ci périt en entier sans la faute du colon (C. civ. 1827). Au contraire, lorsque la perte n'est que partielle, le colon en supporte la moitié. À la différence de ce qui a lieu dans le cheptel simple, il est permis de stipuler : 1° que le colon délaissera au bailleur sa part de la toison à un prix inférieur à sa valeur ordinaire ; 2° que le bailleur aura une plus grande part du profit ; 3° qu'il aura la moitié des laitages ; 4° que le colon partiaire supportera une partie de la perte totale du cheptel ; mais on ne pourrait convenir que cette perte sera pour le tout à sa charge. En ce qui concerne l'emploi des fumiers, la règle est la même que dans le cheptel de fer.

880. Le cheptel finit avec le bail, dont il est l'accessoire (C. civ. 1829) ; il est, d'ailleurs, soumis à toutes les règles du cheptel simple : notamment, à celles qui concernent le partage des profits,... à celle qui interdit· au preneur de disposer des animaux du cheptel.

SECTION IX. — Enregistrement.

881. Le bail à colonage partiaire ou à portion de fruits (L. 22 frim. an VII, art. 15, n° 1) est assujetti au droit proportionnel de bail de 0,20 pour cent, calculé sur la portion des fruits revenant au bailleur d'après l'évaluation des parties, et soumis aux dispositions de la loi du 23 août 1871 relatives au délai dans lequel doit être effectué l'enregistrement des baux verbaux et à la faculté de fractionner l'acquittement de l'impôt en autant de payements égaux qu'il y a de périodes de trois ans dans la durée du bail (V. *supra,* n°ˢ 33, 37).

APPENDICE

POLICE SANITAIRE RURALE

882. La loi du 21 juin 1898 (D. P. 98. 4. 125), sur la police rurale, contient plusieurs dispositions relatives tant à la salubrité des fermes et bâtiments d'exploitation rurale qu'à la police sanitaire des animaux. Ces dispositions sont imposées indistinctement aux *propriétaires*, usufruitiers, usagers, *fermiers* ou *tous autres possesseurs* ou exploitants. Elles intéressent donc toutes ces catégories de personnes.

883. Notamment, aux termes des art. 31 et suiv., tout propriétaire, toute personne ayant, à quelque titre que ce soit, la charge des soins ou la garde d'un animal atteint ou soupçonné d'être atteint de maladies contagieuses, est tenu d'en faire immédiatement la déclaration au maire de la commune où se trouve l'animal; 2° de prendre des mesures d'isolement. Le maire fait procéder sans retard par un vétérinaire à la visite de l'animal et à l'autopsie du cadavre. Ce vétérinaire, après avoir constaté que toutes les mesures de désinfection ont été prises, adresse son rapport au préfet. Ce dernier, après la constatation de la maladie, statue sur les mesures à mettre à exécution dans le cas particulier. Il prend, s'il est nécessaire, un arrêté portant déclaration d'infection.

884. Cette déclaration peut entraîner, dans le périmètre qu'elle détermine, l'application des mesures suivantes : 1° l'isolement, la séquestration, la visite, le recensement et la marque des animaux et troupeaux dans ce périmètre; 2° la mise en interdit de ce même périmètre; 3° l'interdiction momentanée ou la réglementation des foires et marchés, du transport et de la circulation du bétail; 4° la désinfection des écuries, étables, voitures ou autres moyens de transport, la désinfection ou même la destruction des objets à l'usage des animaux malades ou qui ont été souillés par eux et généralement des objets quelconques pouvant servir de véhicules à la contagion.

885. Certaines maladies : peste bovine, morve, farcin, tuberculose, péripneumonie, rage, donnent à l'autorité le droit de faire procéder à l'abatage des animaux malades ou contaminés. Une indemnité est due, dans ce cas, au propriétaire. Elle varie du *tiers* aux *trois quarts* de la valeur des animaux avant la maladie, suivant la nature de celle-ci. Dans certains cas, l'indemnité s'élève même à la *totalité* de la valeur de l'animal. La loi a toutefois fixé, pour chaque cas, un maximum qui ne peut être dépassé. Dans tous les cas, sauf celui de saisie totale, la valeur de la viande et des dépouilles vendues par les soins du propriétaire, sous le contrôle du maire, est déduite de l'indemnité prévue. La demande d'indemnité doit être adressée au ministre de l'Agriculture dans le délai de trois mois à dater du jour de l'abatage sous peine de déchéance. L'indemnité est fixée par le ministre, sauf recours au Conseil d'État.

QUATRIÈME PARTIE

PARTICULARITÉS
RELATIVES AUX FONDS DE COMMERCE

CHAPITRE PREMIER

DURÉE DES BAUX. — USAGES

886. *Paris.* — Les baux de maisons entières ou portions de maisons occupées par un commerçant ou marchand ayant boutique ou magasin de vente en gros ou en détail sont censés faits pour des durées subordonnées aux délais adoptés par l'usage pour les congés tels qu'ils sont indiqués plus loin (V. n° 891) (1).

887. *Lille.* — Toute maison ou partie de maison à usage commercial est réputée louée à l'année, alors même que les loyers seraient payés mensuellement.

888. *Rennes.* — A défaut de convention écrite, la durée des baux des magasins et boutiques est d'un an à Rennes et dans la région.

889. *Marseille.* — Au point de vue de la durée des baux, on ne fait pas de différence entre la location des

---

(1) PABON, n° 46.

usines, magasins, boutiques, chaix, celliers, remises, écuries et celles des maisons. Relativement à ces dernières, V. *infra,* n°ˢ 476, 496.

890. *Lyon.* — En matière de magasins et appartements, l'usage veut qu'à défaut de convention expresse le bail ait une durée d'une année au moins, et cela alors même que le prix serait payable trimestriellement.

CHAPITRE II

DÉLAI DE CONGÉ

891. — A *Paris*, le congé doit être donné six mois d'avance si le bail a pour objet une boutique située sur la rue, et cela quel que soit le chiffre du loyer.

891 *bis*. — Quant aux baux de boutiques ne donnant pas sur la rue, ils sont soumis par l'usage aux délais de trois mois ou de six semaines, suivant le taux du loyer (1).

892. *Rennes.* — Le délai de congé, pour les magasins, est ordinairement de six mois.

893. *Marseille.* — Dans le cas de location au mois de salles destinées à entreposer des marchandises, le congé doit être donné huit jours à l'avance ; de plus, il est accordé au locataire le délai nécessaire pour écouler les marchandises entreposées ; le congé donné a seulement pour effet d'interdire au locataire la faculté d'introduire de nouvelles marchandises dans les lieux loués.

894. *Lyon.* — En principe, le délai de congé est le même que pour les appartements à usage exclusif d'habitation (V. n° 499). — Il existe un délai spécial de six mois pour le congé de toute location d'usine, forge, boulangerie ou autre établissement exigeant des constructions particulières.

895. *Nancy.* — On stipule fréquemment un délai de congé de six mois.

896. *Usages divers.* — Le délai de six mois se rencontre dans de nombreuses villes. Par exemple, une décision de la cour de Chambéry, du 13 août 1902, semble le considérer comme communément admis (D. P. 1907. 2. 232).

---

(1) PABON, n° 48.

CHAPITRE III

**IMPOTS FRAPPANT LES FONDS DE COMMERCE
OBLIGATIONS RESPECTIVES
DU BAILLEUR ET DU PRENEUR**

SECTION Ire. — Patente.

§ 1er. — Principe : Obligation exclusive du locataire.

897. La patente est due personnellement par tout *individu*, français ou étranger, exerçant en France, d'une manière habituelle et pour son compte, un commerce, ou une industrie, ou une profession. Le locataire commerçant en est donc tenu sans que le propriétaire puisse jamais être recherché pour le payement de cette contribution aux lieu et place du preneur. L'obligation du bailleur ne peut exister que dans le cas suivant tout à fait exceptionnel.

§ 2. — Responsabilité exceptionnelle du propriétaire.

898. Les propriétaires et, à leur place, les principaux locataires, sont responsables du dernier douzième échu et du douzième courant de la *patente* de leurs locataires, s'ils n'ont pas donné avis au percepteur du déménagement de ces locataires *un mois* avant le terme fixé par le bail ou par les conventions verbales et, dans le cas où ce terme est devancé, comme aussi dans le cas de déménagement furtif, s'ils n'ont pas, dans les huit jours, signalé le déménagement au percepteur.

899. La responsabilité du propriétaire qui n'a pas notifié régulièrement au percepteur le déménagement d'un locataire n'est pas limitée à l'année courante et s'étend aux années antérieures.

900. Mais le propriétaire, qui a omis de déclarer au percepteur le déménagement de son locataire, n'étant responsable que du dernier douzième échu et du douzième courant, lorsqu'à la date du déménagement le rôle de l'année n'avait pas encore été mis en recouvrement, le propriétaire n'est responsable que du dernier terme de l'année précédente, dernier terme seul exigible.

901. Celui qui a sous-loué un magasin dont il était locataire dans une maison appartenant à un tiers ne peut être considéré comme principal locataire et, par suite, n'est pas responsable de la patente due par le sous-locataire.

SECTION II. — Autres impôts.

902. Dans certaines villes, notamment Paris (L. 21-23 mars 1901) et Lyon, des taxes spéciales ont été créées sur les débits de boissons et sur les locaux industriels ou commerciaux. Ces taxes frappent les tenanciers personnellement, et, lorsque ces derniers ne sont que locataires des lieux où s'exploite leur industrie, ils n'en sont pas moins seuls obligés. S'ils ne s'acquittaient pas, l'Administration n'aurait un recours contre le bailleur que dans le cas exceptionnel indiqué *supra*, n° 898. Ce recours, au surplus, est principalement théorique et s'exerce peu, pratiquement.

CHAPITRE IV

APPLICATIONS SPÉCIALES AU TENANCIER
D'UN FONDS DE COMMERCE
DES PRINCIPES GÉNÉRAUX RELATIFS A LA JOUISSANCE
ET A L'USAGE DE L'IMMEUBLE·URBAIN

SECTION Iʳᵉ. — Usage de la façade. — Enseignes.

903. Il est d'usage, à Paris notamment, dans la location de boutiques ou de magasins, que les enseignes extérieures soient posées, soit au-dessus, soit au-dessous, soit dans l'intervalle des croisées de chacun des locataires exerçant une industrie, mais de manière, toutefois, qu'elles ne dépassent point les corniches et bandeaux séparant les divers étages de la maison (1).

904. En l'absence de conventions contraires, le locataire d'une boutique a le droit de placer des tableaux ou cadres indiquant sa profession sur le pilastre de sa boutique : en cela, il ne fait que se conformer à l'usage. Mais l'enseigne ne pourrait être prolongée au-devant des locaux occupés par d'autres locataires, sans leur consentement.

905. Il appartient aux juges d'apprécier, suivant les circonstances, si l'apposition d'enseignes, d'écriteaux, de plaques indicatives, constitue ou non un abus de jouissance, de même qu'il leur appartient d'interpréter les

---

(1) Pᴀʙᴏɴ, nº 79.

clauses des baux par lesquelles les parties auraient réglé leurs droits à cet égard,

906. L'autorisation donnée au locataire par une clause du bail d'annoncer son industrie par des enseignes dont le nombre, la forme et le lieu d'apposition sont spécialement indiqués, est réputée limitative et fait obstacle à ce que le locataire fasse usage d'autres moyens d'indiquer extérieurement l'exercice de sa profession.

907. Des locataires, autorisés par leur bail « à mettre des plaques avec inscriptions indiquant leur industrie et leur raison sociale », n'excèdent pas leurs droits en mettant une plaque au-dessus d'une porte d'entrée et au-dessus d'une croisée, et, les énonciations qui figurent sur les panneaux se bornant à indiquer l'industrie des preneurs et leur mode d'exploitation, il n'y a pas lieu d'en ordonner la suppression.

908. Mais, en aucun cas, à moins d'autorisation expresse du bailleur, un preneur ne peut opposer sur le mur de la maison des affiches étrangères à sa profession. Le propriétaire serait en droit de s'opposer formellement à l'apposition de telles affiches. Ainsi le locataire ne peut donner à un entrepreneur de publicité l'autorisation de clouer sur la façade de la maison louée des affiches-réclames de produits industriels. Cet affichage constitue, en effet, une modification dans la destination des lieux loués, interdite au locataire par l'art. 1728 C. civ. — Le propriétaire serait fondé à demander la suppression des affiches posées sans son consentement et à réclamer, en outre, des dommages-intérêts contre l'agence de publicité qui a placé les affiches.

909. Un preneur commerçant, sur le point de quitter les lieux loués, peut annoncer son changement de domicile au moyen d'une bande en calicot tendue sur la façade de la maison, surtout lorsque le bailleur a usé du même procédé pour annoncer que sa maison était à louer.

SECTION II. — Exercice d'industries bruyantes ou incommodes.

§ 1ᵉʳ. — Principes.

910. Le locataire est tenu, même dans le silence du bail, de respecter la tranquillité des autres locataires de la maison qu'il occupe. Mais cette obligation est relative et doit être étendue différemment, suivant qu'il s'agit de maisons bourgeoises ou de locations industrielles. Dans ce dernier cas, on ne peut reprocher au locataire comme une faute les travaux, même bruyants et incommodes, de sa profession, s'il s'y livre d'une façon normale et sans abus.

911. Spécialement, le propriétaire qui a loué à des tailleurs un local pour y exercer leur commerce ne peut leur reprocher comme un trouble constituant une faute le bruit que font leurs ouvriers en travaillant avec leurs fers à repasser dits « carreaux », lorsqu'il est établi, d'une part, que ces ouvriers ne sont pas en nombre supérieur à celui exigé par l'importance des affaires des locataires et, d'autre part, qu'ils manient leurs instruments conformément à l'usage de la profession. — En conséquence, si le bruit ainsi occasionné apporte un trouble à la jouissance paisible d'un locataire bourgeois de la maison, les tailleurs ne sont pas tenus de garantir le propriétaire des condamnations prononcées contre lui au profit de ce locataire.

912. Par contre, l'introduction dans les lieux loués d'industries réellement incommodes, insalubres, dangereuses ou immorales, peut constituer, pour les colocataires de ceux qui exploitent ces industries, un trouble de jouissance dont ils sont fondés à se plaindre au *propriétaire* pour lui réclamer, sinon la cessation complète de ce trouble (et, à défaut, la résiliation de leurs baux), du moins l'atténuation des inconvénients qui résultent pour eux de la nouvelle location.

§ 2. — Applications.

913. *Cafés, réunions tumultueuses,* etc. — Un propriétaire troublerait la jouissance de son locataire si, contre tous les usages existant dans l'immeuble, il ouvrait sa maison à des réunions tumultueuses, telles que bals publics, cafés; s'il y créait une auberge, ou bien un bureau, ou une station de voitures publiques; s'il y établissait des ateliers insalubres.

914. L'établissement d'une filature dans une maison partiellement occupée par une école primaire, et dans l'étage supérieur à celui où l'école est tenue, constitue, lorsque le bruit des métiers nuit sensiblement aux exercices de cette école, un trouble à la jouissance de la chose louée, que le locateur est tenu de faire cesser.

915. La substitution par le bailleur, dans la maison louée, d'un café à un magasin de chaussures précédemment établi, constitue un trouble de nature à entraîner la résiliation du contrat. — De même, le locataire d'un étage d'une maison peut se plaindre de la location faite ultérieurement, pour usage de café, d'autres locaux de la maison occupés auparavant par une débitante de tabac et un marchand d'outils d'horlogerie.

916. La substitution, faite par le bailleur dans la maison louée, d'un restaurant à un cercle, qui devait, aux termes d'une clause du bail de cet établissement, être tenu de la manière la plus honorable, peut être considérée comme une modification essentielle donnant lieu à résiliation, avec dommages-intérêts, au profit des autres locataires, surtout si la position sociale de ceux-ci, leurs relations et l'importance de leur loyer témoignent que le voisinage du nouvel établissement est incompatible avec leurs habitudes.

917. *Spectacles, Cinématographes.* — Un locataire est en droit de demander au bailleur la résiliation de son bail avec dommages-intérêts, pour trouble apporté à l'exercice de son commerce, lorsqu'un spectacle bruyant (dans l'espèce, un cinématographe) a été installé dans l'immeuble

contigu à celui qu'il occupe et qui appartient au bailleur.
— Il en est ainsi, bien que le spectacle ait été installé avec
l'autorisation de l'autorité administrative (Trib. civ. Seine,
3 nov. 1909, D. P. 1910. 5. 29).

918. *Machines, Moteurs.* — En principe, l'établissement d'une machine à vapeur dans les lieux loués est
permis au preneur, pourvu qu'il n'en résulte aucun préjudice ni pour le bailleur, ni pour les autres locataires,
ni même pour les habitants des maisons voisines. On ne
saurait non plus reprocher à un locataire de posséder et
de faire mouvoir une machine à vapeur si, lors de son
entrée, il exerçait déjà une profession qui en nécessite
l'emploi et si, d'autre part, il n'a pas, au cours du bail,
accru son outillage. Les décisions rapportées aux numéros
suivants font l'application de ces deux principes.

919. Le locataire qui a pris à bail un local, dans lequel
il a déclaré vouloir exercer la profession d'imprimeur,
peut, sans le consentement du propriétaire, y établir une
machine à vapeur pour l'utilité de son industrie, alors,
d'ailleurs, qu'il n'en résulte *aucun préjudice* pour le propriétaire.

920. L'introduction d'un moteur à gaz dans un atelier
par le locataire, qui avait activé jusque-là ses machines au
moyen d'un autre procédé, peut constituer un changement
de jouissance, de nature à légitimer de la part du bailleur
une demande en suppression ; il en est autrement quand
le preneur s'était annoncé comme exerçant une industrie
dans des conditions déterminées et qu'il n'a apporté dans
son outillage aucune *modification* depuis son entrée dans
les lieux loués.

921. Le locataire est, dans ce cas, en droit de conserver
ses appareils en l'état, malgré les inconvénients qui peuvent
en résulter. — Cependant, il appartient aux tribunaux
d'ordonner pour l'avenir des travaux pouvant atténuer,
dans la mesure du possible, le bruit causé par les appareils
employés par le locataire (spécialement, la mise en marche
d'un moteur à gaz et des machines qu'il active).

922. Au contraire, le propriétaire est fondé à réclamer
des dommages-intérêts à son locataire à raison du bruit

et des trépidations produits par les machines de ce locataire qui exerce dans l'immeuble la profession d'imprimeur. Et le locataire ne peut prétendre que les conséquences de sa profession devaient en être connues du propriétaire, au moment de la location, alors, du moins, que son matériel a été considérablement modifié depuis son entrée en jouissance, et alors aussi qu'il n'a pas pris les mesures nécessaires pour réduire au minimum les inconvénients résultant pour les voisins de l'emploi de ses machines.

923. *Industries dangereuses, Surprime d'assurance.* — Le bailleur doit, même en cas de silence du bail, indemniser le preneur des surprimes d'assurance résultant pour celui-ci de la location d'une autre partie de l'immeuble faite à un tiers qui exploite une industrie dangereuse. Mais le bailleur a un recours contre le tiers, s'il s'est réservé expressément ce droit dans son bail (Bordeaux, 22 mars 1910, D. P. 1911. 5. 5).

CHAPITRE V

APPLICATION SPÉCIALE DE L'OBLIGATION DE GARANTIE INCOMBANT AU BAILLEUR
COEXISTENCE DANS LE MÊME IMMEUBLE DE COMMERCES SIMILAIRES

SECTION Ire. — Principe.

924. On admet, en règle générale, que le propriétaire qui a loué une partie de son immeuble à un commerçant conserve, en principe, la faculté d'admettre dans le surplus de l'immeuble un second preneur exerçant une industrie similaire ou même identique à celle du premier

925. Le bailleur a ainsi la faculté de louer, successivement, à deux personnes exerçant la même industrie, alors surtout que le quartier et la rue dans lesquels est située la maison sont affectés, par l'usage, à ce genre d'industrie, ou que le premier preneur n'a pas même fait connaître au bailleur le commerce qu'il avait l'intention d'exploiter dans les lieux par lui loués.

SECTION II. — Exceptions.

926. Le propriétaire perd le droit qui lui est ainsi reconnu s'il résulte des termes du bail ou des circonstances qu'il y a renoncé, ou si l'exploitation nouvelle qu'on voudrait introduire dans l'immeuble est le résultat d'une fraude concertée dans un but de concurrence déloyale.

§ 1er. — Clause du bail.

927. Incontestablement, le propriétaire ne peut pas, après avoir loué à un commerçant, soit exercer le même commerce dans la maison, soit louer à un individu exerçant la même profession, s'il avait été inséré dans le bail une *clause expresse* à cet égard. — Dans le cas où le propriétaire contreviendrait à cette clause du bail, il serait responsable de la concurrence faite au locataire primitif par le locataire postérieur.

928. En l'absence d'une clause expresse, l'interdiction de cette faculté peut être tirée de *l'interprétation des clauses du bail*. Ainsi les juges peuvent, par interprétation du bail, faire résulter l'interdiction du droit d'admettre une industrie rivale, de la volonté commune des parties, et notamment de cette circonstance que le preneur, en consentant à supporter des frais d'appropriation considérables, a dû entendre s'assurer la jouissance paisible des lieux loués, sans avoir à craindre l'établissement, dans les mêmes lieux loués, d'une exploitation rivale.

929. La clause interdisant de louer pour un commerce similaire à celui du preneur, étant une dérogation au droit commun, doit être interprétée *restrictivement;* en cas de doute sur l'étendue de ladite clause, c'est donc en faveur des droits du bailleur plutôt qu'en faveur de ceux du preneur, qu'il convient de se prononcer.

930. Ainsi, lorsque, dans le bail consenti à un commerçant, il est stipulé que le bailleur ne pourra pas louer les autres dépendances de l'immeuble à des personnes exerçant le même commerce, une pareille prohibition ne peut s'appliquer qu'à un commerce identique ou semblable à celui exploité par le preneur au moment où le bail a été passé. — On ne saurait, à ce point de vue, avoir égard à la substitution que le preneur a faite postérieurement d'un commerce différent à celui qu'il exerçait primitivement. — Mais le bailleur, qui s'est engagé envers son preneur à ne point admettre dans la même maison un locataire exerçant la même industrie que lui, doit répondre de la concurrence résultant, non du fait d'un nouveau locataire, mais de l'extension du commerce d'un locataire plus ancien.

931. Le propriétaire qui a promis à son locataire de n'admettre dans la maison aucune personne faisant un certain commerce, contrevient à cet engagement en permettant à un locataire ultérieur, qui s'est engagé à ne pas faire concurrence au premier, de poser sur sa devanture une annonce comprenant dans ses termes le commerce prohibé, alors même que le second locataire n'aurait pas vendu, en fait, des *objets similaires* à ceux que vend le premier.

932. Pour interpréter la clause d'un bail interdisant au bailleur de louer pour le même commerce deux magasins *contigus*, il y a lieu de considérer que, dans le sens pratique et commercial du mot, sont réputés contigus deux magasins placés au rez-de-chaussée de la même maison, bien qu'ils soient séparés par une allée.

§ 2. — Circonstances.

933. Lorsqu'il résulte des *circonstances et faits contemporains du bail*, que la commune intention des parties a été d'interdire au bailleur la faculté d'introduire dans l'immeuble loué une industrie semblable à celle de son locataire, l'introduction d'une telle industrie constitue un trouble à la jouissance du preneur.

934. Ainsi, lorsque le propriétaire d'une maison la loue par parties pour l'exercice, dans chacune d'elles, de deux professions distinctes, et notamment d'un café-restaurant et d'un café chantant, avec défense faite à chacun des locataires de transformer son établissement en un établissement semblable à celui de l'autre locataire, cette défense a pu être considérée, par interprétation de la volonté commune du bailleur et de chaque locataire, comme créant au profit de chacun des locataires le droit à l'exploitation exclusive de son industrie dans les lieux loués. Et, spécialement, le maître du café-restaurant peut s'opposer à la transformation du café chantant en café-restaurant..., encore que, pendant le cours de son bail, il ait mis sur son enseigne le mot brasserie, si son établissement a conservé le caractère qu'il avait lors du bail.

935. L'interdiction de location pour l'installation d'une industrie rivale peut notamment se déduire : ... de ce fait que la commune intention des parties était évidemment qu'en échange des sacrifices qu'il faisait, le preneur pût jouir paisiblement des lieux loués, sans avoir à craindre d'être troublé par l'établissement, à sa porte, d'une concurrence ruineuse ;... de présomptions tirées de la nature particulière du commerce ou de l'industrie, des circonstances du voisinage ou des habitudes du quartier ;... ou de la connaissance qu'avait le bailleur de la profession du premier locataire, et de la disposition respective des locaux successivement loués pour l'exploitation d'industries ou de commerces similaires (la confection et la vente de vêtements, dans l'espèce) ; spécialement, lorsque cette disposition rend une confusion très facile.

§ 3. — Fraude concertée.

936. Le premier locataire serait encore fondé à se plaindre s'il établissait que le propriétaire a introduit dans l'immeuble un second preneur, exerçant une industrie similaire, dans le but de favoriser frauduleusement une concurrence déloyale.

SECTION III. — Commerces réputés similaires.

§ 1. — Commerces ayant trait à l'alimentation.

937. A. *Jurisprudence*. — L'interdiction à laquelle s'est soumis le bailleur d'une portion de maison, de louer l'autre portion à un *café* ou *cercle,* peut, par interprétation de la volonté des parties, être considérée comme renfermant l'interdiction de la louer à un *restaurateur*.

938. On doit voir une violation de la clause prohibitive insérée au bail consenti à un marchand *épicier*, dans le fait d'admettre un second locataire pour exercer le commerce de *thés, cafés, chocolats et liqueurs à emporter;* en un mot, de tout ce qui concerne la partie dite *spécialité de café*.

939. Le bailleur qui a loué un local pour l'exploitation du commerce de *limonadier*, en s'engageant à n'admettre, dans sa maison, aucun autre locataire exerçant la même profession, est responsable vis-à-vis de son locataire s'il loue ultérieurement une autre boutique de la même maison à un *crémier* qui, n'ayant point été prévenu par son bailleur de l'engagement souscrit, vend, dans les lieux loués, des objets de consommation, tels que café et liqueurs, en concurrence avec le premier locataire.

940. Lorsqu'un principal locataire a donné à bail des locaux séparés à un *épicier, débitant de vins et liqueurs* d'une part, à un *marchand de bois et charbon* d'autre part, et a « clairement exprimé dans les actes de location qu'il était interdit à ces locataires d'exercer d'autres commerces que ceux y exprimés », l'épicier est fondé à se plaindre que le marchand de bois ait contrevenu à ces conventions en vendant du « vin à emporter ».

941. Par contre, lorsqu'un propriétaire, en louant certains locaux pour usage de *débit de tabac* avec *estaminet*, s'est interdit de louer pour estaminet d'autres parties de son immeuble, le locataire principal du surplus de l'immeuble ne contrevient pas à la prohibition en louant ultérieurement soit à un *marchand de vins traiteur*, soit à un *liquoriste*, soit à un *épicier-crémier*, ces diverses professions, malgré quelques similitudes avec celle de maître d'estaminet, en étant néanmoins distinctes.

942. On ne peut pas considérer comme similaire avec le commerce de cafetier le commerce d'un épicier qui tient, dans le local de son épicerie, un petit comptoir de boissons, alors que, d'après l'usage des lieux, la tenue d'un tel comptoir est réputé l'accessoire légitime du commerce d'épicerie (Lyon, 26 déc. 1902, D. P. 1904. 2. 128).

943. De même, dans certaines villes, le commerce d'épicerie implique le droit de vendre des vins et liqueurs à emporter ; par suite, lorsque, par une clause d'un bail, le bailleur s'est engagé, envers un locataire marchand de vins traiteur, à interdire dans l'immeuble tout commerce similaire, il ne viole pas ses engagements en laissant un autre locataire, exerçant le commerce d'épicerie, vendre des vins et liqueurs à emporter (Trib. civ. Seine, 7 déc. 1907, D. P. 1908. 5. 27) (V. *infra*, n° 947).

944. Ces dernières solutions font l'application d'un principe que la jurisprudence a fréquemment consacré et qui peut se formuler ainsi : Lorsqu'un propriétaire, en louant une partie de sa maison pour l'exercice d'une industrie déterminée, s'est interdit de louer d'autres parties de son immeuble pour l'exercice de la même profession, cette interdiction ne frappe que l'industrie spécialement désignée, sans qu'il soit possible de l'étendre à une autre. — Le locataire dont le bail contient une pareille clause n'est pas fondé à se plaindre de la concurrence que lui font de nouveaux locataires exerçant une profession distincte, en vendant, accessoirement à l'objet de leur commerce principal, des objets dont le débit rentre plus particulièrement dans le sien, alors, d'ailleurs, que l'usage local autorise de leur part une pareille extension.

945. Le propriétaire qui, en louant à un individu le local nécessaire pour l'exploitation du commerce de *marchand de vins, logeur en garni,* s'est interdit de louer à une autre personne exerçant la même profession, conserve le droit de louer un local indépendant du premier pour l'établissement d'un *café-restaurant.* Et, dans ce cas, le second locataire n'excède pas son droit en vendant, conformément à un usage généralement admis dans les cafés-restaurants, du vin en bouteille à consommer sur place, même en dehors des repas, alors qu'il s'est abstenu de vendre du vin, soit à la mesure, soit pour être emporté et consommé au dehors.

946. B. *Usages.* — *Paris.* — Le travail de ressemelage de chaussures est, suivant un usage constant, l'accessoire du commerce de marchand de vins et charbons au détail.

947. Le commerce d'épicerie implique le droit de vendre des vins et liqueurs à emporter.

948. *Lyon.* — Il est d'un usage constant à Lyon que l'exercice du petit commerce de marchand d'herbes ou d'épicerie (V. *supra,* n° 942) comporte un porte-pôt. — De même, dans cette ville, le propriétaire qui a loué, dans un quartier populeux et ouvrier, un magasin pour y exercer la profession d'épicier, marchand de vins et charcutier, ne saurait s'opposer à ce que le preneur joigne à ces divers commerces la vente de fruits, légumes et herbages.

§ 2. — Commerces de modes et lingerie.

949. A. *Jurisprudence.* — La promesse faite par le bailleur au locataire de ne louer dans la maison à aucun marchand, fabricant ou vendant des *objets de chemiserie pour hommes,* cols, cravates et nouveautés pour hommes, ne s'applique qu'à l'interdiction de louer à un commerce spécial de lingerie et nouveautés pour hommes, et non à un commerce qui embrasse dans sa généralité toutes les branches de toilette pour hommes et pour femmes.

950. Il y a lieu de considérer comme similaire au commerce de *dépôt de flanelles et tissus hygiéniques* celui de marchand de *bonneterie* et *confections,* comportant la vente d'objets tels que caleçons, chaussettes, gilets de flanelle.

951. Le bailleur qui a loué un magasin à une *marchande de modes,* en s'engageant « à ne louer aucun magasin dans la même maison à des personnes faisant le commerce des modes, lingerie, etc., » est responsable vis-à-vis de sa locataire, s'il loue ultérieurement un autre magasin à une autre commerçante, annonçant, sur la devanture de sa boutique, un commerce de *modes de Paris,* coiffures, plumes, rubans, chapeaux de paille et nouveautés. — Et il importe peu que, dans le bail consenti à la seconde locataire, celle-ci se soit obligée à ne pas faire concurrence à la première locataire, puisque, par cela seul que le bailleur l'autorisait à annoncer au public son commerce de marchande de modes, il contrevenait à la clause prohibitive exprimée dans le premier bail.

952. Lorsqu'aux termes du bail d'un magasin, un propriétaire s'est interdit de louer une autre partie de sa

maison à un locataire exerçant le commerce de lingerie,
ce propriétaire ne viole pas les conditions du contrat en
donnant à bail un autre magasin à un marchand de robes
et peignoirs, alors, d'ailleurs, que l'usage local exclut
du commerce de lingerie la vente des robes et peignoirs
(V. *infra*, n° 954), et alors, surtout, que les articles vendus
par le nouveau locataire, consistant spécialement en robes
d'intérieur japonaises dites kimonos, se différencient complètement, par leur caractère d'exotisme et de haute fan-
taisie, des articles de lingerie d'un usage courant (Trib.
civ. Seine, 6 avr. 1906, D. P. 1907. 5. 4).

953. B. *Usages. Paris.* — Le commerce de la bonneterie comprend, dans l'usage actuel de Paris, la vente
accessoire des chemises, des cravates et même de la gan-
terie commune.

954. A Paris, l'usage exclut du commerce de lingerie
la vente des robes et peignoirs (V. *supra*, n° 952).

§ 3. — Commerces divers.

955. Le preneur auquel des locaux ont été loués pour
l'exercice de la profession de *photographe* est fondé à se
plaindre de la location ultérieure d'autres locaux de la
même maison à des marchands d'appareils photographiques
et artistes photographes.

956. De même, le bailleur qui, en louant un appartement à un *photographe*, s'est obligé envers son locataire
à empêcher tout autre locataire d'apposer des tableaux
photographiques sur la maison, engage sa responsabilité
en tolérant l'exposition permanente et quasi publique de
cartes photographiques par le sous-locataire d'un autre
appartement de la même maison.

SECTION IV. — Limites de la responsabilité
du bailleur.

957. Si le bailleur doit répondre du trouble résultant,
pour le preneur, de l'exercice d'une industrie similaire de

la sienne, cette obligation n'est pas absolue et cesse dans certains cas.

§ 1ᵉʳ. — Concurrence antérieure au bail.

958. En principe, et sauf volonté contraire des contractants, le bailleur n'a pas à répondre d'une concurrence qui existait déjà notoirement avant le bail.

959. Notamment, si le bailleur ne peut pas élever contre l'industrie du preneur, notamment en matière de bail d'usine, une concurrence inattendue qui amoindrisse les profits que ce dernier a pu légitimement espérer de l'exécution de son bail, le preneur n'est pas fondé à se plaindre de cette concurrence, lorsqu'elle existait avant le bail, et qu'il ne résulte pas de la convention que le bailleur ait promis la cessation de l'industrie rivale de celle du preneur.

960. Le propriétaire qui prend envers un de ses locataires commerçant l'engagement de ne pas louer partie de son immeuble pour des industries similaires ne s'oblige pas par cela même à faire disparaître les industries similaires déjà existantes dans l'immeuble ; et il ne s'interdit pas davantage de renouveler, postérieurement à la passation du bail avec ce locataire, les baux conclus antérieurement avec les autres locataires exerçant des industries similaires.

§ 2. — Renonciation du preneur au bénéfice
de la clause du bail.

961. Le bailleur serait également dégagé de toute responsabilité, si le preneur avait renoncé au bénéfice de la clause de son bail interdisant au bailleur toute location à un commerce concurrent.

962. On peut présumer que le preneur a renoncé au bénéfice de la clause de son bail lorsqu'il a, sans protester, souffert durant un certain temps l'établissement et l'exploitation de l'industrie prohibée, si d'ailleurs il résulte de la correspondance qu'il a consenti à subir la concurrence du nouveau locataire en considération, tant de la qualité de celui-ci (son parent) que d'une demande, même non réalisée, de prolongation de bail.

CHAPITRE VI

APPLICATIONS SPÉCIALES AUX FONDS DE COMMERCE DE QUELQUES AUTRES PRINCIPES GÉNÉRAUX

SECTION Ire. — Obligation de délivrance.

963. Le bailleur d'un fonds de commerce doit délivrer au preneur tous les accessoires nécessaires à son exploitation. Notamment, la location d'une boutique avec dépendances, pour l'établissement d'une charcuterie, oblige le bailleur à faire construire, dans les locaux loués, une cheminée indispensable pour l'exercice de la profession.

SECTION II. — Destruction partielle des lieux loués.

964. Lorsque la vente d'un fonds de commerce et le bail du local ont été l'objet d'une convention unique relatée dans deux actes différents (la même personne étant à la fois propriétaire du fonds et de l'immeuble où il s'exploite), la destruction partielle des lieux loués n'autorise pas l'acquéreur locataire à réclamer à la fois la diminution du loyer et la réduction du prix de vente. — Spécialement, les tribunaux ne peuvent pas, en pareil cas, accorder à l'acheteur, non seulement une diminution de loyer, mais encore la résiliation facultative du bail et une réduction du prix de la clientèle vendue, en l'autorisant à ne payer ce prix que par annuités jusqu'au jour où il se décidera à quitter les lieux loués.

SECTION III. — Obligation de garnir les lieux loués.

965. En cas de bail d'une boutique, le bailleur se plaindrait à tort de l'enlèvement des meubles de son locataire, si les marchandises de la boutique sont plus que suffisantes pour la garantie du loyer, et si le locataire offre même la consignation de son loyer à l'avance.

SECTION IV. — Résiliation du bail
par la faute du locataire.

966. On a vu, *supra*, n° 693, que le locataire par la faute duquel le bail est résilié est tenu de payer au propriétaire le prix du bail pendant le temps nécessaire à la relocation, sans préjudice des dommages-intérêts qui ont pu résulter de l'abus. Le temps nécessaire à la relocation est apprécié par le juge : 1° d'après les usages locaux concernant les délais de congé; 2° d'après les faits particuliers à chaque espèce. Relativement aux délais de congé, V. *supra*, n°s 891 et s. Lorsque, par exemple, le délai de congé est de six mois pour le bail d'un magasin, l'indemnité de relocation est aussi, en règle générale, de six mois, sauf le cas où des circonstances spéciales légitiment l'allocation au propriétaire d'une indemnité plus considérable.

SECTION V. — Décisions et usages divers.

967. Voir les diverses décisions ci-dessus relatées, relatives particulièrement aux fonds de commerce.

968. Et notamment : *Obligations générales du propriétaire*, n°s 126, 128 (Garantie de la perte); — n°s 143, 145 (Garantie des troubles).

969. *Obligations générales du locataire*, n°s 188 à 191, 195, 197 (Usage des lieux conformément à leur destination); — n°s 332 (Saisie-Revendication).

970. *Sous-location et cession de bail*, n°s 446 et s.

971. *Effets de la vente de l'immeuble loué,* n°s 381 et s.

972. *Particularités propres aux biens urbains,* n°s 481 et s., 492 (Congé) ; — 640 et s. (Réparations locatives) ; — 675 et s. (Clause d'habitation bourgeoise) ; — 693 et s. (Indemnité due au bailleur en cas de résiliation par la faute du locataire).

973. Il existe en outre, relativement aux locations de fonds de commerce, des usages locaux très particuliers et très nombreux qu'il serait impossible d'énumérer. On peut citer, à titre d'exemple, l'usage suivant existant à Lille. Le cabaretier, même en l'absence de toute convention, doit s'approvisionner de bière chez le brasseur qui lui loue l'immeuble. Il a été jugé, à cet égard, que, bien qu'un acte de sous-location consentie par un brasseur au profit d'un cabaretier ne contienne aucune disposition obligeant le cabaretier à se fournir de bière chez son bailleur, cette obligation, étant d'usage constant à Lille, doit être suppléée.

CHAPITRE VII

LES BAUX DE LOCAUX COMMERCIAUX ET LA LOI
DU 17 MARS 1909 SUR LA VENTE
ET LE NANTISSEMENT DES FONDS DE COMMERCE

**SECTION Ire. — Importance du droit au bail
mise en relief par la loi.**

974. Les divers éléments dont se compose un fonds
de commerce sont : le nom commercial, la clientèle,
l'achalandage, le matériel, les marchandises et le droit
au bail.

975. Ainsi qu'on l'a signalé lors de la discussion de
la loi de 1909, « il y a beaucoup de fonds de commerce
dont la valeur réside surtout dans le droit au bail » (1).
— Sauf de rares exceptions, un fonds ne peut exister sans
avoir, en quelque sorte, un domicile. Comme, la plupart
du temps, le commerçant est locataire des lieux où il
exploite son fonds, c'est la jouissance de ces lieux qui est
constituée par le droit au bail (2).

976. Aussi, dans ses diverses dispositions, la loi fait-
elle une place à part à cet élément capital du fonds de
commerce : le droit au bail. Notamment, dans les art. 1
et 24, elle exige que le vendeur d'un fonds de commerce

---

(1) Rapport de M. Cordelet (*Texte et Commentaire Dalloz* de
la loi du 17 mars 1909 sur la vente et le nantissement des fonds
de commerce, n° 188).

(2) Deprénois, *De la vente et du nantissement des fonds de
commerce,* 1910, n° 19.

voulant conserver son privilège (c'est-à-dire être payé du prix de vente qui lui est dû sans risquer le concours avec d'autres créanciers de l'acquéreur) fasse constater la vente par un acte authentique ou sous seing privé, dûment enregistré, et prenne, au greffe du tribunal de commerce, une inscription où sont détaillés les divers éléments de sa créance; entre autres, le droit au bail doit être l'objet d'une *évaluation distincte.*

977. De même, la loi énumère le droit au bail parmi les éléments qui sont susceptibles d'être compris dans le nantissement du fonds de commerce, nantissement que se fait consentir le créancier du commerçant pour sûreté de sa créance (art. 9). L'inscription que le créancier nanti doit prendre, comme le vendeur, au greffe du tribunal de commerce, contient l'indication précise des éléments qui constituent le fonds; parmi ceux-ci, la loi indique, comme étant les plus importants, l'enseigne, le nom commercial, le *droit au bail* et la clientèle (art. 24).

SECTION II. — Situation respective du propriétaire des lieux où s'exploite le fonds et du créancier nanti.

§ 1er. — Préférence accordée au propriétaire.

978. Le privilège du créancier gagiste sur le fonds de commerce qu'il a reçu en nantissement reste primé par celui du bailleur de l'immeuble où ce fonds est exploité. — Le créancier qui se fait consentir un nantissement sur le fonds de commerce de son débiteur, et qui le fait inscrire, ne peut ignorer, en effet, en prenant son inscription, que le matériel et les marchandises de son débiteur sont déjà affectés à la garantie du bailleur de l'immeuble dans lequel ils se trouvent; il ne peut donc prétendre qu'il est de bonne foi, et il est naturel qu'il soit primé par le bailleur.

§ 2. — Obligation du créancier
au moment de la constitution du nantissement.

979. Antérieurement à la loi de 1909, on se demandait si le créancier du commerçant, lorsqu'il se faisait consentir un nantissement sur le fonds, devait en prévenir le bailleur de l'immeuble dans lequel le fonds était exploité; pour ceux qui exigeaient cette formalité, l'avertissement devait être donné sous forme de signification par huissier de l'acte authentique ou sous seing privé constatant le nantissement. La jurisprudence, dans son dernier état, déclarait cette formalité inutile; mais, dans la pratique, on la remplissait toujours, et on en expliquait la nécessité de la façon suivante : l'absorption du droit au bail restreint le pouvoir de disposition du bailleur; le débiteur ne peut plus, par exemple, convenir avec ce dernier d'une résiliation de bail opposable au créancier nanti (1).

980. La loi nouvelle ne s'est pas expressément prononcée sur la question; mais on peut conclure de son texte que le créancier nanti est dispensé de la signification au bailleur. L'art. 10 indique, en effet, que l'inscription au greffe du tribunal de commerce est la *seule* formalité que doive remplir ce créancier, en fait de publicité, vis-à-vis les tiers; il n'y a aucune raison pour faire au bailleur une situation spéciale.

SECTION III. — Obligation particulière du bailleur
en cas de résiliation du bail.

§ 1er. — En quoi consiste cette obligation.

981. L'art. 14 de la loi du 17 mars 1909 est ainsi conçu :
« Le propriétaire qui poursuit la résiliation du bail de

---

(1) BOUVIER-BANGILLON, *De la vente et du nantissement des fonds de commerce*, Paris, 1909, n⁰ 303.

l'immeuble dans lequel s'exploite un fonds de commerce grevé d'inscriptions doit notifier sa demande aux créanciers antérieurement inscrits, au domicile élu par eux dans leurs inscriptions. Le jugement (sur la demande en résiliation) ne peut intervenir qu'après un mois écoulé depuis la notification. La résiliation amiable du bail ne devient définitive qu'un mois après la notification qui en a été faite aux créanciers inscrits, aux domiciles élus. »

§ 2. — Hypothèses prévues.

982. La loi distingue deux cas : la résiliation judiciaire et la résiliation amiable.

983. A. *Résiliation judiciaire.* — La demande de résiliation du bail accompagne généralement, sous forme subsidiaire, en vue du cas de non-payement, toute demande en payement de loyers ; le propriétaire qui n'est pas payé des locations qui lui sont dues assigne donc son locataire à cette double fin devant le tribunal civil ou devant le juge de paix, suivant le taux du loyer. Au reste, la notification est obligatoire quel que soit le motif de la résiliation, que ce soit pour défaut de payement de loyers ou pour toute autre cause, par exemple pour inexécution de certaines conditions (1).

984. B. *Résiliation amiable.* — Il faut supposer que le propriétaire du local où s'exploite un fonds de commerce, voyant son locataire faire de mauvaises affaires et ne pouvoir continuer son exploitation, consent amiablement à lui résilier son bail.

§ 3. — Formalités à accomplir.

985. A. *Réquisition d'un état d'inscription.* — Le propriétaire doit requérir, du greffier du tribunal de commerce dans le ressort duquel le fonds est exploité, un état des inscriptions existant sur ce fonds. Ces inscriptions

---

(1) Defrénois, n° 186.

peuvent être de deux sortes : 1° celles que les précédents propriétaires du fonds, non payés de leurs prix de vente, auront prises en leur qualité de vendeur ; 2° celles que tout créancier du locataire commerçant, à qui ce dernier, pour trouver du crédit, aura remis son fonds en nantissement, c'est-à-dire en gage, aura prises pour conserver le bénéfice de ce nantissement.

986. Mentionnées sur des registres tenus au greffe du tribunal de commerce, ces inscriptions indiquent les noms et professions des créanciers, la cause et le montant de leurs créances ; en outre, elles énoncent, non seulement le domicile réel de ceux qui ont requis l'inscription, mais encore le domicile d'élection que ces derniers ont dû choisir dans le ressort du tribunal de la situation du fonds. — Le greffier du tribunal délivre un état détaillé de ces diverses inscriptions. Le coût en est d'un franc par inscription (Décr. 28 août 1909, art. 18) (1).

987. B. *Acte de notification.* — Muni de ces renseignements, le propriétaire n'a plus qu'à notifier aux créanciers, dont l'état lui a révélé l'existence, soit sa demande en résiliation, s'il procède par les voies judiciaires, soit l'acte de résiliation amiable. (Il est inutile de dire que, si l'état requis était négatif, le propriétaire n'aurait plus aucune formalité à remplir ; on ne saurait exiger de lui qu'il signifiât sa demande à des créanciers inexistants.)

988. La loi n'a pas précisé dans quelle forme doit être fait l'acte de notification. Dans la pratique, cet acte est fait par exploit d'huissier ; il est signifié au domicile élu par les créanciers dans leurs inscriptions. Son contenu est variable suivant qu'il s'agit de résiliation amiable ou de résiliation judiciaire.

989. a) *Résiliation judiciaire.* — L'huissier donne copie entière de la demande en résiliation, c'est-à-dire de l'exploit par lequel le locataire a été assigné devant le tribunal à fin de payement de loyers et résiliation du bail. Il

---

(1) S'il n'existait aucune inscription, le greffier délivrerait un certificat appelé certificat *négatif*.

déclare que la notification est faite en conformité de l'art. 14 de la loi du 17 mars 1909.

990. b) *Résiliation amiable.* — L'huissier donne copie de l'acte sous seing privé que les parties ont rédigé pour constater la résiliation ; ou bien, s'il n'a pas été fait d'acte, il informe purement et simplement les créanciers de la résiliation verbalement intervenue. Il termine par une déclaration analogue à celle ci-dessus indiquée pour le cas de résiliation judiciaire.

991. C. *Délai consécutif à la notification. Résiliation judiciaire.* — C'est seulement *un mois*, jour pour jour, après la notification, que le jugement peut être prononcé. C'est là le délai minimum ; la loi ne fixe pas de délai maximum. — Les frais de l'acte de notification sont passés en taxe comme accessoires obligés de la demande en résiliation, à la charge du locataire.

992. La résiliation amiable ne devient définitive qu'un *mois* après la notification. Ce délai est calculé de la même manière que dans le cas de résiliation judiciaire.

§ 4. — Dans l'intérêt de qui est édictée la nouvelle obligation.

993. L'art. 14 est une disposition édictée, non pas en faveur du propriétaire, mais en faveur des créanciers inscrits sur le fonds à qui la résiliation soit judiciaire, soit amiable d'un bail peut porter le plus grave préjudice, la prospérité du fonds de commerce tenant souvent à son emplacement. Il ne saurait être permis au propriétaire et au locataire, peut-être par une collusion contre les créanciers inscrits, de résilier le bail, soit par une sorte de comédie judiciaire, en allant demander la résiliation au tribunal, soit par une résiliation amiable (1).

994. D'ailleurs, le droit du propriétaire n'est pas atteint par cette disposition. Il reste libre de demander devant

---

(1) Travaux préparatoires de la loi, discours de M. CORDELET au Sénat, 2 mars 1909.

le tribunal la résiliation de son bail ; le jour même ou le lendemain, il peut dénoncer sa demande aux créanciers inscrits, et un mois seulement s'écoulera avant qu'il puisse obtenir jugement (1). Ce délai d'un mois augmente dans une faible mesure ceux que tout propriétaire, qui poursuit le payement de ses loyers et la résiliation de son bail, est généralement obligé de subir, soit en raison des longueurs mêmes de la procédure, soit parce que les tribunaux croient généralement devoir accorder aux locataires quelque temps pour se libérer.

§ 5. — Utilité de la notification.

995. L'utilité de prévenir les créanciers inscrits est la suivante : « S'il s'agit d'un embarras momentané, qui empêche le propriétaire du fonds d'acquitter son loyer, le créancier peut intervenir et payer le loyer. Si, au contraire, la situation est telle qu'il doive en résulter une sorte de liquidation et, peut-être, une vente du fonds, le créancier inscrit, prévenu, pourra chercher un acquéreur du fonds qui continuera le bail ; en un mot, il aura le moyen de garantir ses intérêts et son droit sur le fonds, qui est aussi respectable que le droit du propriétaire (2) ».

§ 6. — Sanction du défaut de notification.

996. Qu'arrive-t-il si le propriétaire omet de notifier aux créanciers inscrits sa demande en résiliation en justice ou l'acte de résiliation qu'il a amiablement consenti à passer ? La loi n'édictant pas la nullité, on ne peut suppléer à son silence. Mais il est certain que le propriétaire pourrait, le cas échéant, être actionné en dommages-intérêts par les créanciers à qui son omission aurait nui. Si ces

---

(1) Travaux préparatoires de la loi, discours de M. Cordelet au Sénat, 2 mars 1909.

(2) Travaux préparatoires de la loi, discours de M. Cordelet au Sénat, 2 mars 1909 (*Texte et Commentaire* précités de la loi de 1909, n° 189).

créanciers démontraient que la résiliation, dans le cas où elle est amiable, a été faite en fraude de leurs droits, ils pourraient même en demander l'annulation.

SECTION IV. — Règles de compétence.

997. La loi du 17 mars 1909 a attribué compétence au tribunal de commerce pour ordonner la réalisation du fonds dans les différents cas où il peut y être procédé, notamment sur la poursuite en payement d'une créance exercée contre le propriétaire du fonds.

998. Mais il ne faut pas en conclure que le législateur a voulu instituer une complète unité de juridiction pour tout ce qui concerne le fonds de commerce et ses éléments. Notamment, la loi nouvelle laissant intact le droit du propriétaire bailleur, aucune dérogation n'est apportée aux principes généraux qui fixent la compétence : d'où il résulte que le propriétaire de l'immeuble reste libre de poursuivre devant le tribunal *civil* la résiliation de son bail et de s'adresser au juge des référés afin d'obtenir l'expulsion de son locataire, s'il y est autorisé par une clause du bail, sous la double condition de dénoncer obligatoirement sa demande aux créanciers inscrits et de laisser expirer le délai légal avant d'obtenir son jugement.

999. De même, le tribunal de commerce n'a aucune compétence pour connaître de la demande en payement de loyers formée par le bailleur contre le preneur. De ce qu'il a qualité pour ordonner, dans certains cas, la vente du fonds, on ne saurait en conclure qu'il est compétent pour connaître de la demande en payement de toute créance se rattachant à l'exploitation du fonds.

CHAPITRE VIII

CAS DE FAILLITE OU DE LIQUIDATION JUDICIAIRE DU LOCATAIRE (1)

SECTION Ire. — Principe : la faillite n'opère pas de plein droit la résiliation du bail.

1000. La résiliation du bail ne résulte pas de plein droit du jugement déclaratif de faillite. Il faut que la résiliation soit demandée en justice, et elle ne peut l'être que pour des causes déjà nées au profit du bailleur, par exemple pour défaut de payement de loyers échus, pour abus de jouissance des lieux loués.

SECTION II. — Suspension des voies d'exécution. — Option des syndics de la faillite pour la continuation du bail.

1001. Toutes voies d'exécution et toutes actions en résiliation du bail sont interdites au propriétaire tant qu'il ne s'est pas écoulé un délai suffisant pour permettre au syndic de la faillite de dire, après examen de la situation, si le failli a quelque chance d'obtenir son concordat et si, par

---

(1) Les règles qui suivent s'appliquent à la liquidation judiciaire comme à la faillite, les droits respectifs des divers créanciers étant les mêmes en cas de liquidation judiciaire qu'en cas de faillite.

conséquent, il peut lui être avantageux de continuer le bail. Pendant ce délai, le bailleur n'a que le droit de prendre des mesures conservatoires ; il peut, par exemple, se pourvoir en référé pour empêcher le dégarnissement des lieux loués, si le failli enlève les meubles.

1002. Le législateur (C. com. 450 ; L. 12 févr. 1872) a pensé que le syndic de la faillite aurait une connaissance suffisante de la situation à l'expiration du délai imparti aux créanciers pour se faire connaître. Ce délai est de vingt jours à partir de l'avertissement qui est donné à ces derniers : 1° par une insertion que le syndic fait paraître dans les journaux ; 2° par une lettre que le greffier du tribunal de commerce adresse à tous ceux que le failli lui a révélés (C. com. 492). Le syndic a alors huit jours pour notifier au propriétaire, avec l'autorisation du juge commissaire de la faillite et le failli entendu, son intention de continuer le bail, à la charge de satisfaire à toutes les obligations du locataire.

1003. Si cette notification a lieu, le bailleur doit, dans les quinze jours de sa date, introduire sa demande en résiliation ; faute par lui de l'avoir formée dans ce délai, il est réputé avoir renoncé à se prévaloir des causes de résiliation déjà existantes à son profit.

1004. La demande en résiliation du bail des locaux occupés par un failli est valablement formée contre le syndic, sans qu'il y ait nécessité d'appeler le failli en cause, alors, d'ailleurs, que le syndic n'a pas, dans le délai à lui imparti par la loi, dénoncé le bail ou manifesté pour les créanciers l'intention de le continuer.

1005. Lorsqu'un bail a été consenti solidairement au mari et à la femme communs en biens, la résiliation, en cas de faillite du mari, doit être prononcée même contre la femme.

1006. La disposition de l'art. 450 du Code de commerce, d'après laquelle, en cas de faillite du locataire, toutes voies d'exécution et toute action en résiliation du bail seront suspendues jusqu'à ce qu'il se soit écoulé huit jours après l'expiration du délai de vérification des créances, ne fait pas obstacle à l'exécution d'une clause du bail portant résiliation de plein droit à défaut de payement d'un seul terme de loyer et un mois après un simple commandement.

1007. La demande que le bailleur fait, en pareil cas, à l'encontre du syndic, de rentrer en possession de l'immeuble en conformité de la dite clause, ne naît pas, en effet, de la faillite du locataire, mais d'une stipulation du contrat lui-même, et cesse, par conséquent, d'être soit une voie d'exécution, soit une action tendant à prononcer la résiliation du bail.

1008. Le commandement, régulièrement signifié au locataire avant la mise en faillite, est opposable au syndic, lequel ne dispose, pour paralyser l'effet de la clause résolutoire en payant les loyers arriérés, que du complément de délai convenu dans le contrat et après l'expiration duquel le bail doit être résolu.

1009. Le propriétaire bailleur a le droit, en qualité de créancier gagiste, de faire vendre le mobilier tant industriel que personnel du failli, alors même que le syndic se trouve encore dans les délais qui lui sont impartis par l'art. 450 du Code de commerce pour lui signifier l'intention où il est de continuer le bail, si, sans attendre l'expiration de ce délai, le syndic a opté pour la non-continuation du bail.

1010. Les règles relatives à la suspension des voies d'exécution ne concernent que les objets servant à l'exploitation du commerce (C. com. 450); la vente de ces seuls objets peut rendre impossible ou difficile la conclusion du concordat dont la loi entend faciliter l'obtention. Quant aux dispositions concernant la suspension du droit de demander la résiliation du bail, elles s'appliquent aux immeubles affectés au commerce et à l'industrie du failli et aux locaux dépendant de ces immeubles et servant à l'habitation personnelle du failli (1).

1011. Les loyers des locaux où les syndics d'une faillite continuent à exploiter, au profit de celle-ci, le fonds

____

(1) Lyon-Caen et Renault, *Manuel de droit commercial,* 8e édit., n° 1222.

de commerce du failli, constituent, pour cette période d'exploitation, une dette de la masse et non du failli, dette dont le propriétaire est fondé à réclamer le payement intégral à la faillite ; et le propriétaire n'aurait aucune action pour le payement des loyers courus pendant la faillite à l'encontre du failli devenu concordataire. Les accessoires, tels que l'abonnement à l'eau et les contributions, font partie de la créance de loyers et sont couverts par le même privilège.

SECTION III. — Influence de la faillite
sur le privilège du propriétaire.

§ 1er. — Restriction du privilège.

1012. Le privilège du bailleur sur les meubles garnissant la maison louée subsiste après la faillite du débiteur ou son admission à la liquidation judiciaire. Mais ce privilège est restreint dans les proportions qui vont être expliquées.

1013. Deux hypothèses peuvent se présenter qui comportent des solutions différentes, ainsi que l'explique le Code de commerce, dans l'art. 550, dont la rédaction primitive a été modifiée par la loi du 12 février 1872.

1014. *Première hypothèse. Le bail est résilié.* — Le propriétaire d'immeubles affectés à l'industrie ou commerce du failli n'a alors privilège que pour les deux dernières années de location échues avant le jugement déclaratif, pour l'année courante (1), ainsi que pour la somme due en exécution du bail et à titre de dommages-intérêts.

1015. *Deuxième hypothèse. Le bail n'est pas résilié.* — Dans ce cas, le bailleur, une fois payé de tous ses loyers échus, ne peut aucunement exiger le payement de ceux

---

(1) Il faut entendre par *année courante* les douze mois qui suivent le dernier anniversaire de l'entrée en jouissance du locataire ; c'est seulement de l'expiration de ces douze mois que date l'année à échoir.

en cours ou à échoir, alors, du moins, que les sûretés qui lui ont été données lors du contrat sont maintenues ou que celles qui lui ont été fournies depuis la faillite ont été jugées suffisantes.

1016. Si, au contraire, il y a vente et enlèvement des meubles garnissant les lieux loués, il peut exercer son privilège sur le prix des meubles ainsi enlevés ou vendus, pour les deux dernières années de loyers échues et pour les sommes à lui dues en exécution du bail ou à titre de dommages-intérêts, comme en cas de résiliation, et, en outre, quant aux loyers à échoir, pour une année à partir de l'expiration de l'année courante.

1017. Les dommages-intérêts alloués au propriétaire, en cas de faillite du locataire, sont fondés sur les deux considérations suivantes : il se peut que le bailleur ne trouve un nouveau locataire qu'au bout d'un certain laps de temps et, par suite, soit privé momentanément du revenu de son immeuble. Il se peut aussi que le loyer qu'il obtiendra du nouveau locataire soit inférieur à celui que payait le failli.

1018. En ce qui concerne les années postérieures à celle qui suit l'expiration de l'année courante, le bailleur se trouve réduit, dans la distribution de l'actif de la faillite, y compris même les meubles garnissant les lieux loués, à la condition d'un créancier ordinaire. La créance afférente à ces loyers non privilégiés devient exigible tout entière ; le bailleur a le droit de produire à la faillite avec la masse des créanciers et de toucher les dividendes pour toute la partie de sa créance non garantie par son privilège. Mais, pratiquement, aucun propriétaire ne se contentera de cette situation ; il préférera demander la résiliation pour essayer de relouer son local, après en avoir repris la libre disposition.

1019. Il est à noter que la loi du 12 févr. 1872, qui a restreint le privilège du propriétaire bailleur (C. com. 550), n'est applicable qu'aux baux des immeubles affectés au *commerce* ou à l'*industrie* du failli, y compris les locaux dépendant de ces immeubles et servant à l'*habitation personnelle* du failli et de sa famille. Les baux des immeubles

urbains loués au commerçant failli, mais dont la destination n'est ni industrielle, ni commerciale, restent soumis
au droit commun.

1020. En ce qui concerne les biens ruraux, on a vu
supra, n° 800, que le privilège du bailleur ne peut être
exercé, même quand le bail a acquis date certaine, que
pour les fermages des deux dernières années échues, de
l'année courante et d'une année à partir de l'expiration
de l'année courante (L. 19 févr. 1889).

§ 2. — Conservation du privilège.

1021. La dénonciation du bail par les syndics, avec
déclaration au bailleur qu'ils vont faire enlever et vendre
le mobilier garnissant le fonds, n'autorise pas le propriétaire à exercer une revendication. La conservation de son
privilège n'est donc pas subordonnée à l'emploi d'une telle
procédure. Il suffit au bailleur, pour sauvegarder tous
ses droits, de produire à la faillite dans les formes et délais
des art. 491 et 492 C. com. Ce délai est de vingt jours
à partir de l'insertion que le syndic fait paraître dans les
journaux pour prévenir les créanciers.

1022. D'après l'art. 508 C. com., les créanciers privilégiés ou nantis d'un gage n'ont pas voix dans les opérations
relatives au concordat pour lesdites créances ; et celles-ci
n'y sont comptées que s'ils renoncent à leurs gages ou
privilèges. *Le vote au concordat emporte de plein droit cette
renonciation.* Ces créanciers peuvent seulement prendre
part aux discussions ; ils n'ont *pas voix délibérative,* s'ils
veulent conserver leurs privilèges. Cette disposition intéresse au premier chef le propriétaire, qui est un créancier
privilégié ; elle ne doit donc pas être perdue de vue ni par
lui-même, ni par son mandataire au concordat, auquel il
peut facilement arriver, par routine ou inadvertance, de
se laisser entraîner à prendre part au vote.

1023. Malgré la faillite du locataire, le propriétaire
peut, pour le payement des loyers qui lui sont dus, pratiquer une saisie-arrêt sur le prix du mobilier réalisé par

le commissaire-priseur sur l'ordre du syndic, et ce dernier ne saurait demander la nullité de cette saisie, sous prétexte qu'il est chargé de toucher et d'administrer les deniers de la faillite.

SECTION IV. — Droit des syndics, en cas de faillite, de céder le bail des immeubles affectés à l'industrie du failli, ou de sous-louer.

1024. D'après l'art. 550 C. com., les syndics ont le droit, en l'absence d'une clause contraire du bail, de le céder ou de sous-louer, à la charge, par eux ou leurs cessionnaires ou sous-locataires, de maintenir dans l'immeuble gage suffisant et d'exécuter, au fur et à mesure, toutes les obligations résultant du bail, sans changer la destination des lieux loués ; mais, en outre, même si le bail contient interdiction de céder ou sous-louer, ce même droit leur appartient pour tout le temps à raison duquel le bailleur a touché ses loyers par anticipation, mais toujours sans que la destination des lieux loués puisse être changée.

1025. Le juge-commissaire d'une faillite a qualité pour autoriser la cession du droit au bail des lieux où s'exploite le fonds de commerce du failli.

SECTION V. — Capacité du failli dans l'exercice, postérieur à la faillite, d'un nouveau commerce. — Passation et résiliation de baux.

1026. Le failli, quoique dessaisi de l'administration de ses biens, et incapable, en principe, de suivre ou d'intenter une action judiciaire, conserve la faculté d'exercer son activité personnelle, par la création d'une industrie nouvelle, avec des valeurs étrangères à la faillite ; et dès lors, il a le droit d'administrer les ressources que lui procure cette industrie et de stipuler, s'obliger, agir en justice, à raison des actes ou des faits qui s'y rattachent. Spécialement, la vente, par le failli, de son nouveau fonds de commerce et la résiliation du bail des lieux où il s'exploitait, sont valables et ne peuvent être attaqués par le syndic que si elles ont eu lieu malgré son opposition, en fraude et au préjudice de la masse.

APPENDICE

TEXTES LÉGISLATIFS RELATIFS AU LOUAGE

Loi du 3 frimaire an VII
relative à la répartition, à l'assiette et au recouvrement de la contribution foncière.

(R. v⁰ *Impôts directs*, p. 242.)

Art. 147. Tous fermiers ou locataires seront tenus de payer, à l'acquit des propriétaires ou usufruitiers, la contribution foncière pour les biens qu'ils auront pris à ferme ou à loyer ; et les propriétaires ou usufruitiers de recevoir le montant des quittances de cette contribution pour compte sur le prix des fermages ou loyers, à moins que le fermier ou locataire n'en soit chargé par son bail.

Loi du 4 frimaire an VII
portant établissement d'une contribution sur les portes et fenêtres.

(R. v⁰ *Impôts driects*, p. 247.)

Art. 12. La contribution des portes et fenêtres sera exigible contre les propriétaires et usufruitiers, fermiers et locataires principaux des maisons, bâtiments et usines, sauf le recours contre les locataires particuliers pour le remboursement de la somme due à raison des locaux par eux occupés.

Loi du **22** frimaire an **VII.**

(R. v° *Enregistrement*, p. 26.)

Art. 15. La valeur de la propriété de l'usufruit et de la jouissance des immeubles est déterminée, pour la liquidation et le payement du droit proportionnel, ainsi qu'il suit, savoir :

1° Pour les baux à ferme ou à loyer, les sous-baux, cessions et subrogations de baux, *par le prix annuel exprimé, en y ajoutant les charges imposées au preneur.*

Si le bail est stipulé payable en nature, il en sera fait une évaluation d'après les dernières mercuriales du canton de la situation des biens, à la date de l'acte, à l'appui duquel il sera rapporté un extrait certifié des mercuriales.

Il en sera de même des baux à portions de fruits, pour la part revenant au bailleur, dont la quotité sera préalablement déclarée, et sur la valeur de laquelle le droit d'enregistrement sera perçu.

S'il s'agit d'objets dont la valeur ne puisse être constatée par les mercuriales, les parties en feront une déclaration estimative.

2° Pour les baux à rentes perpétuelles et ceux dont la durée est illimitée, par un capital formé de vingt fois la rente ou le prix annuel, et les charges aussi annuelles, en y ajoutant également les autres charges en capital et les deniers d'entrée, s'il en est stipulé. — Les objets en nature s'évaluent comme ci-dessus.

3° Pour les baux à vie, sans distinction de ceux faits sur une ou plusieurs têtes, par un capital formé de dix fois le prix et les charges annuelles, en y ajoutant de même le montant des deniers d'entrée et des autres charges, s'il s'en trouve d'exprimés. Les objets en nature s'évaluent pareillement comme il est prescrit ci-dessus.

Art. 22. Les actes qui, à l'avenir, seront faits sous signature privée, et qui porteront transmission de propriété ou d'usufruit de biens immeubles, et les baux à ferme ou à loyer, sous-baux, cessions et subrogations de baux, et les engagements, aussi sous signature privée, de biens de même nature, seront enregistrés dans les trois mois de leur date.

8*

CODE CIVIL

LIVRE III. — TITRE VIII

DU CONTRAT DE LOUAGE

CHAPITRE PREMIER

DISPOSITIONS GÉNÉRALES

Art. 1709. Le louage des choses est un contrat par lequel l'une des parties s'oblige à faire jouir l'autre d'une chose pendant un certain temps et moyennant un certain prix que celle-ci s'oblige de lui payer.

Art. 1711. ...On appelle *bail à loyer*, le louage des maisons et celui des meubles ;

Bail à ferme, celui des héritages ruraux ;

Bail à cheptel, celui des animaux dont le profit se partage entre le propriétaire et celui à qui il les confie...

CHAPITRE II

DU LOUAGE DE CHOSES

Art., 1713. On peut louer toutes sortes de biens meubles ou immeubles.

SECTION Ire. — Des règles communes aux baux des maisons et des biens ruraux.

Art. 1714. On peut louer ou par écrit, ou verbalement.

Art. 1715. Si le bail fait sans écrit n'a encore reçu aucune exécution, et que l'une des parties le nie, la preuve ne peut être reçue par témoins, quelque modique qu'en soit le prix, et quoiqu'on allègue qu'il y a eu des arrhes données.

Le serment peut seulement être déféré à celui qui nie le bail.

Art. 1716. Lorsqu'il y aura contestation sur le prix du bail verbal dont l'exécution a commencé, et qu'il n'existera point de quittance, le propriétaire en sera cru sur son serment, si mieux n'aime le locataire demander l'estimation par experts; auquel cas les frais de l'expertise restent à sa charge, si l'estimation excède le prix qu'il a déclaré.

Art. 1717. Le preneur a le droit de sous-louer, et même de céder son bail à un autre, si cette faculté ne lui a pas été interdite.

Elle peut être interdite pour le tout ou partie.

Cette clause est toujours de rigueur.

Art. 1718. Les articles du titre du *Contrat de mariage et des Droits respectifs des époux*, relatifs aux baux des biens des femmes mariées, sont applicables aux baux des biens des mineurs.

Art. 1719. Le bailleur est obligé, par la nature du contrat, et sans qu'il soit besoin d'aucune stipulation particulière :

1° De délivrer au preneur la chose louée ;

2° D'entretenir cette chose en état de servir à l'usage pour lequel elle a été louée ;

3° D'en faire jouir paisiblement le preneur pendant la durée du bail.

Art. 1720. Le bailleur est tenu de délivrer la chose en bon état de réparations de toute espèce.

Il doit y faire, pendant la durée du bail, toutes les réparations qui peuvent devenir nécessaires, autres que les locatives.

Art. 1721. Il est dû garantie au preneur pour tous les vices ou défauts de la chose louée qui en empêchent l'usage, quand même le bailleur ne les aurait pas connus lors du bail.

S'il résulte de ces vices ou défauts quelque perte pour le preneur, le bailleur est tenu de l'indemniser.

Art. 1722. Si, pendant la durée du bail, la chose louée est détruite en totalité par cas fortuit, le bail est résilié de plein droit ; si elle n'est détruite qu'en partie, le preneur peut, suivant les circonstances, demander ou une diminution du prix, ou la résiliation même du bail. Dans l'un et l'autre cas, il n'y a lieu à aucun dédommagement.

Art. 1723. Le bailleur ne peut, pendant la durée du bail, changer la forme de la chose louée.

Art. 1724. Si, durant le bail, la chose louée a besoin de réparations urgentes et qui ne puissent être différées jusqu'à sa fin, le preneur doit les souffrir, quelque incommodité qu'elles lui causent, et quoiqu'il soit privé, pendant qu'elles se font, d'une partie de la chose louée.

Mais, si ces réparations durent plus de quarante jours, le prix du bail sera diminué à proportion du temps et de la partie de la chose louée dont il aura été privé.

Si les réparations sont de telle nature qu'elles rendent

inhabitable ce qui est nécessaire au logement du preneur et de sa famille, celui-ci pourra faire résilier le bail.

Art. 1725. Le bailleur n'est pas tenu de garantir le preneur du trouble que des tiers apportent par voies de fait à sa jouissance, sans prétendre d'ailleurs aucun droit sur la chose louée ; sauf au preneur à les poursuivre en son nom personnel.

Art. 1726. Si, au contraire, le locataire ou le fermier ont été troublés dans leur jouissance par suite d'une action concernant la propriété du fonds, ils ont droit à une diminution proportionnée sur le prix du bail à loyer ou à ferme, pourvu que le trouble et l'empêchement aient été dénoncés au propriétaire.

Art. 1727. Si ceux qui ont commis les voies de fait prétendent avoir quelque droit sur la chose louée, ou si le preneur est lui-même cité en justice pour se voir condamner au délaissement de la totalité ou de partie de cette chose, ou à souffrir l'exercice de quelque servitude, il doit appeler le bailleur en garantie, et doit être mis hors d'instance, s'il l'exige, en nommant le bailleur pour lequel il possède.

Art. 1728. Le preneur est tenu de deux obligations principales :

1° D'user de la chose louée en bon père de famille, et suivant la destination qui lui a été donnée par le bail, ou suivant celle présumée d'après les circonstances, à défaut de convention ;

2° De payer le prix du bail aux termes convenus.

Art. 1729. Si le preneur emploie la chose louée à un autre usage que celui auquel elle a été destinée, ou dont il puisse résulter un dommage pour le bailleur, celui-ci peut, suivant les circonstances, faire résilier le bail.

Art. 1730. S'il a été fait un état des lieux entre le bailleur et le preneur, celui-ci doit rendre la chose telle qu'il l'a reçue, suivant cet état, excepté ce qui a péri ou a été dégradé par vétusté ou force majeure.

Art. 1731. S'il n'a pas été fait d'état des lieux, le preneur est présumé les avoir reçus en bon état de réparations locatives, et doit les rendre tels, sauf la preuve contraire.

Art. 1732. Il répond des dégradations ou des pertes qui arrivent pendant sa jouissance, à moins qu'il ne prouve qu'elles ont eu lieu sans sa faute.

Art. 1733. Il répond de l'incendie, à moins qu'il ne prouve :

Que l'incendie est arrivé par cas fortuit ou force majeure, ou par vice de construction ;

Ou que le feu a été communiqué par une maison voisine.

Art. 1734. S'il y a plusieurs locataires, tous sont responsables de l'incendie, proportionnellement à la valeur locative de la partie de l'immeuble qu'ils occupent ;

A moins qu'il ne prouvent que l'incendie a commencé dans l'habitation de l'un deux, auquel cas celui-là seul en est tenu ;

Ou que quelques-uns ne prouvent que l'incendie n'a pu commencer chez eux, auquel cas ceux-là n'en sont pas tenus.

Art. 1735. Le preneur est tenu des dégradations et des pertes qui arrivent par le fait des personnes de sa maison ou de ses sous-locataires.

Art. 1736. Si le bail a été fait sans écrit, l'une des parties ne pourra donner congé à l'autre qu'en observant les délais fixés par l'usage des lieux.

Art. 1737. Le bail cesse de plein droit à l'expiration du terme fixé, lorsqu'il a été fait par écrit, sans qu'il soit nécessaire de donner congé.

Art. 1738. Si, à l'expiration des baux écrits, le preneur reste et est laissé en possession, il s'opère un nouveau bail dont l'effet est réglé par l'article relatif aux locations faites sans écrit.

Art. 1739. Lorsqu'il y a un congé signifié, le preneur, quoiqu'il ait continué sa jouissance, ne peut invoquer la tacite reconduction.

Art. 1740. Dans le cas des deux articles précédents, la caution donnée pour le bail ne s'étend pas aux obligations résultant de la prolongation.

Art. 1741. Le contrat de louage se résout par la perte de la chose louée, et par le défaut respectif du bailleur et du preneur, de remplir leurs engagements.

Art. 1742. Le contrat de louage n'est point résolu par la mort du bailleur, ni par celle du preneur.

Art. 1743. Si le bailleur vend la chose louée, l'acquéreur ne peut expulser le fermier ou le locataire qui a un bail authentique ou dont la date est certaine, à moins qu'il ne se soit réservé ce droit par le contrat de bail.

Art. 1744. S'il a été convenu, lors du bail, qu'en cas de vente l'acquéreur pourrait expulser le fermier ou locataire, et qu'il n'ait été fait aucune stipulation sur les dommages et intérêts, le bailleur est tenu d'indemniser le fermier ou le locataire de la manière suivante.

Art. 1745. S'il s'agit d'une maison, appartement ou boutique, le bailleur paye, à titre de dommages et intérêts, au locataire évincé, une somme égale au prix du loyer, pendant le temps qui, suivant l'usage des lieux, est accordé entre le congé et la sortie.

Art. 1746. S'il s'agit de biens ruraux, l'indemnité que le bailleur doit payer au fermier est du tiers du prix du bail pour tout le temps qui reste à courir.

Art. 1747. L'indemnité se réglera par experts, s'il s'agit de manufactures, usines ou autres établissements qui exigent de grandes avances.

Art. 1748. L'acquéreur qui veut user de la faculté réservée par le bail, d'expulser le fermier ou locataire en cas de vente, est, en outre, tenu d'avertir le locataire au temps d'avance usité dans le lieu pour les congés.

Il doit aussi avertir le fermier de biens ruraux, au moins un an à l'avance.

Art. 1749. Les fermiers ou les locataires ne peuvent être expulsés qu'ils ne soient payés par le bailleur, ou, à son défaut, par le nouvel acquéreur, des dommages et intérêts ci-dessus expliqués.

Art. 1750. Si le bail n'est pas fait par acte authentique, ou n'a point de date certaine, l'acquéreur n'est tenu d'aucuns dommages et intérêts.

Art. 1751. L'acquéreur à pacte de rachat ne peut user de la faculté d'expulser le preneur, jusqu'à ce que, par l'expiration du délai fixé pour le réméré, il devienne propriétaire incommutable.

SECTION II. — Des règles particulières
aux baux à loyer.

Art. 1752. Le locataire qui ne garnit pas la maison de meubles suffisants peut être expulsé, à moins qu'il ne donne des sûretés capables de répondre du loyer.

Art. 1753. Le sous-locataire n'est tenu envers le propriétaire que jusqu'à concurrence du prix de sa sous-location dont il peut être débiteur au moment de la saisie, et sans qu'il puisse opposer des payements faits par anticipation.

Les payements faits par le sous-locataire, soit en vertu d'une stipulation portée en son bail, soit en conséquence de l'usage des lieux, ne sont pas réputés faits par anticipation.

Art. 1754. Les réparations locatives ou de menu entretien dont le locataire est tenu, s'il n'y a clause contraire, sont celles désignées comme telles par l'usage des lieux, et, entre autres, les réparations à faire :

Aux âtres, contre-cœurs, chambranles et tablettes des cheminées ;

Au recrépiment du bas des murailles des appartements et autres lieux d'habitation, à la hauteur d'un mètre ;

Aux pavés et carreaux des chambres, lorsqu'il y en a seulement quelques-uns de cassés ;

Aux vitres, à moins qu'elles ne soient cassées par la grêle, ou autres accidents extraordinaires et de force majeure, dont le locataire ne peut être tenu ;

Aux portes, croisées, planches de cloison ou de fermeture de boutiques, gonds, targettes et serrures.

Art. 1755. Aucune des réparations réputées locatives n'est à la charge des locataires, quand elles ne sont occasionnées que par vétusté ou force majeure.

Art. 1756. Le curement des puits et celui des fosses d'aisances sont à la charge du bailleur, s'il n'y a clause contraire.

Art. 1757. Le bail des meubles fournis pour garnir une maison entière, un corps de logis entier, une boutique, ou tous autres appartements, est censé fait pour la durée ordinaire des baux de maisons, corps de logis, boutiques ou autres appartements, selon l'usage des lieux.

Art. 1758. Le bail d'un appartement meublé est censé fait à l'année, quand il a été fait à tant par an ;

Au mois, quand il a été fait à tant par mois ;

Au jour, s'il a été fait à tant par jour ;

Si rien ne constate que le bail soit fait à tant par an, par mois ou par jour, la location est censée faite suivant l'usage des lieux.

Art. 1759. Si le locataire d'une maison ou d'un appartement continue sa jouissance après l'expiration du bail par écrit, sans opposition de la part du bailleur, il sera censé les occuper aux mêmes conditions, pour le terme fixé par l'usage des lieux, et ne pourra plus en sortir ni en être expulsé qu'après un congé donné suivant le délai fixé par l'usage des lieux.

Art. 1760. En cas de résiliation par la faute du locataire, celui-ci est tenu de payer le prix du bail pendant le temps nécessaire à la relocation, sans préjudice des dommages et intérêts qui ont pu résulter de l'abus.

Art. 1761. Le bailleur ne peut résoudre la location, encore qu'il déclare vouloir occuper par lui-même la maison louée, s'il n'y a eu convention contraire.

Art. 1762. S'il a été convenu dans le contrat de louage que le bailleur pourrait venir occuper la maison, il est tenu de signifier d'avance un congé aux époques déterminées par l'usage des lieux.

SECTION III. — Des règles particulières
aux baux à ferme.

Art. 1763. Celui qui cultive sous la condition d'un partage de fruits avec le bailleur ne peut ni sous-louer ni céder, si la faculté ne lui en a été expressément accordée par le bail.

Art. 1764. En cas de contravention, le propriétaire a droit de rentrer en jouissance, et le preneur est condamné aux dommages-intérêts résultant de l'inexécution du bail.

Art. 1765. Si, dans un bail à ferme, on donne aux fonds une contenance moindre ou plus grande que celle qu'ils ont réellement, il n'y a lieu à augmentation ou diminution de prix pour le fermier que dans les cas et suivant les règles exprimés au titre *de la Vente*.

Art. 1766. Si le preneur d'un héritage rural ne le garnit pas des bestiaux et des ustensiles nécessaires à son exploitation, s'il abandonne la culture, s'il ne cultive pas en bon père de famille, s'il emploie la chose louée à un autre usage que celui auquel elle a été destinée, ou, en général, s'il n'exécute pas les clauses du bail, et qu'il en résulte un dommage pour le bailleur, celui-ci peut, suivant les circonstances, faire résilier le bail.

En cas de résiliation provenant du fait du preneur, celui-ci est tenu des dommages et intérêts, ainsi qu'il est dit en l'art. 1764.

Art. 1767. Tout preneur de bien rural est tenu d'engranger dans les lieux à ce destinés d'après le bail.

Art. 1768. Le preneur d'un bien rural est tenu, sous peine de tous dépens, dommages et intérêts, d'avertir le propriétaire des usurpations qui peuvent être commises sur le fonds.

Cet avertissement doit être donné dans le même délai que celui qui est réglé en cas d'assignation suivant la distance des lieux.

Art. 1769. Si le bail est fait pour plusieurs années, et que, pendant la durée du bail, la totalité ou la moitié d'une récolte au moins soit enlevée par des cas fortuits, le fermier peut demander une remise du prix de sa location, à moins qu'il ne soit indemnisé par les récoltes précédentes.

S'il n'est pas indemnisé, l'estimation de la remise ne peut avoir lieu qu'à la fin du bail, auquel temps il se fait une compensation de toutes les années de jouissance.

Et, cependant, le juge peut provisoirement dispenser le preneur de payer une partie du prix en raison de la perte soufferte.

Art. 1770. Si le bail n'est que d'une année, et que la perte soit de la totalité des fruits, ou au moins de la moitié, le preneur sera déchargé d'une partie proportionnelle du prix de la location.

Il ne pourra prétendre aucune remise, si la perte est moindre de moitié.

Art. 1771. Le fermier ne peut obtenir de remise, lorsque la perte des fruits arrive après qu'ils sont séparés de la terre, à moins que le bail ne donne au propriétaire une quotité de la récolte en nature ; auquel cas le propriétaire doit supporter sa part de la perte, pourvu que le preneur ne fût pas en demeure de lui délivrer sa portion de récolte.

Le fermier ne peut également demander une remise, lorsque la cause du dommage était existante et connue à l'époque où le bail a été passé.

Art. 1772. Le preneur peut être chargé des cas fortuits par une stipulation expresse.

Art. 1773. Cette stipulation ne s'entend que des cas fortuits ordinaires, tels que grêle, feu du ciel, gelée ou coulure.

Elle ne s'entend point des cas fortuits extraordinaires, tels que les ravages de la guerre, ou une inondation, auxquels le pays n'est pas ordinairement sujet, à moins que le preneur n'ait été chargé de tous les cas fortuits prévus ou imprévus.

Art. 1774. Le bail, sans écrit, d'un fonds rural, est censé fait pour le temps qui est nécessaire afin que le preneur recueille tous les fruits de l'héritage affermé.

Ainsi le bail à ferme d'un pré, d'une vigne, et de tout autre fonds dont les fruits se recueillent en entier dans le cours de l'année, est censé fait pour un an.

Le bail des terres labourables, lorsqu'elles se divisent par soles ou saisons, est censé fait pour autant d'années qu'il y a de soles.

Art. 1775. Le bail des héritages ruraux, quoique fait sans écrit, cesse de plein droit à l'expiration du temps pour lequel il est censé fait, selon l'article précédent.

Art. 1776. Si, à l'expiration des baux ruraux écrits,

le preneur reste et est laissé en possession, il s'opère un nouveau bail dont l'effet est réglé par l'art. 1774.

Art. 1777. Le fermier sortant doit laisser à celui qui lui succède dans la culture, les logements convenables et autres facilités pour les travaux de l'année suivante; et réciproquement, le fermier entrant doit procurer à celui qui sort les logements convenables et autres facilités pour la consommation des fourrages, et pour les récoltes restant à faire.

Dans l'un et l'autre cas, on doit se conformer à l'usage des lieux.

Art. 1778. Le fermier sortant doit aussi laisser les pailles et engrais de l'année, s'il les a reçus lors de son entrée en jouissance; et quand même il ne les aurait pas reçus, le propriétaire pourra les retenir suivant l'estimation.

CHAPITRE IV

DU BAIL A CHEPTEL

SECTION Ire. — Dispositions générales.

Art. 1800. Le bail à cheptel est un contrat par lequel l'une des parties donne à l'autre un fonds de bétail pour le garder, le nourrir et le soigner, sous les conditions convenues entre elles.

Art. 1801. Il y a plusieurs sortes de cheptels :
Le cheptel simple ou ordinaire ;
Le cheptel à moitié ;
Le cheptel donné au fermier ou au colon partiaire.
Il y a encore une quatrième espèce de contrat improprement appelée *cheptel*.

Art. 1802. On peut donner à cheptel toute espèce d'animaux susceptibles de croît ou de profit pour l'agriculture ou le commerce.

Art. 1803. A défaut de conventions particulières, ces contrats se règlent par les principes qui suivent.

SECTION II. — Du cheptel simple.

Art. 1804. Le bail à cheptel simple est un contrat par lequel on donne à un autre des bestiaux à garder, nourrir et soigner, à condition que le preneur profitera de la moitié du croît, et qu'il supportera aussi la moitié de la perte.

Art. 1805. L'estimation donnée au cheptel dans le

bail n'en transporte pas la propriété au preneur ; elle n'a d'autre objet que de fixer la perte ou le profit qui pourra se trouver à l'expiration du bail.

Art. 1806. Le preneur doit les soins d'un bon père de famille à la conservation du cheptel.

Art. 1807. Il n'est tenu du cas fortuit que lorsqu'il a été précédé de quelque faute de sa part, sans laquelle la perte ne serait pas arrivée.

Art. 1808. En cas de contestation, le preneur est tenu de prouver le cas fortuit, et le bailleur est tenu de prouver la faute qu'il impute au preneur.

Art. 1809. Le preneur qui est déchargé par le cas fortuit, est toujours tenu de rendre compte des peaux de bêtes.

Art. 1810. Si le cheptel périt en entier sans la faute du preneur, la perte en est pour le bailleur.

S'il n'en périt qu'une partie, la perte est supportée en commun, d'après le prix de l'estimation originaire, et celui de l'estimation à l'expiration du cheptel.

Art. 1811. On ne peut stipuler :

Que le preneur supportera la perte totale du cheptel, quoique arrivée par cas fortuit et sans sa faute ;

Ou qu'il supportera, dans la perte, une part plus grande que dans le profit ;

Ou que le bailleur prélèvera, à la fin du bail, quelque chose de plus que le cheptel qu'il a fourni.

Toute convention semblable est nulle.

Le preneur profite seul des laitages, du fumier et du travail des animaux donnés à cheptel.

La laine et le croît se partagent.

Art. 1812. Le preneur ne peut disposer d'aucune bête du troupeau, soit du fonds, soit du croît, sans le consentement du bailleur, qui ne peut lui-même en disposer sans le consentement du preneur.

Art. 1813. Lorsque le cheptel est donné au fermier d'autrui, il doit être notifié au propriétaire de qui ce fermier tient ; sans quoi il peut le saisir et le faire vendre pour ce que son fermier lui doit.

Art. 1814. Le preneur ne pourra tondre sans en prévenir le bailleur.

Art. 1815. S'il n'y a pas de temps fixé par la convention pour la durée du cheptel, il est censé fait pour trois ans.

Art. 1816. Le bailleur peut en demander plus tôt la résolution, si le preneur ne remplit pas ses obligations.

Art. 1817. À la fin du bail, ou lors de sa résolution, il se fait une nouvelle estimation du cheptel.

Le bailleur peut prélever des bêtes de chaque espèce, jusqu'à concurrence de la première estimation : l'excédent se partage.

S'il n'existe pas assez de bêtes pour remplir la première estimation, le bailleur prend ce qui reste, et les parties se font raison de la perte.

SECTION III. — Du cheptel à moitié.

Art. 1818. Le cheptel à moitié est une société dans laquelle chacun des contractants fournit la moitié des bestiaux, qui demeurent communs pour le profit ou pour la perte.

Art. 1819. Le preneur profite seul, comme dans le cheptel simple, des laitages, du fumier et des travaux des bêtes.

Le bailleur n'a droit qu'à la moitié des laines et du croît.

Toute convention contraire est nulle, à moins que le bailleur ne soit propriétaire de la métairie dont le preneur est fermier ou colon partiaire.

Art. 1820. Toutes les autres règles du cheptel simple s'appliquent au cheptel à moitié.

SECTION IV. — Du cheptel donné par le propriétaire au fermier ou colon partiaire.

§ 1er. — Du cheptel donné au fermier.

Art. 1821. Ce cheptel (aussi appelé *cheptel* de fer) est celui par lequel le propriétaire d'une métairie la donne à ferme, à la charge qu'à l'expiration du bail le fermier laissera des bestiaux d'une valeur égale au prix de l'estimation de ceux qu'il aura reçus.

Art. 1822. L'estimation du cheptel donné au fermier ne lui en transfère pas la propriété, mais néanmoins le met à ses risques.

Art. 1823. Tous les profits appartiennent au fermier pendant la durée de son bail, s'il n'y a convention contraire.

Art. 1824. Dans les cheptels donnés au fermier, le fumier n'est point dans les profits personnels des preneurs, mais appartient à la métairie, à l'exploitation de laquelle il doit être uniquement employé.

Art. 1825. La perte, même totale et par cas fortuit, est en entier pour le fermier, s'il n'y a convention contraire.

Art. 1826. A la fin du bail, le fermier ne peut retenir le cheptel en en payant l'estimation originaire ; il doit en laisser un de valeur pareille à celui qu'il a reçu.

S'il y a du déficit, il doit le payer ; et c'est seulement l'excédent qui lui appartient.

§ 2. — Du cheptel donné au colon partiaire.

Art. 1827. Si le cheptel périt en entier sans la faute du colon, la perte est pour le bailleur.

Art. 1828. On peut stipuler que le colon délaissera au bailleur sa part de la toison à un prix inférieur à la valeur ordinaire ;

Art. 1829. Que le bailleur aura une plus grande part du profit ;

Qu'il aura la moitié des laitages ;

Mais on ne peut pas stipuler que le colon sera tenu de toute la perte.

Art. 1830. Il est d'ailleurs soumis à toutes les règles du cheptel simple.

SECTION V. — Du contrat improprement appelé cheptel.

Art. 1831. Lorsqu'une ou plusieurs vaches sont données pour les loger et les nourrir, le bailleur en conserve la propriété; il a seulement le profit des veaux qui en naissent.

LIVRE III. — TITRE XI

SECTION V. — Art. 1952 et 1953. — Responsabilité des aubergistes et hôteliers.

Art. 1952. Les aubergistes ou hôteliers sont responsables, comme dépositaires, des effets apportés par le voyageur qui loge chez eux. Le dépôt de ces sortes d'effets doit être regardé comme un dépôt nécessaire.

Art. 1953. Ils sont responsables du vol ou du dommage des effets du voyageur, soit que le vol ait été fait ou que le dommage ait été causé par les domestiques et préposés de l'hôtellerie, ou par des étrangers allant et venant dans l'hôtellerie.

Cette responsabilité est limitée à mille francs pour les espèces monnayées et les valeurs ou titres au porteur de toute nature non déposés réellement entre les mains des aubergistes ou hôteliers (Ajouté L. du 18 avril 1889).

LIVRE III. — TITRE XVIII

PRIVILÈGE DU BAILLEUR

Art. 2102. Les créances privilégiées sur certains meubles sont : 1° les loyers et fermages des immeubles, sur les fruits de la récolte de l'année et sur le prix de tout ce qui garnit la maison louée ou la ferme et de tout ce qui sert à l'exploitation de la ferme : savoir, pour tout ce qui est échu et pour tout ce qui est à échoir, si les baux sont authentiques ou si, étant sous signature privée, ils ont une date certaine ; et, dans ces deux cas, les autres créanciers ont le droit de relouer la maison ou la ferme pour le restant du bail, et de faire leur profit des baux ou fermages, à la charge, toutefois, de payer au propriétaire tout ce qui lui serait encore dû.

Et, à défaut des baux authentiques ou lorsque, étant sous signature privée, ils n'ont pas une date certaine, pour une année à partir de l'expiration de l'année courante.

Le même privilège a lieu pour les réparations locatives et pour tout ce qui concerne l'exécution du bail.

Néanmoins, les sommes dues pour les semences ou pour les frais de la récolte de l'année, sont payées sur le prix de la récolte, et celles dues pour ustensiles sur le prix de ces ustensiles, par préférence au propriétaire dans l'un et l'autre cas.

Le propriétaire peut saisir les meubles qui garnissent sa maison ou sa ferme, lorsqu'ils ont été déplacés sans son consentement, et il conserve sur eux son privilège, pourvu qu'il en ait fait la revendication : savoir, lorsqu'il s'agit du mobilier qui garnissait une ferme, dans le délai de quarante jours, et dans celui de quinzaine, s'il s'agit des meubles garnissant une maison.

2°.....

CODE DE PROCÉDURE CIVILE

SAISIE-GAGERIE

Art. 819. Les propriétaires et principaux locataires de maisons ou biens ruraux, soit qu'il y ait bail, soit qu'il n'y en ait pas, peuvent, un jour après le commandement et sans permission du juge, faire saisir-gager, pour loyers et fermages échus, les effets et fruits étant dans lesdites maisons ou bâtiments ruraux, et sur les terres.

Ils peuvent même faire saisir-gager à l'instant, en vertu de la permission qu'ils en auront obtenue, sur requête, du président du tribunal de première instance.

Ils peuvent aussi saisir les meubles qui garnissaient la maison ou la ferme, lorsqu'ils ont été déplacés sans leur consentement ; et ils conservent sur eux leur privilège, pourvu qu'ils en aient fait la revendication, conformément à l'art. 2102 C. civ.

Art. 820. Peuvent les effets des sous-fermiers et sous-locataires, garnissant les lieux par eux occupés, et les fruits des terres qu'ils sous-louent, être saisis-gagés pour les loyers et fermages dus par le locataire ou fermier de qui ils tiennent ; mais ils obtiendront mainlevée en justifiant qu'ils ont payé sans fraude et sans qu'ils puissent opposer des payements faits par anticipation.

Art. 821. La saisie-gagerie sera faite en la même forme que la saisie-exécution : le saisi pourra être constitué gardien, et, s'il y a des fruits, elle sera faite dans la forme établie par le titre IX du livre précédent.

Art. 824. Il ne pourra être procédé à la vente sur les saisies énoncées au présent titre qu'après qu'elles auront été déclarées valables : le saisi, dans le cas de l'article 821,... ou le gardien, s'il en a été établi, seront condamnés par corps à la représentation des effets.

Art. 825. Seront, au surplus, observées les règles ci-devant prescrites pour la saisie-exécution, la vente et la distribution des deniers.

SAISIE-REVENDICATION

Art. 826. Il ne pourra être procédé à aucune saisie-revendication qu'en vertu d'ordonnance du président du tribunal de première instance rendue sur requête ; et ce, à peine de dommages-intérêts, tant contre la partie que contre l'huissier qui aura procédé à la saisie.

Art. 827. Toute requête à fin de saisie-revendication désignera sommairement les effets.

Art. 828. Le juge pourra permettre la saisie-revendication, même les jours de fête légale.

Art. 829. Si celui chez lequel sont les effets qu'on veut revendiquer refuse les portes ou s'oppose à la saisie, il en sera référé au juge ; et cependant il sera sursis à la saisie, sauf au requérant à établir garnison aux portes.

Art. 830. La saisie-revendication sera faite en la même forme que la saisie-exécution, si ce n'est que celui chez qui elle est faite pourra être constitué gardien.

Art. 831. La demande en validité de la saisie sera portée devant le tribunal du domicile de celui sur qui elle est faite ; et, si elle est connexe à une instance déjà pendante, elle le sera au tribunal saisi de cette instance.

CODE DE COMMERCE

Art. 450. Loi du 12 février 1872. Les syndics auront pour les baux des immeubles affectés à l'industrie ou au commerce du failli, y compris les locaux dépendant de ces immeubles et servant à l'habitation du failli et de sa famille, huit jours à partir de l'expiration du délai accordé par l'art. 492 du Code de commerce aux créanciers domiciliés en France pour la vérification de leurs créances, pendant lesquels ils pourront notifier au propriétaire leur intention de continuer le bail à la charge de satisfaire à toutes les obligations du locataire.

Cette notification ne pourra avoir lieu qu'avec l'autorisation du juge-commissaire et le failli entendu.

Jusqu'à l'expiration de ces huit jours, toutes voies d'exécution sur les effets mobiliers servant à l'exploitation du commerce ou de l'industrie du failli et toutes actions en résiliation de bail seront suspendues; sans préjudice de toutes mesures conservatoires et du droit qui serait acquis au propriétaire de reprendre possession des lieux loués. Dans ce cas, la suspension des droits d'exécution établie au présent article cessera de plein droit.

Le bailleur devra, dans les quinze jours qui suivront la notification qui lui sera faite par les syndics, former sa demande en résiliation.

Faute par lui de l'avoir formée dans ledit délai, il sera réputé avoir renoncé à se prévaloir des causes de résiliation déjà existantes à son profit.

Art. 550. Loi du 12 février 1872. Si le bail est résilié, le propriétaire d'immeubles affectés à l'industrie ou au commerce du failli aura privilège pour les deux dernières années de location échues avant le jugement déclaratif de faillite, pour l'année courante, pour tout ce qui concerne l'exécution du bail et pour les dommages-intérêts qui pourront lui être alloués par les tribunaux.

Au cas de non-résiliation, le bailleur, une fois payé de tous les loyers échus, ne pourra pas exiger le payement des loyers en cours ou à échoir, si les sûretés qui lui ont été données lors du contrat sont maintenues, ou si celles qui lui ont été fournies depuis la faillite sont jugées suffisantes.

Lorsqu'il y aura vente et enlèvement des meubles garnissant les lieux loués, le bailleur pourra exercer son privilège comme au cas de résiliation ci-dessus et, en outre, pour une année à échoir à partir de l'expiration de l'année courante, que le bail ait ou non date certaine.

Les syndics pourront continuer ou céder le bail pour tout le temps restant à courir, à la charge par eux ou leurs cessionnaires de maintenir dans l'immeuble gage suffisant, et d'exécuter, au fur et à mesure des échéances, toutes les obligations résultant du droit ou de la convention, mais sans que la destination des lieux loués puisse être changée.

Dans le cas où le bail contiendrait interdiction de céder le bail ou de sous-louer, les créanciers ne pourraient faire leur profit de la location que pour le temps à raison duquel le bailleur aurait touché ses loyers par anticipation et toujours sans que la destination des lieux puisse être changée.

. . . .

CODE PÉNAL

Art. 73. Les aubergistes et hôteliers convaincus d'avoir logé, plus de vingt-quatre heures, quelqu'un qui, pendant son séjour, aurait commis un crime ou un délit seront civilement responsables des restitutions, des indemnités et des frais adjugés à ceux à qui ce crime ou ce délit aurait causé quelque dommage, faute par eux d'avoir inscrit sur leur registre le nom, la profession et le domicile du coupable : sans préjudice de leur responsabilité dans le cas des art. 1952 et 1953 du Code civil.

Art. 475, § 2. Seront punis d'amende, depuis 6 francs jusqu'à 10 francs inclusivement :... les aubergistes, hôteliers, logeurs ou loueurs de maisons garnies, qui auront négligé d'inscrire de suite et sans aucun blanc, sur un registre tenu régulièrement, les noms, qualités, domicile habituel, dates d'entrée et de sortie de toute personne qui aurait couché ou passé une nuit dans leurs maisons ; ceux d'entre eux qui auraient manqué à représenter ce registre aux époques déterminées par les règlements, ou lorsqu'ils en auraient été requis, aux maires, adjoints, officiers ou commissaires de police, ou aux citoyens commis à cet effet, le tout sans préjudice des cas de responsabilité mentionnés en l'art. 73 du présent Code, relativement aux crimes ou délits de ceux qui, ayant logé ou séjourné chez eux, n'auraient pas été régulièrement inscrits.

ENREGISTREMENT

Loi du 16 juin 1824.

(R. v° *Enregistrement*, p. 42.)

Art. 1er. Les baux à ferme ou à loyer des biens meubles ou immeubles, les baux de pâturage et nourriture d'animaux, les baux à cheptel ou reconnaissance de bestiaux et les baux ou conventions pour nourriture des personnes, lorsque la durée sera limitée, ne seront désormais soumis qu'au droit de o fr. 20 par cent francs sur le prix cumulé de toutes les années. Le droit de cautionnement de ces baux sera de moitié de celui fixé par le présent article.

Loi du 23 mars 1855,
sur la transcription en matière hypothécaire.

(D. P. 55. 4. 27).

Sont transcrits au bureau des hypothèques de la situation des biens :

Art. 2. 1°.....

2°.....

3°.....

4° Les baux d'une durée de plus de dix-huit années;

8° Tout acte ou jugement constatant, même pour bail de moindre durée, quittance ou cession d'une somme équivalente à trois années de loyers ou fermages non échus.

Art. 3. Jusqu'à la transcription, les droits résultant des actes et jugements énoncés aux articles précédents ne peuvent être opposés aux tiers qui ont des droits sur l'immeuble et qui les ont conservés en se conformant aux lois.

Les baux qui n'ont point été transcrits ne peuvent jamais leur être opposés pour une durée de plus de dix-huit ans.

Loi du 23 août 1871.

(D. P. 71. 4. 51.)

Art. 11. Lorsqu'il n'existe pas de conventions écrites constatant une mutation de jouissance de biens immeubles, il y est suppléé par des déclarations détaillées et estimatives, dans les trois mois de l'entrée en jouissance.

Si la location est faite suivant l'usage des lieux, la déclaration en contiendra la mention.

Les droits d'enregistrement deviendront exigibles dans les vingt jours qui suivront l'échéance de chaque terme, et la perception en sera continuée jusqu'à ce qu'il ait été déclaré que le bail a cessé ou qu'il a été résilié.

En cas de déclaration insuffisante, il sera fait application des dispositions des art. 19 et 39 de la loi du 22 frim. an VII.

La déclaration doit être faite par le preneur ou, à son défaut, par le bailleur, ainsi qu'il est dit à l'art. 14 ci-après.

Ne sont pas assujetties à la déclaration les locations verbales ne dépassant pas trois ans, et dont le prix annuel n'excède pas 100 francs. — Toutefois, si le même bailleur a consenti plusieurs locations verbales de cette catégorie, mais dont le prix cumulé excède 100 francs annuellement, il sera tenu d'en faire la déclaration et d'acquitter personnellement et sans recours les droits d'enregistrement.

Si le prix de la location verbale est supérieur à 100 francs, sans excéder 300 francs annuellement, le bailleur sera également tenu d'en faire la déclaration et d'acquitter les droits exigibles, sauf son recours contre le preneur, qui sera dispensé, dans ce cas, de la formalité de la déclaration.

Le droit sera exigible lors de l'enregistrement ou de la déclaration. Toutefois, si le bail est de plus de trois ans, et si les parties le requièrent, le montant du droit pourra être fractionné en autant de payements égaux qu'il y aura de périodes triennales dans la durée du bail. Le payement des droits afférents à la première période sera seul acquitté lors de l'enregistrement ou de la déclaration, et celui des périodes subséquentes aura lieu dans le premier mois de l'année qui commencera chaque période.

. . . .

Art. 14. A défaut d'enregistrement ou de déclaration dans les délais fixés par les lois des 22 frim. an VII, 27 vent. an IX et par l'art. 11 de la présente loi, l'ancien et le nouveau possesseur, le bailleur et le preneur sont tenus personnellement et sans recours, nonobstant toute stipulation contraire, d'un droit en sus, lequel ne peut être inférieur à 50 francs.

L'ancien possesseur et le bailleur peuvent s'affranchir du droit en sus qui leur est personnellement imposé, ainsi que du versement immédiat des droits simples en déposant dans un bureau d'enregistrement l'acte constatant la mutation ou, à défaut d'actes, en faisant les déclarations prescrites par l'art. 4 de la loi du 27 vent. an IX et par l'art. 11 de la présente loi.

Outre les délais fixés pour l'enregistrement des actes ou déclarations, un délai d'un mois est accordé à l'ancien possesseur et au bailleur pour faire le dépôt ou les déclarations autorisés par le paragraphe qui précède.

Les dispositions du présent article ne sont pas applicables au preneur dans les cas prévus par les paragraphes 5 et 6 de l'art. 11 ci-dessus.

Loi du 28 février 1872.

(D. P. 72. 4. 12.)

Art. 6. Les obligations imposées au preneur, dans le cas de location verbale, par l'art. 11 de la loi du 23 août 1871, seront accomplies à l'avenir par le bailleur, qui sera

tenu du payement des droits, sauf son recours contre
le preneur. Néanmoins, les parties restent solidaires pour le
recouvrement du droit simple.

Loi du 19 février 1889,

relative à la restriction du privilège du bailleur d'un fonds rural et à l'attribution des indemnités dues, par suite d'assurances.

(D. P. 89. 4. 29.)

Art. 1ᵉʳ. Le privilège accordé au bailleur d'un fonds
rural par l'art. 2102 du Code civil ne peut être exercé,
même quand le bail a acquis date certaine, que pour les
fermages des deux dernières années échues, de l'année
courante et d'une année à partir de l'expiration de l'année
courante, ainsi que pour tout ce qui concerne l'exécution
du bail et pour les dommages-intérêts qui pourront lui
être accordés par les tribunaux.

Art. 2. Les indemnités dues par suite d'assurances
contre l'incendie, contre la grêle, contre la mortalité des
bestiaux ou les autres risques, sont attribuées, sans qu'il
y ait besoin de délégation expresse, aux créanciers privilégiés ou hypothécaires, suivant leur rang. Néanmoins, les payements faits de bonne foi avant opposition
sont valables.

Art. 3. Il en est de même des indemnités dues en cas
de sinistre par le locataire ou par le voisin, par application des art. 1733 et 1382 du Code civil. En cas d'assurance du risque locatif ou du recours du voisin, l'assuré
ou ses ayants droit ne pourront toucher tout ou partie de
l'indemnité, sans que le propriétaire de l'objet loué, le
voisin ou le tiers subrogé à leurs droits, aient été désin-
téressés des conséquences du sinistre.

Loi du **18 juillet 1889.**

(D. P. 90. 4. 22.)

Art. 1er. Le bail à colonat partiaire ou métayage est le contrat par lequel le possesseur d'un héritage rural le remet pour un certain temps à un preneur qui s'engage à le cultiver sous la condition d'en partager les produits avec le bailleur.

Art. 2. Les fruits et produits se partagent par moitié, s'il n'y a stipulation ou usage contraire.

Art. 3. Le bailleur est tenu à la délivrance et à la garantie des objets compris au bail. Il doit faire aux bâtiments toutes les réparations qui peuvent devenir nécessaires. Toutefois, les réparations locatives ou de menu entretien qui ne sont occasionnées ni par la vétusté, ni par force majeure, demeurent, à moins de stipulation ou d'usage contraire, à la charge du colon.

Art. 4. Le preneur est tenu d'user de la chose louée en bon père de famille, en suivant la destination qui lui a été donnée par le bail ; il est également tenu des obligations spécifiées pour le fermier par les art. 1730, 1731 et 1768 du Code civil.

Il répond de l'incendie, des dégradations et des pertes arrivées pendant la durée du bail, à moins qu'il ne prouve qu'il a veillé à la garde et à la conservation de la chose en bon père de famille.

Il doit se servir des bâtiments d'exploitation qui existent dans les héritages qui lui sont confiés, et résider dans ceux qui sont affectés à l'habitation.

Art. 5. Le bailleur a la surveillance des travaux et la direction générale de l'exploitation, soit pour le mode de culture, soit pour l'achat et la vente des bestiaux. L'exercice de ce droit est déterminé, quant à son étendue, par la convention, ou, à défaut de convention, par l'usage des lieux.

Les droits de chasse et de pêche restent au propriétaire.

Art. 6. La mort du bailleur de la métairie ne résout pas le bail à colonat.

Ce bail est résolu par la mort du preneur ; la jouissance des héritiers cesse à l'époque consacrée par l'usage des lieux pour l'expiration des baux annuels.

Art. 7. S'il a été convenu qu'en cas de vente l'acquéreur pourrait résilier, cette résiliation ne peut avoir lieu qu'à la charge par l'acquéreur de donner congé suivant l'usage des lieux.

Dans ce cas, comme dans celui qui est prévu par le dernier paragraphe de l'article précédent, le colon a droit à une indemnité pour les impenses extraordinaires qu'il a faites, jusqu'à concurrence du profit qu'il aurait pu en tirer pendant la durée de son bail : la résiliation, en cas de vente, est régie au surplus par les art. 1743, 1749, 1750 et 1751 du Code civil.

Art. 8. Si, pendant la durée du bail, les objets qui y sont compris sont détruits en totalité par cas fortuit, le bail est résilié de plein droit. S'ils ne sont détruits qu'en partie, le bailleur peut se refuser à faire les réparations et les dépenses nécessaires pour les remplacer ou les rétablir. Le preneur et le bailleur peuvent, dans ce cas, suivant les circonstances, demander la résiliation.

Si la résiliation est prononcée à la requête du bailleur, le juge appréciera l'indemnité qui pourrait être due au preneur, conformément au deuxième paragraphe de l'art. 7 de la présente loi.

Art. 9. Si, dans le cours de la jouissance du colon, la totalité ou une partie de la récolte est enlevée par cas fortuit, il n'a pas d'indemnité à réclamer du bailleur. Chacun d'eux supporte sa portion correspondante dans la perte commune.

Art. 10. Le bailleur exerce le privilège de l'art. 2102 du Code civil sur les meubles, effets, bestiaux et portions de récolte appartenant au colon, pour le payement du reliquat du compte à rendre par celui-ci.

Art. 11. Chacune des parties peut demander le règlement annuel du compte d'exploitation.

Le juge de paix prononce sur les difficultés relatives aux articles du compte, lorsque les obligations résultant du contrat ne sont pas contestées, sans appel lorsque l'objet de la contestation ne dépasse pas le taux de sa compétence générale en dernier ressort, et à charge d'appel à quelque somme qu'il puisse s'élever.

Le juge statue sur le vu des registres des parties ; il peut même admettre la preuve testimoniale, s'il le juge convenable.

Art. 12. Toute action résultant du bail à colonat partiaire se prescrit par cinq ans, à partir de la sortie du colon.

Art. 13. Les dispositions de la section première du titre du louage contenues dans l'art. 1718 et dans les art. 1736 à 1741 inclusivement, et celles de la section III du même titre, contenues dans les art. 1766, 1777 et 1778, sont applicables aux baux à colonat partiaire. Ces baux sont en outre régis, pour le surplus, par l'usage des lieux.

Loi du 31 décembre 1900.

(D. P. 1902. 4. 1.)

Art. 1ᵉʳ. En remplacement des droits d'octroi sur les boissons hygiéniques,... la ville de Paris est autorisée à établir, à partir du 1ᵉʳ janvier 1901...

3° Une taxe locative, à la charge des personnes occupant des immeubles... à Paris ;

4° Une taxe d'enlèvement d'ordures ménagères, à la charge des locataires des maisons situées à Paris.

. . . .

Art. 4. La taxe locative est fixée à 1 pour 100 de la valeur locative des locaux servant à l'habitation personnelle.

Elle est imposée au nom des occupants, à quelque titre que les locaux soient occupés.

Sont affranchies de la taxe locative les personnes reconnues non imposables à la contribution mobilière.

Les valeurs locatives servant de base à la taxe sont déterminées conformément aux dispositions contenues dans le troisième paragraphe de l'art. 12 de la loi du 15 juill. 1880 sur les patentes.

. . . .

Art. 5. ...La taxe pour l'enlèvement des ordures ménagères est imposée au nom des propriétaires ou usufruitiers et exigible contre eux et leurs principaux locataires, sauf leur recours contre les locataires particuliers pour le remboursement de la part d'impôt afférente aux locaux occupés par ces derniers.

Dans le cas des vacances, pendant un trimestre au moins, de locaux dont le propriétaire ne se réserve pas habituellement la jouissance, elle peut donner lieu à une remise d'impôt.

Les fonctionnaires et les employés civils ou militaires logés gratuitement dans les bâtiments appartenant à l'Etat ou au département, à la commune ou à un établissement public, sont imposables nominativement à la taxe pour l'enlèvement des ordures ménagères. . . . .

. . . .

Art. 8. Pour la répartition entre les contribuables de son contingent dans la contribution personnelle-mobilière, la ville de Paris est autorisée à considérer comme non imposables les habitants dont le loyer réel d'habitation est inférieur à cinq cents francs (500 fr.), à l'exception, toutefois, de ceux :

1° Qui ont un simple pied-à-terre à Paris ;

2° Qui sont imposés au rôle foncier de cette ville, qu'ils soient logés ou non dans leurs propres maisons ;

3° Qui sont assujettis à un droit fixe de patente égal ou supérieur à celui de la 6ᵉ classe du tableau A.

. . . .

Loi du 28 juin 1901.

(D. P. 1902. 4. 3.)

Art. 1ᵉʳ. ...En remplacement des droits d'octroi autres que les droits sur l'alcool, la ville de Lyon est autorisée à établir... (8°) une taxe d'habitation . . . .

...Toutes les règles relatives à l'assiette et au recouvrement des contributions directes auxquelles il n'est pas expressément dérogé dans les dispositions ci-dessus sont applicables aux taxes de remplacement autorisées par la présente loi et aux réclamations auxquelles elles peuvent donner lieu.

. . . .

Art. 12. La taxe d'habitation est fixée à 9 pour 100 (1) de la valeur locative des locaux servant à l'habitation personnelle.

Elle est imposable au nom des occupants, à quelque titre que les locaux soient occupés.

La valeur locative est déterminée conformément aux dispositions de l'art. 12, § 3, de la loi du 15 juill. 1880. Une somme fixe de cent cinquante francs (150 fr.) est déduite du total des valeurs locatives des locaux d'habitation occupés par un même contribuable, si ce total ne dépasse pas 800 francs. Cette déduction ne sera pas accordée à ceux :

1° Qui ont un simple pied-à-terre à Lyon ;

2° Qui sont imposés au rôle foncier de Lyon, qu'ils soient logés ou non dans leur propre maison ;

3° Qui sont assujettis à la patente au sujet du même local ou des locaux contigus.

La taxe d'habitation est exigible en deux termes égaux, le 1er mars et le 1er septembre.

. . . .

Art. 14. Les hôtels, auberges, maisons de santé ou de retraite, chambres meublées et généralement tous établissements, quelle que soit leur dénomination, servant à l'industrie du logement subiront... la taxe d'habitation à raison des locaux destinés à l'usage particulier des voyageurs.

Loi du 15 févr. 1902,
relative à la protection de la santé publique.

(D. P. 1902. 4. 41.)

Art. 1er. Dans toute commune, le maire est tenu, afin de protéger la santé publique, de déterminer, après avis

---

(1) Aujourd'hui 6 pour 100.

du conseil municipal et sous forme d'arrêtés municipaux portant règlement sanitaire :

1° Les précautions à prendre... pour prévenir ou faire cesser les maladies transmissibles, visées à l'art. 4 de la présente loi, spécialement les mesures de désinfection ou même de destruction des objets à l'usage des malades ou qui ont été souillés par eux, et généralement des objets quelconques pouvant servir de véhicule à la contagion ;

2° Les prescriptions destinées à assurer la salubrité des maisons et de leurs dépendances, des voies privées, closes ou non à leur extrémité, des logements loués en garni et des autres agglomérations, quelle qu'en soit la nature, notamment les prescriptions relatives à l'alimentation en eau potable ou à l'évacuation des matières usées.

Art. 4. La liste des maladies auxquelles sont applicables les dispositions de la présente loi sera dressée, dans les six mois qui en suivront la promulgation, par un décret du président de la République, rendu sur le rapport du ministre de l'Intérieur, après avis de l'Académie de médecine et du Comité consultatif d'hygiène publique de France. Elle pourra être revisée dans la même forme.

Art. 7. La désinfection est obligatoire pour tous les cas des maladies prévues à l'art. 4 ; les procédés de désinfection devront être approuvés par le ministre de l'Intérieur, après avis du Comité consultatif d'hygiène publique de France.

Les mesures de désinfection sont mises à exécution, dans les villes de 20 000 habitants et au-dessus, par les soins de l'autorité municipale, suivant des arrêtés du maire, approuvés par le préfet, et, dans les communes de moins de 20 000 habitants, par les soins d'un service départemental.

Les dispositions de la loi du 21 juill. 1856 et des décrets et arrêtés ultérieurs, pris conformément aux dispositions de ladite loi, sont applicables aux appareils de désinfection.

Un règlement d'administration publique, rendu après avis du Comité consultatif d'hygiène publique de France, déterminera les conditions que ces appareils doivent remplir au point de vue de l'efficacité des opérations à y effectuer.

Art. 12. Lorsqu'un immeuble, bâti ou non, attenant ou non à la voie publique, est dangereux pour la santé des occupants ou des voisins, le maire ou, à son défaut, le préfet invite la commission sanitaire prévue par l'art. 20 de la présente loi à donner son avis :

1° Sur l'utilité et la nature des travaux ;

2° Sur l'interdiction d'habitation de tout ou partie de l'immeuble, jusqu'à ce que les conditions d'insalubrité aient disparu.

Le rapport du maire est déposé au secrétariat de la mairie, à la disposition des intéressés.

Les propriétaires, usufruitiers ou usagers. sont avisés, au moins quinze jours d'avance, à la diligence du maire et par lettre recommandée, de la réunion de la commission sanitaire, et ils produisent, dans ce délai, leurs observations.

Ils doivent, s'ils en font la demande, être entendus par la commission, en personne ou par mandataire, et ils sont appelés aux visites et constatations de lieux.

En cas d'avis contraire aux propositions du maire, cet avis est transmis au préfet, qui saisit, s'il y a lieu, le conseil départemental d'hygiène.

Le préfet avise les intéressés, quinze jours au moins d'avance, par lettre recommandée, de la réunion du conseil départemental d'hygiène et les invite à produire leurs observations dans ce délai ; ils peuvent prendre communication de l'avis de la commission sanitaire, déposé à la préfecture, et se présenter, en personne ou par mandataire, devant le conseil : ils sont appelés aux visites et constatations de lieux.

L'avis de la commission sanitaire ou celui du conseil d'hygiène fixe le délai dans lequel les travaux doivent être exécutés ou dans lequel l'immeuble cessera d'être habité en totalité ou en partie. Ce délai ne commence à courir qu'à partir de l'expiration du délai de recours ouvert aux intéressés par l'art. 13 ci-après ou de la notification de la décision définitive intervenue sur le recours.

Dans le cas où l'avis de la commission n'a pas été contesté par le maire, ou, s'il a été contesté, après notification par le préfet de l'avis du conseil départemental d'hygiène, le maire prend un arrêté ordonnant les travaux nécessaires ou portant interdiction d'habiter, et il met le propriétaire en demeure de s'y conformer dans le délai fixé.

L'arrêté portant interdiction d'habiter devra être revêtu de l'approbation du préfet.

Art. 13. Un recours est ouvert aux intéressés contre l'arrêté du maire devant le conseil de préfecture, dans le délai d'un mois à dater de la notification de l'arrêté; ce recours est suspensif.

Art. 14. A défaut de recours contre l'arrêté du maire ou si l'arrêté a été maintenu, les intéressés qui n'ont pas exécuté, dans le délai imparti, les travaux jugés nécessaires, sont traduits devant le tribunal de simple police, qui autorise le maire à faire exécuter les travaux d'office, à leurs frais, sans préjudice de l'application de l'art. 471, § 15, C. pén.

En cas d'interdiction d'habitation, s'il n'y a pas été fait droit, les intéressés sont passibles d'une amende de 16 à 500 francs et traduits devant le tribunal correctionnel, qui autorise le maire à faire expulser, à leurs frais, les occupants de l'immeuble.

Art. 17. Lorsque, par suite de l'exécution de la présente loi, il y aura lieu à la résiliation des baux, cette résiliation n'emportera, en faveur des locataires, aucuns dommages et intérêts.

Loi du 12 juill. 1905,

sur la compétence civile des juges de paix.

(D. P. 1905. 4. 71.)

. . . .

...**Art. 3.** Les juges de paix connaissent sans appel jusqu'à la valeur de trois cents francs (300 fr.), et à charge d'appel à quelque valeur que la demande puisse s'élever :

Des actions en payement de loyers ou fermages ;

Des congés ;

Des demandes en résiliation de baux fondées soit sur le défaut de payement des loyers ou fermages, soit sur l'insuffisance des meubles garnissant la maison ou de bestiaux et ustensiles nécessaires à l'exploitation d'après les art. 1752 et 1766 du Code civil, soit enfin sur la destruction de la totalité de la chose louée prévue par l'art. 1722 du Code civil ;

Des expulsions de lieux ;

Des demandes en validité et en nullité ou mainlevée de saisies-gageries pratiquées en vertu des art. 819 et 820 du Code de procédure civile, ou de saisies-revendications portant sur des meubles déplacés sans le consentement du propriétaire, dans les cas prévus aux art. 2102, § 1er, du Code civil, et 819 du Code de procédure civile, à moins que, dans ce dernier cas, il y ait contestation de la part d'un tiers ;

Le tout lorsque les locations verbales ou écrites n'excèdent pas annuellement six cents francs (600 fr.).

Si le prix principal du bail se compose, en totalité ou en partie, de denrées ou prestations en nature appréciables d'après les mercuriales, l'évaluation en sera faite sur les mercuriales du jour de l'échéance, lorsqu'il s'agira du payement des fermages ; dans tous les autres cas, elle aura lieu suivant les mercuriales du mois qui aura précédé la demande.

S'il comprend des prestations non appréciables d'après les mercuriales, ou s'il s'agit de baux à colons partiaires, le juge de paix déterminera la compétence, en prenant pour base du revenu de la propriété le principal de la contribution foncière de l'année courante multiplié par cinq.

Art. 4. Les juges de paix connaissent sans appel jusqu'à la valeur de trois cents francs (300 fr.) et, à charge d'appel, à quelque chiffre que la demande puisse s'élever :

Des réparations locatives des maisons ou fermes ;

Des indemnités réclamées par le locataire ou le fermier

pour non-jouissance provenant du fait du bailleur lorsque le droit à une indemnité n'est pas contesté ;

Des dégradations et pertes dans les cas prévus par les art. 1732 et 1735 du Code civil.

Néanmoins, le juge de paix ne connaît des pertes causées par incendie ou inondation que dans les limites posées par l'art. 1er de la présente loi (1).

. . . .

Art. 13. Les juges de paix connaissent des demandes en validité, nullité et mainlevée des saisies sur débiteurs forains pratiquées pour des causes rentrant dans les limites de leur compétence.

En cette matière, comme en matière de saisie-gagerie et de saisie-revendication, si les saisies ne peuvent avoir lieu qu'en vertu de la permission du juge dans les cas prévus par les art. 2102 du Code civil, 819 et 822 du Code de procédure civile, cette permission sera accordée par le juge de paix du lieu où la saisie devra être faite toutes les fois que les causes de la saisie rentreront dans sa compétence.

S'il y a opposition pour des causes qui, réunies, excéderaient cette compétence, le jugement en sera déféré aux tribunaux de première instance.

Loi du 17 mars 1909,

relative à la vente et au nantissement des fonds de commerce.

(D. P. 1909. 4. 41.)

Art. 1er. Le privilège du vendeur d'un fonds de commerce n'a lieu que si la vente a été constatée par un acte authentique ou sous seing privé, dûment enregistré, et que s'il a été inscrit sur un registre public tenu au greffe

______

(1) D'après l'art. 1er de la loi du 12 juill. 1905, les juges de paix sont ordinairement compétents en dernier ressort jusqu'à 300 fr. et, à charge d'appel, jusqu'à 600 fr.

du tribunal de commerce dans le ressort duquel le fonds est exploité.

Il ne porte que sur les éléments du fonds énumérés dans la vente et dans l'inscription et, à défaut de désignation précise, que sur l'enseigne et le nom commercial, le droit au bail, la clientèle et l'achalandage.

Des prix distincts sont établis pour les éléments incorporels du fonds, le matériel et les marchandises...

. . . .

Art. 9. Sont seuls susceptibles d'être compris dans le nantissement soumis aux dispositions de la présente loi comme faisant partie d'un fonds de commerce : l'enseigne et le nom commercial, le droit au bail, la clientèle et l'achalandage, le mobilier commercial, le matériel ou l'outillage servant à l'exploitation du fonds, les brevets d'invention, les licences, les marques de fabrique et de commerce, les dessins et modèles industriels, et généralement les droits de propriété industrielle, littéraire ou artistique qui y sont attachés.

...A défaut de désignation expresse et précise dans l'acte qui le constitue, le nantissement ne comprend que l'enseigne et le nom commercial, le droit au bail, la clientèle et l'achalandage...

Art. 14. Le propriétaire qui poursuit la résiliation du bail de l'immeuble dans lequel s'exploite un fonds de commerce grevé d'inscriptions doit notifier sa demande aux créanciers antérieurement inscrits, au domicile élu par eux dans leurs inscriptions. Le jugement ne peut intervenir qu'après un mois écoulé depuis la notification.

La résiliation amiable du bail ne devient définitive qu'un mois après la notification qui en a été faite aux créanciers inscrits, aux domiciles élus.

Art. 24. Le vendeur ou le créancier gagiste, pour inscrire leur privilège, représentent, soit eux-mêmes, soit par un tiers, au greffier du tribunal de commerce, l'un des originaux de l'acte de vente ou du titre constitutif du nantissement s'il est sous seing privé, ou une expédition s'il existe en minute ; l'acte de vente ou de nantissement sous seing privé reste déposé au greffe.

ll y est joint deux bordereaux écrits sur papier libre ; l'un d'eux peut être porté sur l'original ou sur l'expédition du titre ; ils contiennent :

1° Les noms, prénoms et domiciles du vendeur et de l'acquéreur, ou du créancier et du débiteur, ainsi que du propriétaire du fonds si c'est un tiers, leur profession s'ils en ont une ;

2° La date et la nature du titre ;

3° Les prix de la vente établis distinctement pour le matériel, les marchandises et les éléments incorporels du fonds, ainsi que les charges évaluées s'il y a lieu, ou le montant de la créance exprimé dans le titre, les conditions relatives aux intérêts et à l'exigibilité ;

4° La désignation du fonds de commerce et de ses succursales, s'il y a lieu, avec l'indication précise des éléments qui les constituent et sont compris dans la vente ou le nantissement, la nature de leurs opérations et leur siège, sans préjudice de tous autres renseignements propres à les faire connaître ; si la vente ou le nantissement s'étend à d'autres éléments du fonds de commerce que l'enseigne, le nom commercial, le droit au bail et la clientèle, ces éléments doivent être nommément désignés ;

5° Election de domicile par le vendeur ou le créancier gagiste dans le ressort du tribunal de la situation du fonds.

. . . .

APPENDICE II

FORMULAIRE

A. — ACTES USUELS RELATIFS AUX IMMEUBLES URBAINS

I. — Bail à loyer de locaux d'habitation.

Entre les soussignés : M. A..., propriétaire, demeurant à..., d'une part ; 2° M. B... et Mme C... son épouse, de lui assistée et autorisée, demeurant ensemble à..., d'autre part ;

A été convenu ce qui suit :

M. A..., par les présentes, fait bail et donne à loyer pour neuf années entières et consécutives, qui commenceront à courir le... pour finir à pareille époque de l'année..., à M. et Mme B..., preneurs solidaires, qui acceptent une maison sise à..., rue..., n°..., comprenant :..., ainsi, au surplus, que lesdits lieux s'étendent, se poursuivent et se comportent, avec toutes leurs aisances et dépendances, sans aucune exception ni réserve, et sans qu'il soit besoin de les désigner plus amplement, les preneurs déclarant les parfaitement connaître pour les avoir vus et visités.

Charges et conditions.

Le présent bail est fait sous les conditions suivantes, que M. et Mme B... s'obligent à exécuter et accomplir, solidairement entre eux et avec indivisibilité entre leurs héritiers et représentants, savoir :

1° D'habiter les lieux loués bourgeoisement, sans pouvoir y exercer aucun commerce ni industrie quelconque ;

2° De les tenir constamment garnis de meubles et objets mobiliers d'une quantité et valeur suffisante pour répondre du payement des loyers ;

3° De les entretenir en bon état de toutes réparations locatives et de les rendre, à la fin du présent bail, conformes à l'état des lieux qui sera dressé par l'architecte du bailleur, aux frais des preneurs et contradictoirement avec eux, dans le mois qui suivra leur entrée en jouissance ;

4° De s'assurer contre l'incendie à une compagnie notoirement solvable, et de justifier de l'entretien de l'assurance à toute réquisition du bailleur ;

5° D'acquitter exactement les contributions personnelle et mobilière, et de satisfaire à toutes les charges de ville et de police dont les locataires sont ordinairement tenus, de manière que le bailleur ne soit aucunement inquiété ni recherché à ce sujet ; de rembourser au bailleur les contributions des portes et fenêtres ;

6° De souffrir et laisser faire toutes les grosses réparations dont la maison pourra avoir besoin dans le cours du présent bail, et cela sans aucune indemnité ni diminution de loyer, quelle que soit la durée des travaux, et lors même qu'elle excéderait quarante jours ;

7° De ne pouvoir sous-louer ou céder leur bail sans le consentement exprès et par écrit du bailleur, et encore, dans ce cas, en restant débiteurs solidaires avec le cessionnaire du montant des loyers à échoir et de l'entière exécution du bail jusqu'à son expiration ;

8° Enfin de payer tous les frais du présent bail.

Loyer.

En outre, ledit bail est fait moyennant un loyer annuel de... fr., que M. et Mme B... s'obligent solidairement entre eux à payer au bailleur en sa demeure à..., ou pour lui à son mandataire porteur d'un double des présentes, en bonnes espèces de monnaies d'or ou d'argent ayant cours, le premier des mois de juillet, octobre, janvier et avril de chaque année, pour le premier terme être exigible le..., et les autres de trois mois en trois mois jusqu'à l'expiration du bail.

Il est formellement convenu qu'à défaut de payement d'un seul terme de loyer à l'échéance, et un mois après un simple commandement de payer signifié en vertu de l'art. 819 C. pr. civ. et resté infructueux, énonçant l'intention de M. A... d'user du bénéfice de la présente clause, le bail sera résilié de plein droit, si bon semble au bailleur, sans qu'il soit besoin de remplir aucune autre formalité judiciaire, et que, dans ce cas, une simple ordonnance de référé suffira pour autoriser l'expulsion.

Loyers d'avance.

M. et Mme B... ont présentement payé à M. A..., qui le reconnaît, et en donne bonne et valable quittance, la somme de... représentant... mois d'avance du loyer ci-dessus fixé, ladite somme imputable sur les... derniers mois de jouissance du présent bail, de manière que l'ordre ci-dessus établi pour le payement des loyers ne soit point interverti.

En cas de résiliation anticipée du présent bail, les loyers d'avance présentement payés resteront acquis au bailleur, à titre d'indemnité de relocation.

Fait double à..., le...

Approuvé l'écriture,
A...

Approuvé l'écriture, et bon pour autorisation de ma femme,   B...

     Approuvé l'écriture,
      C..., femme B...

II. — Quittance de loyer.

Je soussigné, propriétaire d'une maison sise à..., reconnais avoir reçu de M... la somme de... pour le terme du

loyer échu le... des lieux qu'il occupe dans ladite maison,
au... étage.

Dont quittance,
Paris, le...

III. — État de lieux (1).

État des lieux d'un appartement et dépendances situé
au..., étage et faisant partie d'une maison sise à..., rue...,
n°... ;

Ladite propriété appartenant à M. A...
Lesdits lieux loués à M. B., suivant bail en date du...

1° *Description sommaire.*

Cette location se compose : d'une antichambre avec
cuisine attenante, d'une salle à manger, d'un salon, cabinet de travail et couloir de dégagement ; derrière, deux
chambres à coucher, cabinet d'aisances, d'une chambre de
bonne au 5e étage et d'une cave.

2° *Description détaillée.*

Antichambre.
Description des portes, plafond, fenêtres, plancher...
Salle à manger.

.   .   .   .

Tel est l'état des lieux reconnu exact et conforme après
vérification contradictoire entre les parties, pour les lieux
être rendus tels à fin de bail.

Fait double à..., le...

----

(1) Cette formule est empruntée au *Traité-Formulaire de Procédure pratique,* de M. ISAURE-TOULOUSE.

IV. — Congé amiable, par acte sous seing privé.

Entre les soussignés :
M. A..., demeurant à..., rue..., n°...
Et M. R..., demeurant à..., rue..., n°...
A été faite la convention suivante :
M. A..., propriétaire d'une maison sise à...
donne à M. R..., qui accepte, congé de l'appartement qu'il occupe dans ladite maison, au..., étage..., pour le... prochain.

Fait double à..., le... mil...

B. — ACTES USUELS RELATIFS AUX IMMEUBLES RURAUX

I. — Bail à ferme.

Entre les soussignés : 1° M. A..., propriétaire, demeurant à..., d'une part ; 2° M. B..., agriculteur, et Mme C..., son épouse, demeurant ensemble à..., d'autre part,

Il a été dit et convenu ce qui suit :

M. A... fait bail pour quinze années entières et consécutives qui commenceront à courir le..., pour faire la première récolte en... et la dernière en..., à M. et Mme B.., preneurs solidaires, ce acceptant, Mme B..., sous l'autorisation de son mari,

La ferme de..., située communes de... et de..., comprenant :

Un corps de ferme consistant en :...

Dans lesquels bâtiments sont contenus divers ustensiles, outils et machines agricoles, tels qu'ils figurent en un état dressé contradictoirement entre les parties et demeuré ci-annexé ;

Et 1°... hectares... ares de terre labourable, sis terroir de..., lieu dit..., section..., n°... du cadastre, etc. ;

2°... hectares... ares de prés et pâtures, sis terroir de..., etc. ;

3°... hectares... ares de bois, sis terroir de..., etc. ;

Le tout formant... hectares... ares environ, sans toutefois aucune garantie de la contenance, la différence pouvant exister entre la contenance réelle et celle sus-indiquée devant faire le profit ou la perte des preneurs, quelle qu'en soit l'importance ;

Ainsi que tous ces biens s'étendent, poursuivent et comportent, avec toutes leurs dépendances, sans autre exception ni réserve, et sans qu'il en soit fait ici plus ample désignation, les preneurs déclarant les parfaitement connaître pour les avoir vus et visités.

Charges et conditions.

Le présent bail est fait aux charges et conditions suivantes, que M. et Mme B... s'obligent solidairement entre eux et avec indivisibilité entre leurs héritiers ou représentants, la femme sous l'autorisation de son mari, à exécuter et accomplir :

1° Les preneurs sont tenus de garnir la ferme louée de meubles, effets mobiliers, chevaux, bestiaux, attirails, grains, pailles et fourrages, le tout de quantités et valeur suffisantes pour répondre à tout instant du payement des fermages et de l'exacte exécution de toutes les clauses et conditions du présent bail;

2° Ils tiendront constamment les bâtiments de la ferme et les dépendances en bon état de réparations locatives, et devront les rendre tels à la fin du présent bail, conformément à l'état de lieux qui sera dressé, à leurs frais, avant leur entrée en jouissance, par l'architecte du bailleur;

3° Ils souffriront toutes les grosses réparations et constructions qui deviendraient nécessaires aux bâtiments, sans pouvoir prétendre à aucune indemnité ni diminution de fermage, quelle que soit la durée des travaux, lors même qu'ils excéderaient quarante jours; ils devront, en outre, fournir, pour l'exécution desdits travaux, tous chevaux, voitures et charretiers nécessaires, sauf, toutefois, en temps de moisson;

4° Ils tiendront les cheminées en bon état de ramonage, lequel aura lieu deux fois au moins chaque année;

5° Ils seront tenus de bien labourer, cultiver et ensemencer les terres arables par soles et saisons convenables, conformément à l'usage du pays, de manière à les rendre en bon état de terres labourables à la fin du présent bail;

6° Ils convertiront en fumier toutes les pailles à provenir de leur culture, et l'emploieront uniquement sur les terres et prés dépendant de la ferme, et non ailleurs;

7° Ils engrangeront dans les bâtiments de la ferme, pour être frappés du droit de gage du bailleur, tous les grains, pailles et fourrages provenant des récoltes;

8° Ils laisseront dans la ferme, lors de leur sortie, et sans indemnité, toutes les pailles et fumiers qui s'y trouveront, et s'interdisent, en conséquence, de vendre sous aucun prétexte aucune partie des pailles provenant des récoltes des trois dernières années du présent bail, en sorte que celles qu'ils n'auraient point consommées eux-mêmes suivant l'usage soient toutes trouvées, lors de leur sortie, par le fermier entrant;

9° Ils devront faucher les prés en temps et saison convenables, et les tenir constamment en bon état de fauche;

10° Ils entretiendront, pendant toute la durée du bail, les clôtures existantes entre les terres, prés et bois, et même y replanteront à neuf toutes haies nécessaires chaque fois que besoin sera;

11° Ils seront tenus de curer, pendant tout le cours du présent bail, les fossés formant clôture ou vidange, et même en feront de nouveaux, s'il est besoin, pour l'écoulement des eaux ou la défense des terres;

12° Ils rendront, à la fin du bail, les ustensiles de culture compris dans le bail en bon état d'entretien et tels qu'ils figurent à l'état ci-annexé;

13° Ils entretiendront les arbres fruitiers et autres existant sur l'ensemble de la ferme, et ceux que le bailleur y pourrait faire planter à l'avenir, ainsi qu'il s'en réserve le droit; ils devront, en conséquence, les tailler, émonder, écheniller, et même les remplacer à leurs frais, s'ils sont morts, par d'autres de mêmes essence et espèce, après avoir pris le consentement exprès et par écrit du bailleur, et sauf à prendre, pour leur usage, le bois de tous les arbres qui auront été arrachés en vertu dudit consentement;

14° Ils veilleront à ce qu'il ne soit fait aucune usurpation sur les terres, prés et bois présentement loués, et devront avertir sur-le-champ le bailleur de toutes celles qui pourraient y être faites, ainsi que de tous dégâts qui pourraient y être commis, à peine d'être rendus respon-

sables des uns et des autres, et passibles de dommages-
intérêts de ce chef ;

15° Ils ne pourront demander ni prétendre aucune diminution du prix ni des charges du présent bail, pour cause
de grêle, gelée, inondation, stérilité ou autre cas prévus ou
imprévus, renonçant dès à présent à jamais s'en prévaloir ;

16° Les preneurs pourront chasser, comme sur biens
leur appartenant, sur toutes les dépendances de la ferme
présentement louée, le bailleur renonçant expressément
au droit de chasse, pendant toute la durée du bail ;

17° Les preneurs ne pourront sous-louer ou céder leur
droit au présent bail, en tout ou partie, sans le consentement exprès et par écrit du bailleur, et encore à charge,
même dans ce cas, de demeurer cautions et garants solidaires de leur cessionnaire ou sous-locataire pour le payement du prix et l'exacte et entière exécution des clauses
du présent bail ;

18° Ils payeront et acquitteront chaque année, en sus et
sans diminution du prix ci-après fixé, toutes les contributions foncières et autres, même des portes et fenêtres, et
toutes autres charges publiques et annuelles, de quelque
nature qu'elles soient, et sous quelque dénomination
qu'elles puissent être établies, qui pourraient être imposées
sur la ferme pendant la durée du présent bail, de sorte
que le prix ci-après fixé soit constamment payé au bailleur
franc et quitte de toutes impositions, contributions et
charges publiques quelconques ; en conséquence, les preneurs rapporteront chaque année au bailleur bonne et
valable quittance de toutes lesdites contributions et charges
en sorte que celui-ci ne soit aucunement inquiété ni recherché à ce sujet ;

19° Les preneurs feront assurer contre l'incendie, par
une compagnie notoirement solvable, tous objets mobiliers généralement quelconques garnissant la ferme ou ses
dépendances, tels que meubles meublants, matériel agricole, produits ou récoltes ; ils seront tenus d'entretenir
l'assurance pendant toute la durée du bail et d'en payer
exactement les primes ou cotisations, de tout quoi ils

devront justifier au bailleur chaque fois qu'ils en seront requis ;

20° Le bailleur se réserve le droit de visiter et faire visiter, quatre fois par an ou plus souvent s'il était nécessaire, les bâtiments, terres et prés présentement loués, sans que les preneurs puissent s'en plaindre comme d'un trouble apporté à leur jouissance ;

21° Enfin, tous les frais, droits et doubles droits généralement quelconques auxquels le présent bail pourrait donner lieu seront à la charge des preneurs, qui en devront faire l'avance ou les rembourser au bailleur, le cas échéant.

Pour la perception des droits d'enregistrement seulement, les charges extraordinaires du bail sont évaluées à la somme de... par année, en ce nom compris les impôts de toute nature qui s'élèvent pour la présente année à la somme de... fr.

De son côté, le bailleur s'oblige à tenir les bâtiments constamment clos et couverts, suivant l'usage.

Loyer.

Outre toutes les charges et conditions ci-dessus, le présent bail est fait moyennant... fr. de fermage annuel, que M. et Mme B... s'obligent conjointement et solidairement entre eux, la femme sous l'autorisation expresse de son mari, à payer à M. A..., en son domicile..., ou pour lui, à M... son mandataire, en bonnes espèces de monnaie d'or ou d'argent ayant cours en France, en... fractions égales, savoir, à... et à...; pour le premier terme de la première année être exigible le... prochain. Il est ici formellement convenu que, faute de paiement d'un seul terme de fermage à son échéance ou en cas d'inexécution d'une quelconque des conditions du présent bail, celui-ci sera résilié de plein droit, si bon semble aux bailleurs, un mois après un simple commandement de payer ou sommation d'exécuter restés infructueux, à charge seulement que lesdits commandement ou sommation déclarent en termes exprès l'intention des bailleurs d'user du bénéfice de la présente clause, et sans préjudice du droit de ceux-ci à tous dommages-intérêts, mais sauf compte, bien entendu, des labours et semences, ou des récoltes existant alors sur pied;

Fait double à..., le...

Approuvé l'écriture ci-dessus,

A...

Approuvé l'écriture ci-dessus, et bon pour autorisation de ma femme,   B...

Approuvé l'écriture ci-dessus.,

C..., femme B...

II. — Quittance de fermage.

Je soussigné, propriétaire de la ferme de..., située à..., reconnais avoir reçu de ..., cultivateur, demeurant à..., la somme de..., pour le terme échu le..., des fermages de la susdite ferme dont le bail lui a été consenti par acte sous seing privé en date du...

Dont quittance,

A..., le...

III. — Cheptel de fer ou cheptel
donné par le propriétaire à son fermier.

M. A... (profession, qualité, domicile)...

A donné à ferme pour... années consécutives, qui commenceront à courir du...,

A M. B... (profession, qualité et domicile)... la ferme de...

A l'exploitation de laquelle ferme est attaché, à titre de cheptel de fer, un troupeau de détail composé de... têtes, dont il sera dressé un état estimatif lors de l'entrée en jouissance du preneur.

Le présent bail est fait aux charges et conditions suivantes, que le preneur s'oblige d'exécuter fidèlement, savoir :

1°... (Ici sont énumérées les conditions générales qui s'appliquent à la culture de la ferme)...

Le preneur sera tenu de nourrir, garder, soigner et loger les bestiaux, de manière à les maintenir dans le meilleur état de conservation possible. Il ne pourra en disposer par vente ou autrement, ni les employer autrement qu'aux service et travaux de la ferme.

Le preneur profitera seul du laitage, des laines et du croît du troupeau. Les fumiers à en provenir devront être employés exclusivement à l'amendement de la ferme.

La perte, même totale et par cas fortuit dudit troupeau, sera entièrement à la charge du preneur ; en conséquence, il sera tenu de remettre au bailleur, à la fin du bail, un cheptel de même nature et de pareille valeur que celui reçu par lui (1).

IV. — Bail à cheptel simple.

M..A... (profession, qualité, domicile)...

A fait bail à cheptel simple pour... années consécutives, à partir du...

A M. B..., cultivateur, demeurant à..., d'un troupeau de bétail de la valeur de ... francs, détaillé en un état estimatif, non encore enregistré, mais qui le sera avant ou avec le présent acte auquel il demeurera annexé ;

Duquel troupeau de bétail, composé de ... moutons, ... vaches, ... génisses, ... chèvres et ... porcs, le sieur B... s'est reconnu en possession.

Le présent bail a été fait aux charges, clauses et conditions suivantes, savoir :

1º Le sieur B... profitera seul du laitage et du fumier des animaux, les laines et le croît seront partagés par moitié entre le preneur et le bailleur ;

2º Le preneur sera tenu de nourrir, garder, soigner, loger convenablement lesdits bestiaux à ses frais et en bon

______

(1) Cette formule est empruntée au *Formulaire général*, de MM^{es} Mourlon et Jeannet Saint-Hilaire, ainsi que les deux suivantes et, dans la formule de bail à colonage partiaire, la partie relative au cheptel de bétail.

père de famille, de manière à les maintenir dans le meilleur état de conservation possible ;

3° Le bailleur devra être prévenu de l'époque de la tonte, qui ne pourra être faite qu'en sa présence, ou lui dûment appelé ;

4° Le preneur sera tenu de remplacer les bêtes du cheptel qui viendraient à périr ou à se perdre par sa faute ; il ne pourra disposer d'aucune bête soit du fonds, soit du croît, sans le consentement exprès et par écrit au bailleur ;

5° Il sera fait, à l'expiration du présent bail, une estimation du cheptel par experts, nommés par les parties, ou d'office par le juge de paix du canton de... Ces experts, en cas de partage d'avis, nommeront un tiers expert.

Dans le cas où le cheptel aurait fructifié, le bailleur prélèvera, sur les bases de l'estimation résultant de l'expertise, des bêtes de chaque espèce, à son choix, jusqu'à concurrence de la somme de..., évaluation du présent cheptel ; le surplus sera partagé par moitié entre les parties. Si ce cheptel est, au contraire, en déficit, le bailleur le prendra tel qu'il se trouvera, et recevra du preneur, dans un délai de..., à partir de la fin du bail, la moitié de la différence entre la première et la nouvelle estimation ;

6° Dans le courant de chaque année, chacune des parties pourra exiger le partage des croîts. A cet effet, il sera procédé à la prisée du cheptel par voie d'expertise, comme il est dit ci-dessus ; les croîts serviront d'abord à remplacer ce que le troupeau du bétail aura perdu, et le surplus, s'il y en a, sera partagé par moitié.

Afin que M. C... (profession, qualité et domicile), propriétaire de la ferme qu'exploite le preneur, ne puisse exercer son privilège sur le cheptel, ces présentes lui seront notifiées avant l'entrée des bestiaux dans les bâtiments de la ferme.

Le produit annuel qui pourra revenir au bailleur a été évalué par les parties à la somme de... francs, mais seulement pour servir de base à la perception de droits d'enregistrement.

Les frais du présent acte et ceux de la notification à faire à M. C... seront supportés par le preneur.

Fait double à..., le... mil neuf cent...

Bail à cheptel à moitié.

M. A... (profession, qualité, domicile...), et M. B..., cultivateur, demeurant à..., ont mis en cheptel à moitié les bestiaux ci-après désignés, dont ils sont respectivement propriétaires, savoir : M. A...

Et M. B...

M. A... a remis à M. B..., qui l'a reconnu, lesdits bestiaux, pour demeurer réunis, pendant... années consécutives, à partir du..., à ceux de M. B..., et ne former qu'un seul cheptel à moitié, commun auxdits sieurs A... et B...

Ce dernier demeurera seul chargé de garder, soigner, loger et nourrir tous ces bestiaux ; il profitera seul du laitage, du fumier et du travail qu'ils produiront.

Les laines et le croît seront partagés par égales portions entre les parties.

La tonte ne pourra être faite qu'en présence de M. A..., ou lui dûment appelé.

Aucune des parties ne pourra disposer, pendant la durée du cheptel, d'aucune des bêtes qui le composent, ni d'aucun des croîts, sans le consentement par écrit de l'autre partie, à peine de tous dommages-intérêts, et même de résiliation des présentes.

M. B... sera tenu de remplacer à ses frais les bêtes qui viendraient à se perdre ou à périr par sa faute ; et, dans le cas où elles auraient péri par cas fortuits, il devra rendre compte de leurs peaux.

A l'expiration du temps fixé par le présent cheptel, il sera procédé, par des experts choisis par les parties, ou d'office par le juge de paix du canton de..., à l'estimation du cheptel. L'une et l'autre des parties prendra des bêtes de chaque espèce, jusqu'à concurrence de sa mise, et le surplus sera partagé par moitié.

Afin que M. C..., propriétaire de la ferme qu'exploite M. B..., ne puisse exercer son privilège sur le bétail formant l'apport de M. A..., ces présentes seront notifiées audit sieur C...

Le produit annuel qui pourra revenir à M. A... a été évalué par les parties à la somme de..., mais seulement pour servir de base à la perception des droits d'enregistrement.

Fait et passé, etc...

VI. Bail à colonage partiaire avec cheptels.

Entre les soussignés :
M. P..., demeurant à..., rue..., n°..., d'une part,
Et
M. C..., cultivateur, demeurant à..., d'autre part,
il a été convenu ce qui suit :

I. — *Conditions générales.*

M. P... remet à titre de grangeage à moitié fruits à M. C..., qui accepte, son domaine de..., sis à..., composé de bâtiments d'habitation et d'exploitation, cour, jardin, terres, prés, cheptels, semences, pailles, foins, etc..., tel qu'il existe et se comporte, le tout bien connu du preneur.

M. C... habitera les bâtiments du domaine avec un personnel suffisant pour le bien exploiter. Il supportera toutes les réparations dites locatives et l'impôt des prestations. Il fera, à toute réquisition et sans rétribution, les charrois nécessaires pour les réparations et l'entretien des bâtiments existants, pour ceux que l'on pourrait créer et, d'une façon générale, pour tous les besoins du domaine.

Comme il n'est fait aucune visite à l'entrée, M. C... n'en devra pas à sa sortie; mais il est expressément convenu qu'il n'en sera pas moins tenu, pendant toute la durée du bail, de curer les fossés d'écoulement, d'en faire de nouveaux là où il serait utile, d'entretenir et de réparer les haies et clôtures en général, de tenir en bon état les chemins, enfin de se comporter en bon père de famille, le tout sous peine de dommages-intérêts. Il promet, de plus, d'exécuter toutes les améliorations de culture qui lui seront commandées par le propriétaire ou son fondé de pouvoir.

M. C... remboursera en outre au propriétaire la moitié des primes des assurances contre l'incendie et la grêle ; M. P..., de son côté, remboursera au preneur la moitié de la prime d'assurance du personnel contre les accidents du travail.

II. — *Cheptel de semences.*

Le cheptel de semences en blé est fixé à... A la sortie, M. C... devra représenter la moitié de ce cheptel. Les autres graines ou semences, avoine, seigle, orge, trèfles et autres pour création de prairie ou embouches, maïs, betteraves, pommes de terre et autres plantes fourragères, si elles ne sont pas produites sur le domaine, seront achetées et payées par moitié.

De même, la chaux et les engrais chimiques ou autres que le fumier de ferme, qu'il sera reconnu utile d'employer pour les terres, les prés ou les embouches du domaine, se paieront par moitié ; il est toutefois entendu que le montant des achats de cette nature, en dehors de la chaux, ne devra pas dépasser... francs par an.

A la récolte, tous les grains : blé, froment, seigle, orge, avoine, se partageront par moitié, prélèvement fait des semences sur le tas commun. Le battage se fera à la machine. M. C... nourrira à ses frais les ouvriers ; les frais de machine et le prix des journées se paieront par moitié ; M. C... sera en outre tenu de faire voiturer, sans rétribution et aux endroits qui lui seront indiqués, la part des récoltes revenant à M. P... Tous les autres produits : foin, pailles, fourrages artificiels, plantes fourragères, etc..., comme aussi le fumier de ferme, ne pourront être vendus ni distraits du domaine ; le tout devra y être consommé et employé à son amélioration.

A la fin du bail, M. C... laissera intacts tous les fourrages de la récolte, rentrés bien secs et bien conditionnés.

III. — *Cheptel de bétail.*

Le cheptel de bétail a été dressé le..., suivant état qui restera annexé. Il comprend...

Il est convenu entre les parties :

1° Que le preneur devra nourrir, garder, soigner et loger à ses frais les bestiaux composant le cheptel, de manière à le maintenir dans le meilleur état de conservation possible, et qu'il ne pourra les employer que pour le service et les travaux de la ferme ;

2° Qu'il profitera seul du laitage ;

3° Que les laines et le croît seront partagés par moitié entre le bailleur et le preneur ;

4° Que le preneur sera tenu de faire la tonte à ses frais, et de prévenir le bailleur de l'époque qu'il aura choisie pour la faire, et qu'il transportera gratuitement la part de ce dernier en son domicile, ou dans tel lieu qu'il lui plaira de désigner, pourvu que ce ne soit pas à une distance de plus de... ;

5° Que le partage des croîts ne sera fait chaque année qu'après avoir remplacé sur ses croîts, à dire d'experts, les pertes qui seraient survenues dans le cheptel ;

6° Que le preneur sera tenu de remplacer, à ses frais, les têtes du cheptel qui auront péri, ou qui auront été perdues par sa faute ;

7° Qu'il sera fait par experts, à la fin du bail, une nouvelle estimation du troupeau, et qu'alors le bailleur prélèvera une quantité de bestiaux, à son choix, suffisante, d'après cette estimation, pour se couvrir de la valeur du cheptel fixée par l'état ci-annexé ; qu'enfin le surplus sera partagé par moitié comme croît ;

8° Que s'il ne se trouve pas à la fin du bail assez de bêtes pour remplacer le fonds du cheptel, la perte sera supportée par moitié par les parties, et que le preneur paiera immédiatement au bailleur la somme qu'il lui devra pour sa moitié.

IV. — *Matériel d'exploitation.*

Tout le matériel d'exploitation, charrettes, voitures, charrues, tombereaux, outils d'agriculture en général..., appartient à M. P... L'état en a été dressé le... Cet inventaire, fait en double et signé par les parties le..., reste annexé au présent bail, dont il fait partie intégrante. M. C... prend ce matériel à charge ; il s'engage à l'entretenir à ses frais et à le rendre en bon état, comme il reconnaît l'avoir reçu.

V. — *Réserves en faveur du propriétaire.*

M. P... se réserve expressément :

1° Le droit de chasse et de pêche sur toute l'étendue du domaine pour lui et les personnes auxquelles il voudrait le concéder ;

2° Tous les bois du domaine, à l'exception de ceux provenant de la tonte des haies et vernaies non closes, laissés au preneur pour son chauffage ; M. C... sera tenu de faire, pour le compte de M. P... et sans rétribution, les voyages de bois et de fagots qui lui seront commandés ;

3° La faculté d'échanger ou de vendre à la convenance tels fonds du domaine qu'il jugera à propos..., etc.

VI. — *Durée du bail.*

Le présent bail est fait pour une durée de... années entières et consécutives, du... 19... au...

Fait double à..., le... mil neuf cent...

(Signature.)

C. — ACTES USUELS RELATIFS AUX BAUX COMMERCIAUX

I. — Bail à loyer de locaux commerciaux et industriels.

Entre les soussignés : 1° M. A..., demeurant à ..., d'une part ; 2° M. B... et Mme C..., son épouse, de lui assistée et autorisée, demeurant ensemble à ..., d'autre part,

Il a été convenu ce qui suit :

M. A... loue et donne à bail, par les présentes, pour six, neuf, douze, quinze ou dix-huit années entières et consécutives au choix exclusif des preneurs, à M. et Mme B..., preneurs solidaires qui acceptent, la femme sous l'autorisation de son mari :

Les lieux ci-après désignés dépendant d'une maison sise à ..., rue ..., n° ..., savoir :

Un magasin au rez-de-chaussée, etc...

Ainsi que lesdits lieux s'étendent, poursuivent et comportent, sans qu'il soit besoin d'en faire ici une plus anple désignation, les preneurs déclarant les bien connaître [pour les avoir vus et visités] *ou* [pour les occuper actuellement en vertu d'un précédent bail à eux fait, suivant acte sous seings privés en date à ..., du ..., enregistré à ..., le ..., folio ..., case ..., par le receveur qui a perçu les droits].

Le présent bail commencera le ... prochain, pour finir à pareille époque de chacune des années ... au gré des preneurs, ainsi qu'il est dit ci-dessus.

Charges et conditions.

En outre, le présent bail est fait aux charges et conditions suivantes, que M. et Mme B... s'obligent solidairement entre eux et avec indivisibilité entre leurs héritiers ou représentants, la femme sous l'autorisation spéciale du mari, à exécuter et accomplir :

1° Les preneurs devront tenir les lieux loués constamment garnis de meubles et effets mobiliers en quantité et valeur suffisantes pour répondre du paiement des loyers ;

2° Ils entretiendront les lieux loués, pendant toute la durée du bail, en bon état de réparations locatives et autres, et seront tenus de les rendre, à la fin du bail, conformes à l'état qui en a été ou sera dressé par M. ..., architecte du bailleur ;

3° Les preneurs contracteront une assurance contre l'incendie à une compagnie notoirement solvable, et ils s'engagent formellement par les présentes à justifier de l'entretien de cette assurance à première réquisition du bailleur, sous peine de résiliation ;

4° Ils acquitteront exactement à l'échéance leur contribution personnelle et mobilière ainsi que leur patente, et satisferont à toutes les charges de ville et de police dont les locataires sont ordinairement tenus, de manière que le bailleur ne soit aucunement inquiété ni recherché à ce sujet ;

5° Ils rembourseront au bailleur, par quart à chaque terme, en même temps que leur loyer, les contributions des portes et fenêtres relatives aux lieux présentement loués ;

6° En cas de remplacement de tout ou partie desdites contributions par d'autres, quelle qu'en soit la forme et l'assiette, les preneurs les paieront en l'acquit du bailleur ou les lui rembourseront par quart chaque trimestre, comme il est dit ci-dessus, en sorte qu'il soit et demeure indemne de toute charge de ce chef ;

7° Les preneurs ne pourront consacrer les lieux loués qu'au commerce de ... et devront particulièrement s'abstenir de tout commerce similaire à l'un de ceux présentement ou alors exercés dans le surplus de la maison ou dans la maison voisine appartenant également au bailleur ;

8° Ils devront tenir les lieux loués constamment ouverts et achalandés ;

9° Les preneurs ne pourront sous-louer ni céder leur droit au présent bail, si ce n'est à un successeur dans leur commerce, et encore à la condition de rester envers le bailleur cautions et garants solidaires du paiement des loyers et de l'exécution de toutes les clauses, charges et conditions du présent bail. En outre, dans le cas de cession ou sous-location, les preneurs devront imposer à leurs cessionnaires ou sous-locataires l'obligation d'imposer eux-mêmes à leurs. successeurs, le cas échéant, la charge de demeurer solidairement tenus comme eux-mêmes, envers le bailleur, du paiement des loyers et de l'exécution des charges, clauses et conditions de la location pour toute la durée du bail ;

10° Les preneurs ne pourront faire, dans les lieux loués, aucun changement de distribution ni percement de murs sans le consentement exprès et par écrit du bailleur, et, même dans ce cas, tous ces changements et améliorations, qui devront être exécutés sous la surveillance de l'architecte du bailleur, devront, à la fin du bail, rester et profiter au bailleur, sans indemnité, si mieux il n'aime exiger le rétablissement des lieux loués dans leur état primitif ;

11° Tous les frais du .présent bail, ainsi que tous enregistrements successifs, droits, doubles droits et amendes quelconques seront à la charge des preneurs qui s'y obligent, sans recours contre le bailleur.

De son côté, celui-ci s'oblige à tenir les lieux loués clos et couverts, suivant l'usage, et il s'interdit formellement, par les présentes, d'exercer ou laisser exercer dans aucune partie de la maison comprenant les lieux loués, ou dans la maison voisine lui appartenant, aucun commerce similaire à celui des preneurs, tel qu'il est ci-dessus défini, mais non autrement.

Loyer.

En outre, le présent bail est fait moyennant un loyer annuel de ... fr., que les preneurs s'obligent, solidairement entre eux, la femme sous l'autorisation du mari, à payer au bailleur en quatre termes et paiements égaux par trimestre, pour le premier terme être exigible le 1er ...

prochain, et les autres de trois mois en trois mois jusqu'à l'expiration du bail.

Il est formellement convenu que, faute de paiement d'un seul terme de loyer à son échéance, et un mois après un simple commandement de payer demeuré sans effet, le présent bail sera résilié de plein droit si bon semble au bailleur, sans qu'il ait à remplir aucune formalité judiciaire, les preneurs consentant expressément par les présentes à vider les lieux à l'expiration dudit délai ; faute de quoi, de convention formelle sans laquelle le présent bail n'aurait pas lieu, il suffira, pour les y contraindre, d'une simple ordonnance d'expulsion rendue, en référé, par M. le président du tribunal civil, et non susceptible d'appel.

Loyers d'avance.

Pour plus de garantie de l'exact paiement des loyers, les preneurs ont présentement versé au bailleur, qui le reconnaît et leur en donne par les présentes bonne et valable quittance, une somme de ... à titre de loyers d'avance. Ladite somme sera imputable sur les six derniers mois de jouissance, et ce paiement ne dispensera pas les preneurs d'acquitter exactement à leur échéance, à compter du trimestre prochain, tous les termes de leur loyer sans interruption et sans que l'ordre ci-dessus établi pour le paiement des loyers soit interverti.

En cas de résiliation anticipée du présent bail, les loyers d'avance présentement payés resteront acquis au bailleur à titre d'indemnité de relocation.

Fait double à ..., le ...

Approuvé l'écriture ci-dessus,
A...

Approuvé l'écriture ci-dessus, et bon pour autorisation de ma femme,

B...

Approuvé l'écriture ci-dessus,
C..., femme B...

II. — Vente d'un fonds de commerce, avec cession du bail.

Entre les soussignés : M. A..., demeurant à ..., rue ..., n° ..., et M. B..., demeurant à ..., rue ..., n° ...

Il a été convenu ce qui suit :

M. A... cède et vend, par les présentes, avec toutes garanties de fait et de droit, à M. B... qui accepte,

Le fonds de commerce de ... (nature de l'exploitation) qu'il exploite à ..., rue ..., n° ..., comprenant :

1° La clientèle et l'achalandage attachés audit fonds, avec droit de se dire et dénommer en tous actes et papiers de commerce et autres : « successeur de M. A... » ;

2° Le matériel et l'outillage de toute nature servant à l'exploitation, tels qu'ils sont détaillés en un état dressé par les parties séparément des présentes, et qui y demeure annexé ;

3° Toutes les marchandises existant dans le fonds au jour de l'entrée en jouissance, fixée au ... prochain, et dont il sera fait, à cette époque, un état qui demeurera également ci-annexé ;

Ainsi que le tout se comporte ou se comportera à l'époque ci-dessus fixée, sans aucune exception ni réserve, et sans qu'il en soit fait une plus ample désignation, l'acquéreur ayant déclaré bien et parfaitement connaître le fonds, pour l'avoir à diverses reprises vu et visité.

Cession de bail.

En outre, M. A... cède à M. B..., pour tout le temps qui en restera à courir au jour de l'entrée en jouissance, le droit au bail des lieux où s'exploite le fonds de commerce présentement vendu, lesquels consistent en ... (etc.), tel que ce droit au bail résulte d'un acte reçu par Me ... et son collègue, notaires à ..., le ... Aux termes dudit acte, M. C..., propriétaire, demeurant à ..., rue ..., n° ..., a loué et donné à bail à M. A... les lieux ci-dessus désignés pour une durée de ... années, qui ont commencé à courir le ..., au choix de ...

Ledit bail a lieu aux conditions ordinaires et de droit, notamment aux conditions suivantes, que M. B... s'engage tout particulièrement à exécuter et accomplir :...

Il a été fait, en outre, moyennant un loyer annuel de ..., payable en quatre termes égaux, aux époques ordinaires de l'année, sur lequel M. A... a versé à M. C..., pour loyers d'avance, la somme de ..., laquelle a été stipulée imputable sur les six derniers mois de jouissance du bail présentement cédé.

Charges et conditions.

La présente vente est faite à la charge de M. B..., qui s'y oblige :

1° De prendre le fonds de commerce, le matériel et les marchandises en dépendant, dans l'état où le tout se trouvera lors de l'entrée en jouissance ;

2° D'acquitter, à partir du ... prochain, les contributions de toute nature auxquelles l'exploitation de ce fonds peut donner lieu, quoique portées au nom de M. A... ;

3° De satisfaire, à partir de la même époque, à toutes les charges de ville et de police auxquelles l'exploitant dudit fonds peut être tenu, en sorte que M. A..., vendeur, ne soit aucunement inquiété ni recherché à ce sujet ;

4° D'acquitter exactement à leur échéance, au lieu et place du vendeur, les termes du loyer ci-dessus indiqué, et généralement d'exécuter et accomplir toutes les charges et conditions du bail sus-énoncé.

D'autre part, comme condition essentielle de la présente vente, sans laquelle elle n'aurait pas lieu, M. A..., vendeur, s'interdit expressément la faculté de diriger ou faire valoir directement ou indirectement, pour son compte ou pour celui d'un tiers, aucun autre établissement de même nature que celui présentement vendu dans un rayon de ... mètres comptés à vol d'oiseau, et ce pendant toute la durée du bail sus-énoncé, à peine de tous dommages-intérêts et de fermeture du fonds exploité en contravention de la présente clause.

Enfin, M. A... s'oblige à garantir M. B... de tous troubles, évictions, revendications, saisies, etc.

Prix.

En outre, la présente vente est faite, indépendamment des prix ci-après indiqués pour le matériel et les marchandises, moyennant la somme de ... francs, payable, savoir : une somme de ... francs le jour de l'entrée en jouissance, sans intérêts jusque-là, et le surplus en fractions égales de ... francs chacune, d'année en année à partir du jour de l'entrée en jouissance, de telle sorte que le premier paiement devra avoir lieu le ..., le second le ..., et ainsi de suite d'année en année jusqu'à parfaite libération.

La somme de ... francs, non payable comptant, produira, à partir du jour de l'entrée en jouissance, des intérêts au taux de ... pour cent par an, lesquels décroîtront d'année en année, au fur et à mesure des paiements qui seront faits à compte sur le capital.

Pour faciliter à M. A... la disposition du prix de la présente vente, M. B... lui a présentement souscrit ... billets à ordre, causés valeur en fonds de commerce et payables aux époques ci-dessus indiquées, dont le montant, pour chacun d'eux, comprendra la fraction de capital exigible à chaque échéance, et les intérêts courus à cette époque sur sur ladite fraction.

Toutefois, il est ici formellement convenu que ces billets ne feront qu'une seule et même chose avec l'engagement de payer pris par M. B... aux termes des présentes, et que leur paiement à chaque échéance le libérera d'autant sur le prix de la présente vente.

Déchéance du terme.

Le prix ou ce qui en restera dû deviendra de plein droit exigible :

A défaut de paiement à son échéance d'un seul terme du prix ci-dessus fixé ou de l'un des billets correspondants ;

Au cas où M. B... déplacerait le siège du fonds de commerce sans en avertir M. A..., quinze jours au moins à l'avance, par une signification faisant connaître le nouveau siège ;

Au cas où M. B... déplacerait le fonds sans le consentement de M. A... s'il en résultait une dépréciation du fonds ;

Au cas où la maison dans laquelle s'exploite le fonds viendrait à être, soit détruite en totalité ou en partie par un incendie, soit expropriée pour cause d'utilité publique avant le paiement intégral du prix de la présente vente ;

Au cas où les marchandises en magasin tomberaient au-dessous du stock minimum de ... et n'auraient pas été ramenées à ce chiffre dans le délai de ... à partir de la mise en demeure de le faire, restée sans effet, ce qui sera constaté par huissier assisté d'un expert nommé par le président du tribunal de commerce.

Matériel et marchandises.

M. A... cède à M. B..., pour la somme de ..., le matériel servant à l'exploitation du fonds

En outre, le jour de son entrée en jouissance, M. B... remboursera à M. A... la valeur des marchandises existantes audit jour, telle que ladite valeur sera fixée amiablement entre eux, ou, à défaut d'accord, par deux experts respectivement choisis, avec faculté de s'adjoindre un tiers.

Loyers d'avance.

Comme conséquence de la cession du droit au bail, M. B... remboursera à M. A..., le jour de son entrée en jouissance, la somme de ... qu'il a payée pour six mois de loyers d'avance.

Frais.

Tous les frais et droits des présentes (enregistrement, droit d'inscription de la créance au greffe du tribunal de commerce, frais de publicité dans les journaux d'annonces légales, etc.) sont à la charge de M. B...

Election de domicile. — Compétence.

Pour l'exécution des présentes, les parties font expressément élection de domicile à ... En conséquence, toutes difficultés auxquelles ladite exécution pourrait donner lieu seront portées devant le tribunal de commerce de ... et non ailleurs.

Fait double à ..., le ...

  Signé : A...   Signé : B...

III. Nantissement d'un fonds de commerce, y compris le droit au bail.

M. A... reconnaît devoir à M. B... la somme de ..., pour ... (cause de l'obligation).

A la sûreté et garantie du remboursement du principal de cette obligation et du paiement de tous intérêts, frais et autres accessoires, M. A... remet, à titre de nantissement, à M. B..., qui accepte, le fonds de commerce de ... (nature de l'exploitation), qu'il exploite à ..., rue ..., n° ...; et comprenant :

1° La clientèle et l'achalandage attachés audit fonds ;

2° Le mobilier commercial, le matériel et l'outillage servant à l'exploitation ;

3° Le droit au bail des lieux où s'exploite le fonds, lesquels consistent en ... (etc.), tel que ce droit au bail résulte d'un acte reçu par Me ..., notaire à ..., le ... Aux termes dudit acte, M. C..., propriétaire, demeurant à ..., rue ..., n° ..., a loué à M. A... les lieux ci-dessus désignés pour une durée de ... années, qui ont commencé à courir le ... — Ledit bail a lieu aux conditions ordinaires et de droit, notamment aux conditions suivantes :... Il a été fait, en outre, moyennant un loyer annuel de ..., payable en quatre termes égaux, aux époques ordinaires de l'année, sur lequel M. A... a versé à M. C..., pour loyers d'avance, la somme de ..., qui a été stipulée imputable sur les six derniers mois de jouissance du bail ;

4° La succursale du fonds présentement donné en nantissement, située à ..., rue ..., n° ...

Charges et conditions.

M. A... s'engage à continuer l'exploitation de son fonds de manière que ce fonds constitue toujours une garantie suffisante pour le remboursement de la créance et de ses accessoires. Il pourra seulement disposer des marchandises pour les besoins de son exploitation, à charge de les renouveler et d'en avoir toujours en magasin une quantité qui ne pourra être inférieure à ...

Il est, en outre, expressément convenu que M. A... ne pourra, avant d'avoir intégralement remboursé M. B..., ou sans le consentement exprès et par écrit de celui-ci, vendre le fonds présentement donné en nantissement, en faire l'apport à une société, résilier son bail, transporter le siège du fonds dans d'autres locaux.

Déchéance du terme.

La créance garantie deviendra de plein droit exigible :

A défaut de paiement à son échéance d'un seul terme d'intérêts, un mois après simple sommation de payer restée infructueuse ;

Au cas où M. A... déplacerait le siège du fonds de commerce sans en avertir M. B..., quinze jours au moins à l'avance, par une signification faisant connaître le nouveau siège ;

Au cas où M. A... déplacerait le fonds sans le consentement de M. B..., s'il en résultait une dépréciation du fonds ;

En cas de vente ou de dation du fonds en nantissement ;

Au cas où les marchandises en magasin tomberaient au-dessous du stock minimum de ... et n'auraient pas été ramenées à ce chiffre dans le délai de ... à partir de la mise en demeure de le faire, restée sans effet, ce qui sera constaté par huissier assisté d'un expert nommé par le président du tribunal de commerce ;

Au cas où la maison où s'exploite le fonds viendrait à être, soit détruite en totalité ou en partie par un incendie, soit expropriée pour cause d'utilité publique avant le remboursement intégral de la créance ;

Le tout, sans préjudice des causes d'exigibilité résultant de la loi.

Droits du créancier nanti.

M. B... a sur le fonds de M. A... et ses accessoires tous les droits, actions et privilèges conférés au créancier gagiste par la loi du 17 mars 1909.

Dans tous les cas prévus par cette loi, et en général lorsque la créance garantie deviendra exigible, M. B... pourra, en se conformant aux dispositions de ladite loi, faire ordonner par le tribunal de commerce de ... la vente du fonds aux enchères publiques.

Sur le produit de cette vente, M. B... sera payé par privilège, nonobstant toutes oppositions, de ce qui lui sera dû.

Frais.

Tous les frais et droits des présentes (enregistrement, droit d'inscription du nantissement au greffe du tribunal de commerce) sont à la charge de M. A...

Élection de domicile. — Compétence.

Pour l'exécution des présentes, les parties font expressément élection de domicile à ... En conséquence, toutes difficultés auxquelles ladite exécution pourait donner lieu seront portées devant le tribunal de commerce de ..., et non ailleurs.

Fait double à ..., le ...

   Signé : A...   Signé : B...

**IV. — Réquisition par le propriétaire au greffe
du tribunal de commerce, d'un état des inscriptions grevant le fonds de son locataire commerçant** (sur papier libre) (¹).

M. A... (nom, prénoms, qualité, domicile).

Requiert M. le greffier du tribunal de commerce de ...

De lui délivrer un état des inscriptions de privilège du
vendeur et de nantissement,

Grevant un fonds de commerce de ..., sis à ..., appartenant à ...

Du chef de...

Jusqu'à ce jour(ou telle autre date) inclusivement,

A ..., le ... mil neuf cent ...

____

(1) V. nᵒˢ 981 et suiv.

D. — ACTES USUELS D'APPLICATION GÉNÉRALE

I. — Cautionnement d'un bail.

Je soussigné déclare me porter caution solidaire du bail consenti à M. ..., pour un appartement de ... pièces, au ... étage, rue ..., moyennant le prix annuel de ... trois pour cent et le remboursement de l'impôt des portes et fenêtres ou l'équivalent ; bail de ... années et ... mois, du ... au ..., mais avec dédit réciproque pour le ..., moyennant avertissement donné trois mois d'avance.

Fait à ..., le ...

II. — Continuation de bail.

Entre les soussignés,

M. A..., demeurant à ..., rue ..., n° ...,

Et M. R..., demeurant à ..., rue ..., n° ...,

A été faite la convention suivante :

Le bail consenti par M. A... à M. R... pour ... années consécutives qui ont commencé à courir le ... pour finir le ... d'une maison (ou d'une ferme) située à ..., ainsi qu'il a été constaté par acte sous seing privé fait double à ..., en date du ...

Sera continué pour ... années, qui commenceront à courir le ... et finiront le ...

Cette continuation de bail est consentie moyennant pareille somme (*s'il y a des différences en plus ou en moins, les exprimer*) de ..., payable aux époques fixées dans le bail précédent et aux charges et conditions qui y sont fixées.

Fait double à ..., le ... mil ...

III. — Désistement de bail du consentement des parties.

Entre les soussignés,
M. A..., demeurant à ..., rue ..., n° ...,
Et M. R..., demeurant à ..., rue ..., n° ...,
A été faite la convention suivante :
M. A... et M. R... déclarent se désister de l'exécution du bail que M. A... a consenti à M. R... par acte sous seing privé en date du ..., enregistré le ...

D'une maison (ou d'une ferme) située à ..., pour ... années, qui ont commencé à courir le ..., moyennant le prix de ... pour chaque année.

Les soussignés déclarent consentir que le bail susdit soit définitivement résolu à partir du ... prochain, époque où M. R... rendra les lieux en bon état de réparations locatives, sans préjudice des termes de loyer (ou de fermages) qui pourraient être alors dus.

Ce désistement est fait sans aucune indemnité de part ni d'autre, pour tout le temps qui reste à courir dudit bail (ou, le désistement est fait moyennant la somme de ..., que M. A... l'oblige de payer le ... à M. R... pour lui tenir lieu d'indemnité).

Fait double à ..., le ... mil ...

IV. — Cession de bail.

Entre les soussignés,
M. R..., demeurant à ...,
Et M. S..., demeurant à ...,
Il a été convenu ce qui suit :
M. R... cède et transporte, par les présentes, à M. S..., qui l'accepte, son droit, pour tout le temps qui en reste à courir, au bail à lui consenti par M. A..., propriétaire, suivant acte sous seings privés, fait double à ..., le ..., enregistré le ..., f° ..., case ..., par le receveur qui a perçu les droits, pour ... années, qui ont commencé le ..., pour

finir le ..., d'une maison sise à ..., moyennant la somme de ... par année, payable en ... termes et paiements égaux, les ... de chaque année, outre les charges, clauses et conditions portées audit bail, dont l'un des doubles a été à l'instant remis à M. S..., qui le reconnaît.

Ce transport de bail est fait, à la charge par M. S..., qui s'y oblige :

1° D'exécuter toutes les clauses et conditions portées au bail fait à M. R... par M. A... ;

2° De payer en l'acquit de M. R..., cédant à M. A..., bailleur, aux époques de la même manière que le cédant en est lui-même tenu aux termes du bail susdit, les loyers convenus, pour le premier paiement à la charge du cessionnaire avoir lieu le ..., le second le ..., et ainsi continuer, de ... mois en ... mois, jusqu'à l'expiration du bail, de telle sorte que M. R... ne puisse nullement être inquiété ni recherché à ce sujet.

Fait double à ..., le ...

Lu et approuvé,
R...

Approuvé l'écriture,
S...

V. — Sous-location.

Entre les soussignés,

M. B..., demeurant à ..., principal locataire pour ... années, qui ont commencé à courir le ..., suivant bail sous seings privés en date du ..., enregistré à ..., le ..., f° ..., case ..., par le receveur qui a perçu les droits, ledit bail à lui consenti par M. A..., propriétaire de la maison ci-après désignée,

Et M. L..., demeurant à ...,

A été convenu ce qui suit :

M. B... donne à bail et sous-loue à M. L..., qui accepte, pour ... années entières et consécutives,

Une boutique dépendant d'une maison sise à ..., rue ...

Ainsi que lesdits lieux se poursuivent et se comportent, pour M. L... en jouir, à titre de sous-locataire, à partir du ...

Ce sous-bail est fait aux charges et conditions suivantes, que M. L... s'oblige à exécuter et accomplir, savoir :

1° De garnir les lieux loués de meubles de quantité et valeur suffisante pour répondre du paiement du loyer ;

2° D'entretenir les lieux en bon état de réparations locatives ;

3° De souffrir les grosses réparations qu'il conviendrait de faire pendant la durée de la jouissance, quelle qu'en soit la durée et lors même qu'elle excéderait quarante jours ;

4° De payer l'impôt des portes et fenêtres et autres charges de ville et de police dont les locataires sont ordinairement tenus ;

5° De ne pouvoir faire aucuns percements, distributions, nouvelles constructions, augmentations ou diminutions, ou autres changements des lieux, sans le consentement de M. A..., propriétaire ;

6° De ne pouvoir céder son droit au présent bail sans le consentement de M. B..., locataire principal.

En outre, le sous-bail est fait moyennant le loyer annuel de ... fr., que M. L... promet et s'oblige de payer à M. B... en sa demeure indiquée, ou pour lui au porteur du présent, en quatre termes et paiements égaux, les 1er janvier, avril, juillet et octobre de chaque année, pour le premier paiement avoir lieu le 1er janvier prochain, et ainsi de suite de trimestre en trimestre jusqu'à l'expiration du bail.

Fait double à ..., le ...

    Approuvé l'écriture,
      B...

               Lu et approuvé,
                L...

VI. — Cessions de loyers ou fermages.

Entre :

M. S..., propriétaire, demeurant à ..., d'une part,

Et

M. L..., demeurant à ..., d'autre part,

Il a été convenu ce qui suit :

Pour sûreté et garantie de la somme de ..., que M. L... lui a prêtée, M. S... cède et transporte à M. L... tous les loyers (ou fermages) à produire par l'immeuble dont il est propriétaire à ..., et ce pour une durée de ... ans ..., du ... au ...

M. L... aura le droit d'exiger ou recevoir ces loyers (ou fermages) par préférence au cédant et à tous futurs cessionnaires, soit par lui-même directement sur sa simple quittance, hors la présence et sans le concours du cédant aux droits duquel il est subrogé à cet égard purement et simplement, soit par l'intermédiaire de M. ..., régisseur.

Sur les loyers (ou fermages) seront prélevés les impôts, primes d'assurance contre l'incendie et autres charges annuelles desdits biens, et le surplus sera touché par le créancier, qui l'imputera à concurrence sur les intérêts et le capital de sa créance.

Fait double à ..., le ... mil neuf cent ...

TABLE DES MATIÈRES

I. — RÈGLES GÉNÉRALES APPLICABLES A TOUTES
    LES LOCATIONS . . . .

**CHAP. Ier. — Éléments et formes du contrat de
    louage de choses.** . . . .

SECT. Ire. — Définition et objet du contrat. . . . .

SECT. II. — Parties contractantes. — Capacité.   3

SECT. III. — Durée des baux. — Règles générales. . . .   5

SECT. IV. — Prix : Règles générales.   6

SECT. V. — Forme du contrat.   7
    § Ier. — Acte authentique, Acte sous seing privé, Bail
        verbal. — Transcription   7
    § 2. — Enregistrement des baux.   9

SECT. VI. — Arrhes, Denier à Dieu.   12

SECT. VII. — Preuve du bail.   13

SECT. VIII. — Interprétation des clauses du bail. . . .   15

SECT. IX. — Frais du bail   16

SECT. X. — Formalité accessoire de l'état de lieux ou
        visite.   16

SECT. XI. — Mandataires ordinaires des propriétaires :
        régisseurs ou gérants d'immeubles. . . .   17

SECT. XII. — Principes généraux de compétence.   18

CHAP. II. — Obligations du propriétaire.   20

SECT. Ire. — Délivrance de la chose.   20

SECT. II. — Entretien, Réparations   22

SECT. III. — Obligation de garantie 26
§ 1er. — Garantie des vices cachés. 26
§ 2. — Garantie de la perte totale ou partielle de la
chose. 30
§ 3. — Garanties des troubles. 33
§ 4. — Appendice : Dégâts causés par les inondations.
— Jurisprudence 42

CHAP. III. — Obligations du locataire 46

**SECT. Ire. — Obligations d'user de la chose conformé-
ment à sa destination** 46
§ 1er. — Quand y a-t-il changement de destination ?. . 46
§ 2. — Changement autorisé par le bailleur. 49
§ 3. — Sanction du changement de destination. 50

**SECT. II. — Obligation d'user de la chose en bon père
de famille.** 50

**SECT. III. — Obligation de garnir les lieux loués de
meubles suffisants.** 56

SECT. IV. — Réparations locatives. 58

SECT. V. — Paiement du prix. 60
§ 1er. — A qui le paiement doit-il être fait ? 60
§ 2. — Où le paiement doit-il être fait ? 60
§ 3. — Quand le paiement doit-il être fait ? 60
§ 4. — En quoi consiste le prix ? 61
§ 5. — Preuve du paiement. 62
§ 6. — Prescription. 63
§ 7. — Cession de loyers ou fermages. 63

SECT. VI. — Remise des lieux à la fin du bail. 64
§ 1er. — Sortie du locataire et remise des clefs 64
§ 2. — Règlement des pertes et dégradations 64
§ 3. — Impenses et améliorations faites par le preneur. 67

**SECT. VII. — Garanties et droits appartenant au pro-
priétaire à l'encontre du locataire.** . . 67
§ 1er. — Privilège du propriétaire. 67
§ 2. — Saisie-gagerie. 72
§ 3. — Action en justice à fin de paiement des loyers
et validité de la saisie-gagerie. 76
§ 4. — Action en résiliation du bail et expulsion. . . . 78
§ 5. — Saisie-revendication. 82

CHAP. IV. — Fin du bail. 86

   SECT. Ire. — **Causes communes à toutes espèces de baux.** 86

     § 1er. — Consentement mutuel. 86

     § 2. — Événement d'une condition résolutoire. 86

     § 3. — Inexécution des engagements respectifs 88

     § 4. — Causes diverses 90

   SECT. II. — **Causes particulières aux baux à durée déterminée.** 90

   SECT. III. — **Cause particulière aux baux urbains sans détermination de durée** 91

CHAP. V. — Tacite reconduction. 92

   SECT. Ire. — **Quand se produit-elle ?** 92

   SECT. II. — **Ses effets.** 93

CHAP. VI. — Effets de la vente de l'immeuble loué ou affermé 95

CHAP. VII. — Obligations respectives des propriétaires et locataires vis-à-vis de l'impôt 98

   SECT. Ire. — **Impôt foncier.** 98

   SECT. II. — **Impôt des portes et fenêtres** 99

   SECT. III. — **Contribution personnelle-mobilière** . . . 100

     § 1er. — Principe. — Obligation du locataire. 100

     § 2. — Responsabilité du propriétaire. 100

     § 3. — Responsabilité du locataire principal. 102

   SECT. IV. — **Patentes (renvoi).** 103

   SECT. V. — **Impôts divers** 103

CHAP. VIII. — Incendie 105

   SECT. Ire. — **Responsabilité du locataire. — Principes.** . 105

     § 1er. — Présomption établie à l'encontre du locataire. 105

     § 2. — Cas où le locataire échappe à la présomption. . 106

   SECT. II. — **Cas où l'immeuble est occupé par plusieurs locataires** 109

   SECT. III. — **Cas où le bailleur occupe une partie de l'immeuble.** 109

SECT. IV. — Étendue de la responsabilité du preneur. 111

SECT. V. — Attribution des indemnités d'assurance . . 112

SECT. VI. — Responsabilité du locataire à raison des simples risques d'incendie. 113

CHAP. IX. — Sous-location et cession de bail. . . 114

SECT. Ire. — Distinction entre la cession et la sous-location 114

SECT. II. — Dans quels cas et dans quelles conditions le preneur peut-il céder son bail ou sous-louer 115

SECT. III. — Effets de la cession de bail et de la sous-location 116

SECT. IV. — Interdiction de céder le bail ou de sous-louer 118

SECT. V. — Fin de la cession de bail et de la sous-location. 120

SECT. VI. — Enregistrement et transcription. 121

CHAP. X. — Sort des loyers en cas de saisie de l'immeuble loué 122

II. — PARTICULARITÉS RELATIVES AUX BIENS URBAINS. 124

CHAP. Ier. — Entrée en jouissance. — Usages. . . . 124

CHAP. II. — Durée des baux. — Usages. 126

CHAP. III. — Congé. — Délai et formes. 127

SECT. Ire. — Règles générales. 127

§ 1er. — A qui et par qui le congé est donné ? 127

§ 2. — Délai 128

§ 3. — Formes 129

§ 4. — Mise à exécution. 130

SECT. II. — Usages. 131

CHAP. IV. — Paiement du prix : exigibilité, termes de paiement. 134

SECT. Ire. — Règles générales 134

SECT. II. — Usages. 134

CHAP. V. — Charges de ville. 137

SECT. Ire. — Balayage de la voie publique 137
§ 1er. — Obligation proprement dite. 137
§ 2. — Taxes de balayage. 139

SECT. II. — Enlèvement des ordures ménagères. . . . 140

SECT. III. — Tout-à-l'égout. 140

SECT. IV. — Nettoiement des façades des immeubles . 141

SECT. V. — Forfaits stipulés au bail 142

CHAP. VI. — Obligations et droits du preneur à la fin du bail 143

SECT. Ire. — Visite de l'appartement. 143
§ 1er. — Règles générales. 143
§ 2. — Usages 143

SECT. II. — Délai pour déménager. 144
§ 1er. — Règles générales. 144
§ 2. — Usages 145

CHAP. VII. — Entretien de l'immeuble urbain par le propriétaire et ses préposés . . 146

SECT. Ire. — Concierge. Rôle et responsabilité. 146
§ 1er. — Règles générales. 146
§ 2. — Usages. 148

SECT. II. — Entretien général de la maison. 152

SECT. III. — Fermeture de la porte d'allée. 153
§ 1er. — Heures de fermeture. 153
§ 2. — Mode de fermeture. 154

SECT. IV. — Escaliers 154
§ 1er. — Grand escalier 154
§ 2. — Escalier de service 156

SECT. V. — Ascenseur 157

SECT. VI. — Éclairage des parties communes de la maison. 158

SECT. VII. — Calorifère. 159

SECT. VIII. — Garage de bicyclettes. 159

CHAP. VIII. — Prescriptions particulières. — Aménagement des appartements. — Mesures contre l'incendie. 161

CHAP. IX. — Usage des lieux loués par le locataire 163

SECT. Ire. — Chauffage. 163

SECT. II. — Éclairage particulier des locataires 164
  § 1er. — Éclairage au gaz 164
  § 2. — Éclairage électrique 165
  § 3. — Éclairage à l'acétylène. 165

SECT. III. — Voitures, Voitures automobiles, Bicyclettes. 166
  § 1er. — Voitures, Voitures automobiles 166
  § 2. — Bicyclettes 167

SECT. IV. — Animaux domestiques. 168

SECT. V. — Usage de la façade. 170

SECT. VI. — Eaux, Éviers 170

SECT. VII. — Réparations locatives 171
  § 1er. — Réparations spécifiées par le Code civil. . . . 171
  § 2. — Réparations non spécifiées par le Code civil . . 173
  § 3. — Contestations relatives aux réparations locatives. 178

CHAP. X. — De l'habitation dite bourgeoise des immeubles urbains. 179

SECT. Ire. — Principes. 179

SECT. II. — Applications. 180
  § 1er. — Stipulation au bail de la clause d'habitation bourgeoise. 180
  § 2. — Réserves faites par le propriétaire. 181
  § 3. — Absence de stipulation au bail. 182

CHAP. XI. — Indemnité due au bailleur en cas de résiliation par la faute du locataire 184

SECT. Ire. — Règles générales 184

SECT. II. — Usages 185

CHAP. XII. — Hôtels et appartements meublés. . 186

SECT. Ire. — Règles générales 186

SECT. II. — Usages 188

CHAP. XIII. — Logements en garni, hôtels, auberges. 190

SECT. Ire. — Définition et réglementation commune . . 190
§ 1er. — Définition 190
§ 2. — Réglementation commune 191

SECT. II. — Jurisprudence et usages spéciaux aux logements en garni 195
§ 1er. — Jurisprudence. 195
§ 2. — Usages et règlements locaux. 195

CHAP. XIV. — Hygiène des habitations urbaines. . 197

SECT. Ire. — Obligations découlant des principes généraux en matière de louage. 197

SECT. II. — Loi du 15 février 1902. 198

SECT. III. — Hôtels, auberges et logements en garni. . 200

CHAP. XV (Appendice). — Taxes locatives établies en remplacement des droits d'octroi 202

SECT. Ire. — Principes communs. 202
§ 1er. — Obligation personnelle du locataire. 202
§ 2. — Assiette et recouvrement. 202

SECT. II. — Réglementations locales. 203
§ 1er. — Paris 203
§ 2. — Lyon. 203

III. — PARTICULARITÉS RELATIVES AUX BIENS RURAUX 205

CHAP. Ier. — Bail à ferme 205

SECT. Ire. — Entrée en jouissance, Usages. 205

SECT. II. — Durée des baux 206
§ 1er. — Durée indéterminée au contrat 206
§ 2. — Durée déterminée. 207

SECT. III. — Tacite reconduction 208

SECT. IV. — Prix de la ferme. 208
§ 1er. — Époques de paiement. — Usages. 208
§ 2. — Accessoires du prix 209

SECT. V. — Privilége du propriétaire. 209

SECT. VI. — Obligations particulières du bailleur. . . . 210
  § 1er. — Garantie de la contenance. 210
  § 2. — Indemnisation du preneur en cas de perte de
      récoltes 211

SECT. VII. — Obligations particulières du preneur. . . 213
  § 1er. — Exploitation suffisante. 213
  § 2. — Entretien et culture en bon père de famille . . 214
  § 3. — Emploi de la terre conformément à sa destina-
      tion 214
  § 4. — Dénonciation des usurpations. 214
  § 5. — Réparations locatives 215
  § 6. — Obligations diverses. 215
  § 7. — Sanction. 215

SECT. VIII. — Obligations respectives du propriétaire,
      du fermier sortant et du fermier en-
      trant 216
  § 1er. — Principes généraux. 216
  § 2. — Pailles et engrais. 216
  § 3. — Foins et semences. 217
  § 4. — Réparations et améliorations. 217
  § 5. — Usages. 218

CHAP. II. — Louage à cheptel. 220

SECT. Ire. — Cheptel simple 220

SECT. II. — Cheptel à moitié. 223

SECT. III. — Cheptel donné par le propriétaire à son
      fermier. 224

SECT. IV. — Contrat improprement appelé cheptel. . . 225

SECT. V. — Le bail à cheptel et l'enregistrement. . . . 225

CHAP. III. — Louage à colonage partiaire. 227

SECT. Ire. — Définition. 227

SECT. II. — Droits et obligations du bailleur. 227

SECT. III. — Obligations du colon partiaire. 228
  § 1er. — Obligations diverses 228
  § 2. — Prestations, Impôts. 228

SECT. IV. — Privilège du propriétaire 229

SECT. V. — Règlement annuel des comptes. 230

SECT. VI. — Prescription particulière 230

SECT. VII. — Fin du bail à colonage. 230

SECT. VIII. — Règles diverses. 231

SECT. IX. — Enregistrement. 233

CHAP. IV (Appendice). — Police sanitaire rurale. 234

IV. — PARTICULARITÉS RELATIVES AUX FONDS DE COMMERCE 236

CHAP. Ier. — Durée des baux. Usages 236

CHAP. II. — Délai de congé 238

CHAP. III. — Impôts frappant le fonds de commerce. — Obligations respectives du bailleur et du preneur. 239

SECT. Ire. — Patente 239
§ 1er. — Principe : Obligation exclusive du locataire. . 239
§ 2. — Responsabilité exceptionnelle du propriétaire . 239

SECT. II. — Autres impôts. 240

CHAP. IV. — Applications spéciales au tenancier d'un fonds de commerce des principes généraux relatifs à la jouissance et à l'usage de l'immeuble urbain 241

SECT. Ire. — Usage de la façade. — Enseignes. 243

SECT. II. — Exercice d'industries bruyantes ou incommodes. 243
§ 1er. — Principes. 243
§ 2. — Applications. 244

CHAP. V. — Application spéciale de l'obligation de garantie incombant au bailleur. — Coexistence dans le même immeuble de commerces similaires. 247

SECT. Ire. — Principes. 247

SECT. II. — Exceptions 247
§ 1er. — Clause du bail. 248

§ 2. — Circonstances 249
§ 3. — Fraude concertée 250

SECT. III. — Commerces réputés similaires. 250
§ 1er. — Commerces ayant trait à l'alimentation. . . . 250
§ 2. — Commerces de modes et lingerie. 253
§ 3. — Commerces divers. 254

SECT. IV. — Limites de la responsabilité du bailleur. . 254
§ 1er. — Concurrence antérieure au bail. 255
§ 2. — Renonciation du preneur au bénéfice de la clause
du bail. 255

CHAP. VI. — Applications spéciales aux fonds
de commerce de quelques autres
principes généraux 257

SECT. Ire. — Obligation de délivrance 257

SECT. II. — Destruction partielle des lieux loués. . . . 257

SECT. III. — Obligation de garnir les lieux loués . . . 258

SECT. IV. — Résiliation du bail par la faute du locataire 258

SECT. V. — Décisions et usages divers. 258

CHAP. VII. — Les baux de locaux commerciaux
et la loi du 17 mars 1909, sur
la vente et le nantissement des
fonds de commerce 260

SECT. Ire. — Importance du droit au bail mise en relief
par la loi 260

SECT. II. — Situation respective du propriétaire des
lieux où s'exploite le fonds et du créancier nanti. 261

§ 1er. — Préférence accordée au propriétaire. 261
§ 2. — Obligation du créancier nanti au moment de la
constitution du nantissement. 262

SECT. III. — Obligation particulière du bailleur en cas
de résiliation du bail. 262
§ 1er. — En quoi consiste cette obligation. 262
§ 2. — Hypothèses prévues 263
§ 3. — Formalités à accomplir. 263
§ 4. — Dans l'intérêt de qui est édictée la nouvelle
obligation ? 265

§ 5. — Utilité de la notification. 266
§ 6. — Sanction du défaut de notification 266

SECT. IV. — Règles de compétence. 267

CHAP. VIII. — Cas de faillite ou de liquidation judiciaire du locataire. 268

SECT. Iʳᵉ. — Principe : la faillite n'opère pas de plein droit la résiliation du bail. 268

SECT. II. — Suspension des baux d'exécution. — Option du syndic de la faillite pour la continuation du bail 268

SECT. III. — Influence de la faillite sur le privilège du propriétaire 271
§ 1ᵉʳ. — Restriction du privilège 271
§ 2. — Conservation du privilège. 273

SECT. IV. — Droits des syndics, en cas de faillite, de céder le bail des immeubles affectés à l'industrie du failli, ou de sous-louer. . 274

SECT. V. — Capacité du failli dans l'exercice, postérieur à la faillite, d'un nouveau commerce : passation et résiliation de baux. 274

Appendice I. — Textes législatifs relatifs au louage 276

Loi du 3 frimaire an VII, relative à la répartition, à l'assiette et au recouvrement de la contribution foncière, art. 147. 276
Loi du 4 frimaire an VII, portant établissement d'une contribution sur les portes et fenêtres, art. 12. 276
Loi du 22 frimaire an VII, sur l'Enregistrement, art. 15 et 22 277
Code civil, art. 1709 à 1778 (Principes généraux, Baux à loyer, Baux à ferme) 278
Code civil, art. 1800 à 1831 (Bail à cheptel). 289
Code civil, art. 1952 et 1953 (Responsabilité des aubergistes et hôteliers) 293
Code civil, art. 2102 (Privilège du bailleur). 294
Code de procédure civile, art. 819-825 (Saisie-gagerie) . 295
Code de procédure civile, art. 826-831 (Saisie-revendication) 296
Code de commerce, art. 450 et 550 (Droits du propriétaire en cas de faillite du locataire commerçant) 297

Code pénal, art. 73 et 475, § 2 (Aubergistes et hôteliers).	299
Loi du 16 juin 1824 (Enregistrement), art. 1er	300
Loi du 23 mars 1855, sur la Transcription, art. 2 et 3.	300
Loi du 23 août 1871 (Enregistrement), art. 11, 14.	301
Loi du 28 févr. 1872 (Enregistrement), art. 6	302
Loi du 19 févr. 1889, relative à la restriction du privilège du bailleur d'un fonds rural et à l'attribution des indemnités dues par suite d'assurances.	303
Loi du 18 juill. 1889 (Bail à colonage partiaire).	304
Loi du 31 déc. 1900 (Taxe locative et taxe d'enlèvement des ordures ménagères à Paris), art. 1, 4, 5, 8	306
Loi du 28 juin 1901 (Taxes d'habitation à Lyon), art. 1, 12.	307
Loi du 15 févr. 1902, relative à la protection de la santé publique, art. 1, 4, 7, 12, 13, 14, 17	311
Loi du 12 juill. 1905, sur la compétence civile des juges de paix, art. 3, 4, 13.	311
Loi du 17 mars 1909, relative à la vente et au nantissement des fonds de commerce, art. 1, 9, 14, 24	313

Appendice II. — Formulaire	316

A. — Actes usuels relatifs aux immeubles urbains	316
I. — Bail à loyer de locaux d'habitation.	316
II. — Quittance de loyer	318
III. — État de lieux	319
IV. — Congé amiable par acte sous seing privé.	320

B. — Actes usuels relatifs aux immeubles ruraux.	321
I. — Bail à ferme.	321
II. — Quittance de fermage.	326
III. — Cheptel de fer ou cheptel donné par le propriétaire à son fermier.	326
IV. — Bail à cheptel simple.	327
V. — Bail à cheptel à moitié	329
VI. — Bail à colonage partiaire, avec cheptels.	330

C. — Actes usuels relatifs aux baux commerciaux	334
I. — Bail à loyer de locaux commerciaux et industriels.	334
II. — Vente d'un fonds de commerce avec cession du bail.	338
III. — Nantissement d'un fonds de commerce, y compris le droit au bail.	342
IV. — Réquisition par le propriétaire au greffe du tribunal de commerce d'un état des inscriptions grevant le fonds de son locataire commerçant.	345

D. — Actes usuels d'application générale. 346
  I. — Cautionnement d'un bail. 346
  II. — Continuation de bail 346
  III. — Désistement de bail du consentement des parties 347
  IV. — Cession du bail 347
  V. — Sous-location. 348
  VI. — Cession de loyers ou fermages 350

INDEX ALPHABÉTIQUE

NOTA. — Les numéros renvoient aux paragraphes.

A

Acétylène
— éclairage 618 s.
Agents d'affaires. V. Locataire-commerce-profession.
Alcôve 262.
Aliéné 209. V. Interdit.
Animaux domestiques
— chat 629.
— chien 155, 629.
— entretien en général 629 s.
Appartement
— aération, 204.
— indépendance 610.
— meublé, bail, durée 701; (bailleur, privilège) 273, 703; (définition) 700; (entrée en jouissance, inventaire) 704, 705; (habitation bourgeoise) 691; (sous-location) 702; (usages) 708 s. — V. Enregistrement.
— nettoyage électrique 156.
— visite, fin de bail 532 s.
— V. Chauffage, Éclairage, Réparations locatives, Usages.
Arrhes
— définitions, 45.
— effets 46.
— usages 47.

Ascenseur
— concierge, indication 573.
— éclairage 595.
— fonctionnement, responsabilité 594, 597.
— usage, restriction 596.
Assolement. V. Sole.
Assurance. V. Incendie.
Atelier
— bail, durée, Paris 476.
Auberge. V. Hôtel.
Automobile
— cour de l'immeuble, entrée 622 s.
— électrique 625.
— garage 626.
— locataire, profession 624; (visiteurs) 623.
Avocat. V. Locataire-commerce-profession.

B

Bail à colonage partiaire
— avances au colon 283, 294.
— bailleur, droit et obligations 853 s.; (privilège) 273, 876 s.
— chasse 876.
— cheptel 879, 880.

— colon, obligations 861 ; (prestations, impôts) 863 s. ; (mandataire du bailleur) 877, 878 ; (usages locaux) 866.
— définition 857.
— enregistrement 881.
— fin 871 , 872.
— pêche 876.
— perte de la chose 873.
— prescription 870.
— règlement annuel 869.
— saisie-gagerie 294.
— sous-location, conditions, 446.
— vente de la métairie 874.

Bail à ferme

— bailleur, contenance garantie 803 ; (privilège) 800 s.
— définition 2.
— durée 781 s.
— entrée en jouissance, usages 775 s.
— fermier, délit 218 ; (entretien, culture) 812 s. ; (exploitation suffisante) 223, 229, 811 ; (prestations) 818 ; (réparations locatives) 817 ; (usurpations, dénonciation) 168, 816.
— fermier entrant et fermier sortant 820, 821 ; (foins et semences) 823 s. ; (pailles et engrais) 822 ; (réparations et améliorations) 828 s. ; (usages) 831 s.
— fin 371 ; congé 785 s., 789.
— perte des récoltes 804 s.
— prix, paiement, époque, usages 793 s. ; (terres de labour) 797 ; (accessoires) 799.
— tacite reconduction 790 s.

Bail à loyer

— définition 2.

Bail à périodes successives 18.

— bail à colonage partiaire 881 ; à ferme 789.
— congé 481.
— durée 348.
— enregistrement 37.
— fin 368.
— tacite reconduction 380.

Bail à perpétuité
— durée 17, 19.

Bail de plus de dix-huit ans.
V. Transcription.

Bail en général
— authentique, 26, 27, 60, 65 ; (privilège du bailleur) 284, 285 ; (expulsion, référé) 354 ; (vente de l'immeuble) 381.
— capacité des parties 6 s., 14 s.
— compétence 64, 75 s.
— durée, 7 s., 15 s., 31, 57.
— fin, causes communes 347 s., 358 s., 363 s. ; (mort du preneur) 364 ; (du bailleur) 363 ; (faillite du preneur) 366 ; (causes particulières) 367 s., 372.
— frais 65.
— impôts. V. Impôts.
— interprétation 61 s.
— mandataires du bailleur 71 s., 483.
— preuve 52 s.
— prix 20 s., 38, 56.
— sous-seings privés 26 ; (date certaine) 285, 286, 289, 381, 383 s. ; 387 s. ; (exemplaires) 23 ; (expulsions, référé) 354 ; (privilège du bailleur) 284 s. ; (signature) 29.
— V. Enregistrement, Tacite reconduction.
— verbal 26, 30 ; (au trimestre, congé, Paris) 497 ; (durée, Marseille) 478 ; (durée, Nancy) 479 ; (expulsion) 325 ; (privilège du bailleur) 284, 286.
— V. Incendie.

Bail en général-*droits du bailleur*
— expulsion. V. Expulsion du locataire.
— paiement et validité de saisie 308 s.
— privilège. V. Privilège du bailleur.
— résiliation du bail 314 s. V. Résiliation.
— saisie-gagerie 291 s. V. Saisie-gagerie.
— saisie-revendication 330 s.
— V. Saisie-revendication.

Bail en général - *obligations du bailleur*
— délivrance, délai 88; (étendue) 80 s.; (frais) 89; (sanction) 91 s.
— entretien. V. Réparations à la charge du bailleur.
— garantie. V. Expropriation pour cause d'utilité publique, Garantie.

Bail en général - *obligations du preneur*
— mobilier suffisant, introduction 222 s.
— remise des lieux, clefs 259; (dégradations, règlement) 260 s.
— usage des lieux (assurance) 206; (bailleur, responsabilité civile) 216 s.; (dégradations) 205; (destination des lieux, conformité) 188 s.; (habitation) 204; (occupants, responsabilité) 207 s.

Balayage. V. Biens urbains.

Balcon
— enseigne 676.
— pot de fleurs 216.

Bicyclette
— garage commun 606 s.; (particulier) 628.
— grand escalier 627.

Biens des communes ou établissements publics
— administrateur, location, faculté 14 (note).
— impôt, portes et fenêtres 397.

Biens ruraux - *particularités*
— état de lieux, visite 69.
— saisie-revendication 334, 335.
— vente de l'immeuble, preneur, expulsion 384, 387.
— V. Bail à colonage, Bail à ferme, Cheptel.

Biens urbains - *particularités* 124 (note).
— bail, cessation 372; (durée, usages) 476 s.
— balayage, cour 520 s.; (escalier) 520 s.; (palier) 524; (taxe) 525 s.; (trottoir) 520 s.; (voie publique) 517 s.

— charges de ville, forfait 531.
— congé. V. Congé.
— déménagement, délai, usages 540 s.
— échéance 506 s.; (usages) 508 s.
— entrée en jouissance, usages 471 s.
— hygiène, conseil d'hygiène 749, 760; (désinfection) 744 s.; (interdiction d'habitation) 752; (loi du 15 févr. 1902) 748 s., 757 s., 759 s.
— ordures ménagères, enlèvement 527.
— taxes locatives. V. Impôts.
— tout-à-l'égout 528 s.
— vente de l'immeuble, preneur, expulsion 384, 387.
— V. Animaux domestiques, Appartement, Ascenseur, Automobile, Bicyclette, Calorifère, Concierge. Cour, Escalier, Façade, Porte, Vestibule.

Bijoux
— privilège du bailleur 277.

Blanchisseuse. V. Locataire commerce - profession.

Bonneterie. V. Locataire - commerce - profession.

Boulanger. V. Cheminées, Locataire - commerce - profession.

Bureau de bienfaisance. V. Locataire - commerce - profession.

C

Cafards
— présence, indemnité 113.

Café. V. Locataire - commerce - profession.

Calorifère
— allumage, continuité 604; (durée) 605.

Capacité
— pour donner à bail 6 s.
— pour prendre à bail 14.

Carreaux. V. Réparations locatives.

Casino. V. Locataire - commerce - profession.

Cautionnement. V. Enregistrement.

Cave
— inondation 183, 184.
Cercle. V. Locataire - commerce -
   profession.
Cession de bail
— conditions 446 s.
— effets 452 s.
— enregistrement. V. Enregistrement.
— fin 465 s.
— forme 445.
— interdiction 458 s.
— sous-location, distinction 544.
— successive 457.
— transcription. V. Transcription.
Cession de loyer. V. Loyer.
Chambre garnie. V. Logement
   en garni.
Charcutier. V. Locataire - commerce - profession.
Charrois
— élément du prix 250.
— époque 250.
Chasse
— sous-location 467.
— V. Bail à colonage partiaire.
Chauffage 204, 663.
— appareils à combustion lente 613 s.
— au gaz 612.
Chausseur. V. Locataire - commerce - profession.
Cheminées
— appareils à combustion lente 613 s.
— boulanger, fours, Lyon 610.
— gaines, vice de construction, incendie 429, 430.
— hygiène 478.
— ramonage 432, 658.
— V. Réparations locatives.
Chemisier. V. Locataire - commerce - profession.
Cheptel
— colon partiaire (au) 879, 880.
— contrat improprement dénommé
   853.
— croît, définition 844.
— définition 837.
— enregistrement 854 s.

— fermier (au) 848 s.; (définition
   848; (droits et obligations des
   parties) 849 s.; (fin) 852.
— moitié (à), définition 847.
— simple 839 s.; (définition) 839; (évaluation 846; (fin) 846; (obligations des parties) 843 s.; (perte)
   840 s.
— volatiles 838.
Chien. V. Animaux domestiques.
Choses mobilières
— immeubles par destination 3.
Cinématographe. V. Locataire -
   commerce - profession.
Clefs
— concierge, usage de Paris 551.
— remise, décharge 239, 259 s., 441.
— V. Usages.
Cloisons 194, 262.
— V. Réparations locatives.
Colocataires
— commerces similaires 924 s.,
   927 s., 933 s., 936; (alimentation) 937 s.; (bailleur, responsabilité, limites) 957 s.; (divers)
   955, 956; (modes et lingerie)
   949 s.
— troubles, 152 s.; (action contre le
   bailleur) 153; (recours du bailleur) 154 s., 215 s.
Comptoir. V. Locataire - commerce-
   profession.
Concierge 217, 251, 435.
— absences 550 s.
— bicyclette, garage, vol 606 s., 628.
— congé 567 s.
— devoirs envers les locataires 546 s.;
   (adresse, indication) 546, 572;
   (correspondance, remise) 554 s.;
   (visiteurs) 573; (usages) 554.
— loge, téléphone 574 s.; transfert
   577.
— mandataire du bailleur, congé,
   réception, non-qualité 484; (Paris,
   bail au trimestre) 497.
— propriétaire, responsabilité 546 s.
— responsabilité 550 s.
— rétribution 567 s.
— V. Usages.

Congé 481 s.
— bail à ferme 785.
— concierge, qualité 484.
— créancier 485.
— délai 486 s. ; (commissaire de police) 487; (fonctionnaire) 487, 488; (juge de paix) 487; (maître d'école) 487; (supplémentaire, faveur) 493.
— forme 490; (par huissier) 490; (par lettre recommandée) 490; (par télégramme) 491.
— mise à exécution 484.
— nécessité 481.
— tacite reconduction 373 s.
— tardif 489.
— usages 496.
— V. Appartement, Biens urbains, Gérant d'immeubles.
Confections. V. Locataire - commerce - profession.
Conseil judiciaire
— capacité pour prendre et donner à bail 6, 7, 14.
Cour 82, 142, 155.
— balayage. V. Biens urbains.
— hygiène, 748.
— voitures, invités 382, 622.
Couturière. V. Locataire - commerce - profession.
Crémier. V. Locataire - commerce - profession.

D

Déménagement. V. Biens urbains.
Denier à Dieu 48 s.
— V. Usage de Paris.
Dessolement. V. Sole.
Domestiques
— locataire, responsabilité 207, 216.

E

Eaux
— abonnement, 87.
— compteur 87.
— eaux ménagères, évacuation, hygiène 748.

— fourniture par le bailleur 84 s., 639.
— preneur, responsabilité 638.
Éclairage
— appartement, locataire, gaz 616; (électrique) 617; (à l'acétylène) 618 s.
— parties communes de la maison 598 s.
— V. Ascenseur, Escalier.
École
— installation dans l'immeuble 689.
Égout
— communal, inondation 171.
— hygiène, 748.
— V. Biens urbains.
Électricité
— court-circuit, incendie 424.
— éclairage 617.
Engrais
— bail à colonage partiaire (achat) 858 ; (transport) 859.
— fermier sortant 822, 830.
— V. Usages de Lyon.
Enregistrement
— bail verbal, appartement meublé 707 ; (déclaration) 34 s., 39, 41; (écrit) 40.
— cautionnement 43.
— cession de bail. V. Sous-location.
— délai 33.
— droits, acquittement, charge 65 ; (liquidation) 37, 38 ; (taux) 32.
— omission, déclaration insuffisante, sanction 39 s.
— rétrocessions et résiliations 42.
— sous-location et cession de bail 44, 470 (a).
— V. Cheptel.
Enseignes. V. Fonds de commerce.
Épicier. V. Locataire - commerce - profession.
Escalier 109 bis, 155.
— balayage. V. Biens urbains.
— grand escalier, éclairage, minuterie électrique 600 ; (tapis) 584 s.; (usage) 588. — V. Locataire - commerce - profession (agent d'affaires).
— malpropreté, dommages-intérêts 578.

— de service 589 s. ; (fournisseurs, heures) 590 s. ; (déménagement) 592 s.

— V. Usages.

Estaminet. V. Locataire - commerce - profession.

Établissement dangereux, insalubre ou incommode

— autorisation, retrait, conséquences 174.

Étang

— clôture 817.

État des lieux

— défaut, sanction 264.

— définition 66.

— forme 67.

— frais 68.

— V. Usages de Paris.

Évier

— eaux, robinet, ouverture continue 638.

— V. Réparations locatives.

Exécution provisoire 101, 102.

— expulsion 322, 327.

— réparations locatives 674.

Expropriation pour cause d'utilité publique

— bailleur, obligation 177.

Expulsion du locataire 213, 229, 320 s.

— compétence 321 s.

— condition 320.

— congé 494.

— exécution provisoire 322, 327.

— référé 323 s.

— sans formalité de justice 322, 329.

— vente de l'immeuble 385, 387.

F

Façade

— affiches 635 s.

— nettoiement 530.

— usage 633, 634.

Faillite

— du bailleur, loyer, payement 242.

— du preneur, bail, résiliation 1014, 1015 ; (concordat, vote) 1022 ;
(dommages-intérêts) 1017 ; (failli, habitation) 1017 ; (failli, commerce nouveau, capacité) 1026 ; (immeubles, affectation commerciale) 1019 ; (privilège, conservation) 1021 s. ; (privilège, restriction, biens ruraux) 1012, 1020 ; (syndics, option, délai) 1021 ; (syndics, sous-location) 1024, 1025 ; (voies d'exécution, suspension) 366, 1000.

Femme

— contrat de mariage, libre administration 6, 7.

— mariée, non séparée de biens 14.

— séparée de biens 6, 14.

Fenêtre

— linge étendu 155.

— pot de fleurs 216.

— suppression 141.

— V. Impôts.

Fermier. V. Bail à ferme.

Foins

— fermier sortant 823 s.

Fonctionnaire

— changement de résidence 130.

— impôt, portes et fenêtres 397.

— résiliation 356.

— tacite reconduction 378.

Fonds de commerce

— accessoires, délivrance 963.

— bail, durée, usages 476, 886 s.

— commerces similaires. V. Colocataires.

congé, délai 891 s.

— droit au bail 974 s.

— eau 86.

— façade, affiches 908 ; (changement de domicile, annonce) 909 ; (enseignes) 903, 906.

— industries bruyantes et incommodes 910 s. ; (machines, moteurs) 918 ; (profession, exercice normal) 910 s. ; (trouble) 912 s.

— lieux loués, destruction, 964.

— meubles garnissants 965.

— nantissement, bailleur, créancier nanti, concurrence 978 s. ; (bailleur, résiliation, demande, noti-

fication) 981, 987 s. ; (bailleur, signification) 979, 980; (état, réquisition) 987 ; (jugement, délai) 991, 992; (obligation, portée) 993 à 995 ; (sanction) 996.
— patente, obligation, 897 s. ; (propriétaire, responsabilité) 898 s. ; (taxes spéciales) 902.
— résiliation, indemnité 9€6.
— vente, compétence 997.

Force motrice
— bail 274.

Fosses d'aisance
— tout-à-l'égout, 528.
— vidange 528.
— V. Réparations locatives.

Fourneau. V. Réparations locatives.

Fourrages
— artificiels 825.
— emploi 221, 812.
— fermier sortant 821, 825.
— usages 834.

Fumiers 81.
— cheptel 83, 847, 851, 853.
— emploi 812
— fermier sortant, indemnisation 829.

G

Garantie
— de la perte 125 s. ; (applications) 125 s. ; (effets) 133 s.
— des troubles 140 s. ; (provenant du bailleur) 140 à 151 ; (des colocataires) 152 à 157 ; (du fait de l'Administration) 171 à 177 ; (du propriétaire voisin) 158 et 159 ; (de tiers quelconques) 160 à 170.
— des vices cachés 110 s., 121 s., 124 ; (apparents) 118 s.; (connus) 117 ; (empêchant l'usage) 110 s. ; (ignorés) 117 ; (survenus depuis le bail) 120.

Garni. V. Logement en garni.

Gaz
— chauffage 612.
— éclairage 616.

— explosion, incendie 437.
— fuite 217.
— moteur (à) 920, 921.

Gelée
— moulin, chômage 181.
— perte des récoltes 804, 809.

Gérants d'immeubles
— baux, signature 72.
— corporation 73.
— congés, réception 483.
— honoraires 73, 74.
— hygiène, infractions, non-responsabilité 758.
— loyer, encaissement 72, 242, 243 ; (quittance, réserves) 253 ;
— profession spéciale 71, 72.

Glaces. V. Réparations locatives.

Gouttière
— objets déposés 216.

Grêle
— moulin, chômage 181.
— perte de récoltes 804, 809.

Guerre
— impôt, logement militaire 415 s.
— perte de la chose 125, 126, 804.
— trouble, non-garantie 129.

H

Habitation bourgeoise
— bailleur, obligation corrélative 677 s.
— partielle 155.
— réserves au bail 688 s.
— sous-location 448, 450.
— stipulation au bail 675, 676; (non-stipulation) 689.

Haie
— entretien 817.

Hall
— séparation, corps de bâtiment 682.

Horloger. V. Locataire-commerce-profession.

Hôtel
— contestations, compétence 733.
— garni 680; (meublé) 688.
— hygiène, prescriptions 762.

— objets abandonnés, vente, forma-
    lités 730 s. ; (apportés) 722 s. ;
    (argent, valeur, limitation) 723 ;
    (avis affiché) 727.
— prescription 729.
— registre, obligation 716 s.; (respon-
    sabilité) 720, 721.
— sous-location 450.
— tenancier, privilège 728.
— voyageurs, délits, responsabilité
    207, 720, 721.

Humidité
— apparente 119.
— danger d'habitation 115.
— ignorée 117.

Hygiène. V. Biens urbains, Police
    sanitaire rurale.

I

Impôt
— contribution personnelle-mobilière
    399 s. ; (bailleur, déménage-
    ment du locataire, responsabi-
    lité) 401 s. ; (locataire, obligation)
    399, 400 ; (locataire principal)
    413.
— élément du prix 251.
— foncier 389 s. ; (loyer, imputation)
    389, 390.
— patente 414.
— portes et fenêtres 392 s. ; (bailleur,
    acquit) 395 s. ; (locataire, charge)
    392.
— taxes locatives de remplacement
    765 s.
— taxe vicinale 418.
— V. Guerre, Réquisition militaire.

Imprimeur. V. Locataire - com-
    merce - profession.

Incendie 125, 137, 195.
— assurance, preneur, obligation 206 ;
    (indemnité, attribution) 442 ; (in-
    dustrie dangereuse, surprime)
    923.
— bailleur, habitation dans l'im-
    meuble 434.

— fin du bail 365.
— locataire, responsabilité, présomp-
    tion 419 s. ; (cas fortuit) 423 s. ;
    (vice de construction) 429 s. ;
    (responsabilité, étendue) 436.
— locataires, pluralité 433.
— perte de loyers, indemnisation
    439.
— risques, prime, augmentation 443.

**Industries bruyantes ou in-
    commodes.** V. Fonds de com-
    merce.

Inondation 175, 178 s., 804.
— compétence 186.
— crue d'un fleuve 178 à 182.
— infiltrations 183 et 184.
— travaux de voirie 185.

Interdit, aliéné non interdit.
— capacité 6, 10, 11, 14.

J

Jardin 82, 201.
— bail, congé, usages 491, 503 ;
    (durée) 476, 480; (échéances) 793.
— entretien, locataire, charge 665.

Jouissance
— troubles. V. Garantie.

Juge de paix - compétence
— bail à colonage partiaire, règle-
    ment annuel 869.
— congé 495 ; (audience spéciale, Paris)
    498.
— dégradations et pertes 269.
— expulsion 321.
— hôtels garnis 733.
— inondation 186.
— interprétation du bail 164.
— meubles garnissant les lieux 230.
— payement et validité de saisie-
    gagerie 310.
— règles générales 75, 78.
— résiliation 139, 318, 319.
— saisie - gagerie 302.
— saisie - revendication 340, 345.
— trouble provenant du bailleur 150.

L

Lambris
— vétusté, réfection 95.
Lavoir
— eau, diminution, résiliation 131.
Lingerie. V. Locataire - commerce-
 profession.
Liquoriste. V. Locataire - commerce - profession.
**Locataire - commerce - pro-
 fession**
— agent d'affaires, clients, grand
 escalier, passage 549, 588.
— auberge 128, 197.
— avocat 549, 588.
— blanchisseuse 678.
— bonneterie 950, 953.
— boulanger 189, 191.
— brasseur. V. Usage de Lille.
— bureau de bienfaisance 690.
— café-concert 188, 934.
— cafetier-limonadier 188, 937, 939,
 942.
— café-restaurant 934, 945.
— casino 5, 62.
— cercle 581, 687, 692, 916.
— charcutier 948.
— chausseur 915; (ressemelage, Paris) 946.
— chemisier 949.
— cinématographe 917.
— comptoir 940, 942.
— confections 950.
— couturière 677.
— crémier 939, 941.
— emballeur 678.
— épicier 189, 191, 938, 940 s., 947,
 948.
— estaminet 941.
— filature 914.
— horloger 915.
— imprimeur 922.
— institut de beauté 678.
— lingerie 949 s.
— liquoriste 941.
— marchand (de bois et charbon) 940,
 946; (de vins) 188, 193, 941, 943,
 945, 946, 948.

— médecin 546, 678.
— modes 951.
— nouveautés 685, 949; (robes et
 peignoirs) 952, 954.
— photographe 955, 956.
— représentant de commerce 676.
— restaurant 916, 937.
— serrurier 191.
— tabac, débit 915, 941; (bureau
 voisin, création) 132.
— tailleur 194, 911.
— V. Colocataire.

Logement en garni
— contestations, compétence 733.
— définition 715.
— impôt, contribution de guerre
 417.
— objets abandonnés, vente, formalités 730 s.; (apportés) V.
 Hôtel.
— prix, privilège 728; (prescription)
 729; (sûretés) 734.
— registre. V. Hôtel.
— responsabilité, personnes logées,
 délits 720, 721; (contribution
 personnelle-mobilière) 735.
— sous-location 449.
— usages et règlements locaux 738 s.

Louage
— définition 1.
— objet du contrat 2 s.

Loyer 38, 56, 151.
— impôt foncier, imputation 389.
— loyer d'avance, exigibilité 246;
 (Paris, usage) 509; (relocation)
 288; (résiliation) 316; (saisie-
 gagerie) 295; (saisie immobilière) 470 (e); (sous-location) 456.
— paiement (compétence, fonds de
 commerce) 999; (consistance)
 20 s., 248 s.; (défaut, résiliation
 de plein droit) 352 s.; (en quelles
 mains) 242; (époque) 244; (lieu)
 243; (preuve) 252 s.; (sans quittance, Toulouse) 254.
— prescription 255.
— quittances, réserves 253.
— réduction 122, 135, 161, 165, 175,
 177, 964.

— transcription 252, 256 s., 470.
— V. Biens urbains, Cession de bail, Cession de loyers, Faillite, Pot-de-vin, Saisie immobilière, Sous-location, Usages.

M

Machine
— moteur, installation dans l'immeuble 918 s.
Magasin. V. Fonds de commerce.
Maison
— de jeu 5.
— meublée. V. Appartement meublé.
— de tolérance 4.
— de ville. V. Biens urbains.
Marchand de bois et charbon. V. Locataire - commerce - profession.
Marchand de vins. V. Locataire-commerce - profession.
Mari
— capacité pour donner à bail 6, 8, 9, 10.
Médecin. V. Locataire - commerce - profession.
Mildew
— perte des récoltes 805.
Mine
— travaux souterrains, maison, affaissement 146.
Mineur
— capacité 6, 10, 14; (émancipé) 6, 7, 14.
Modes. V. Locataire - commerce - profession.
Moteur. V. Machine.
Moulin 83, 116, 801.
— dépendances, congé 492.
— réparations locatives, prisée 668, 669.
Mur
— gros mur 195; (salpêtrage) 664.

N

Nantissement. V. Fonds de commerce.

O

Officiers
— appartement meublé, congé, usage de Paris 710.
— logement en garni, congé 739.
Ordures ménagères. V. Biens urbains.

P

Pailles 81, 812.
— fermier sortant 822.
— usages 834.
Parquets. V. Réparations locatives.
Phylloxera
— perte de la chose 127.
Photographe. V. Locataire - commerce - profession.
Piano
— bailleur, privilège 281.
Plafond
— détérioration 663, 664.
Police sanitaire rurale 882 s.
— animaux, abattage 885.
— désinfection 883, 884.
Pompe
— réparation locative 653, 654.
Porte
— d'allée, fermeture, heures 579 s.; (mode) 583; (usage de Fontainebleau) 583.
— d'appartement, verrou 663.
— jardin 201.
— suppression 141.
— V. Impôt, Réparations locatives, Usages.
Pot-de-vin
— élément du prix 21.
— tacite reconduction 379.
Pressoirs
— réparation locative 817.
— usage breton 833.
Preuve
— par présomption 58, 59, 280; (par témoins) 53, 58, 60, 252, 280.
— V. Bail en général.

Privilège du bailleur
— à qui il appartient 273, 274.
— choses grevées, indemnités d'assurance 282; (fruits de la récolte de l'année) 275, 276; (objets appartenant à des tiers) 280, 281; (garnissant les lieux) 277; (mobilière) 278, 279.
— créances garanties 283 s.; (avances) 283; (dommages-intérêts) 283.
— définition 272.
·· droit de suite 290.
— étendue dans le temps 284 s.
·- V. Sous-location,
Prix du bail. V. Loyer.
Puits
— contamination, malveillance 162.
— réparations locatives 649.
Punaises
— impossibilité d'habitation 111.
— introduction, preuve 263.

R

Rats
— trouble, réparation 112.
Référé
— congé 494.
— expulsion 213, 229, 323 s., 352, 354.
— réparations 102, 103.
Régisseur. V. Gérant d'immeubles.
Relocation
— créancier, conditions 288, 289.
Réparations à la charge du bailleur 94 s., 231 s.
— compétence 100.
— durée 107, 146.
— époque d'exécution 105, 106.
— locataire, exécution, convention 98, 99; (remboursement) 270 s.
— objet 94, 95.
— obligation, sanction 96, 97, 101 s.
— propriétaires différents 109 bis.
Réparations locatives
— bailleur, obligation exceptionnelle 240.
— énumération 235, 663, 664; (cheminées, ramonage) 640, 658;

(cloisons) 647; (compétence) 241; (écuries) 657; (évier) 240 note, 651 s.; (fosse d'aisances) 650; (fourneau) 656, 663; (glaces) 655; (murs, recrépiment) 641; (papiers peints) 659 s., 663; (parquets) 642; (pavés) 642; (portes) 647; (sculptures) 655; (serrures) 647; (vitres) 646.
— entrée du locataire, présomption 260 s.
— fin du bail, vérification 673, 674.
— preneur, obligation, sanction 231 s., 236 s.
Représentant de commerce. V. Locataire-commerce-profession.
Réquisitions militaires
— appartement meublé 706.
— logement des troupes 416.
Résiliation
— action (en) 314 s.; (compétence) 318; (conditions) 315, 316, 319; (condamnations accessoires) 317.
— bail à ferme, preneur, charges, inexécution, 819.
— cas divers 108, 122, 135, 136, 157, 165, 175, 181, 208, 210, 229, 350, 354 s., 358 s., 378, 439, 632, 738, 964.
— effets, sous-locations 465 s.
— enregistrement 42.
— faillite 1 000 s., 1026.
— faute du locataire, indemnité 693 s.
— fonds de commerce, locataire, faute 966; (bailleur, demande, créanciers, notification) 981 s.
Restaurant. V. Locataire — commerce — profession.
Rétrocession
— enregistrement 42.

S

Saisie-gagerie 291 s.
— avances au fermier et au colon 294.
— créances 293, 294.

— définition 291.
— effet 301.
— exercice, personnes 292.
— forme 302 s.
— nullité 306.
— objets 296 s. ; (appartenant à des tiers) 296 ; (déplacés) 298 ; (en dépôt) 296 ; (fruits) 299, 300.
— sous-location 463.
— vexatoire 306.

Saisie immobilière
— baux, transcription 470 (f).
— cession de loyers 470 (a)
— loyers, immobilisation 470 (b et c); (payement) 242, 470 (d).
— propriétaire, capacité pour donner à bail 13.

Saisie-revendication
— délai 335.
— exercice, conditions 331 s., 338 s.
— forme, compétence 340 s.
— fruits, déplacement 276.
— V. Biens ruraux.

Semences
— fermier sortant 823 s.

Serment
— preuve du bail 54.

Serrure. V. Réparations locatives (énumération).

Serrurier. V. Locataire-commerce-
— profession.

Sole
— assolement, dessolement 221, 783 s., 813, 871.

Sous-location
— bailleur originaire, privilège 455 s.
— cession de bail, distinction 444.
— conditions 446 s.
— effets 452 s.; (loyer, paiement, action) 454 s.
— enregistrement 44, 470.
— fin 465 s.
— incendie 420, 421.
— interdiction 458 s.
— locataire principal (contribution personnelle-mobilière, responsabilité) 413; (privilège) 273, 455.
— saisie-gagerie 291.
— successive 457.

— transcription 470 (e).
— V. Appartement meublé.

T

Tabac (débit). V. Locataire-commerce-profession.

Tacite reconduction
— bail (à l'année, Lyon) 500; (à colonage partiaire) 871; (à ferme) 782, 790 s.
— congé prohibitif 375, 785.
— définition 373.
— effets 377.
— exclusion 374.

Tailleur. V. Locataire-commerce-profession.

Taxe locative. V. Impôt.

Télégraphe
— fils, apposition sur la maison 173.

Téléphone. V. Concierge.

Terrasse
— objets déposés, responsabilité 216.

Théâtre
— loge 118, 122.

Titres
— nominatifs, privilège 277.
— au porteur 277.

Toit
— entretien, propriétaires différents 109 bis.
— objets déposés, responsabilité 21.

Tout-à-l'égout. V. Biens urbains.

Transcription
— bail de plus de dix-huit ans 31.
— cession de bail 470 (a).
— droits, paiement 65.
— sous-location 470 (a).

Tribunal civil - *compétence*
— expulsion 321.
— fonds de commerce 998.
— inondation 186.
— payement de loyer 310.
— règle générale 75, 78.
— réparations à la charge du bailleur 100.

— résiliation 318, 319.
— saisie-gagerie 302; (validité) 310.
— saisie-revendication 340, 345.
— trouble du fait de l'Administration 176.

Trottoir
— balayage. V. Biens urbains.

Tuteur
— capacité (pour donner à bail) 6, 10; (pour prendre à bail) 14.

U

Usages. V. à la fin de la présente Table.

Usine 83, 126, 801, 959.
— bail à la prisée 671, 672.
— impôt foncier 391.
— risques d'incendie 443.
— usages 476, 894.

Usufruitier
— capacité pour donner à bail 12.
— impôt foncier 389.
— privilège du bailleur 273.
— saisie-gagerie 291.
— vente de l'immeuble 382.

V

Vente de l'immeuble
— effets, baux, maintien 381 s.
— loyer, payement 242.
— saisie-gagerie, propriétaire actuel, droit exclusif 292.
— V. Bail à colonage partiaire, Biens urbains, Usufruitier.

Vestibule
— balayage, usages 520 s.
— éclairage aux frais des locataires 582.
— malpropreté 155, 578.
— usage 147.
— V. Usages.

Vices de la chose. V. Garantie.
Vidange. V. Fosses d'aisance.
Vigne 805, 806, 815, 817.
— V. Phylloxera.

Vitre
— brisée de l'extérieur, bailleur, responsabilité 240 (note).
— V. Réparations locatives.

Voiture. V. Automobile, Cour.

Usage de Bordeaux
— bail à colonage partiaire, impôt 866.
— bail à ferme, entrée en jouissance 776; (échéances) 794.
— biens urbains, déménagement, délai, usage 543; (échéances) 512; (ramonage) 658.
— garnis, congé 740.
— maisons meublées 712.

Usage de Lille
— appartements meublés 714.
— biens ruraux, bail à ferme, entrée en jouissance 780; (congé) 786.
— biens urbains (appartement, visite, fin du bail) 535; (balayage, trottoir, escalier) 522; (brasseur) 973; (congé) 505; (entrée en jouissance) 473; (échéances) 510; (escalier, éclairage) 631; (expulsion) 329.
— fonds de commerce, bail, durée, 887.

Usage de Lyon
— biens ruraux, bail à ferme (congé) 788; (durée) 789; (entrée en jouissance) 778.
— biens urbains; (appartement, séparation) 610; (appartement, visite, fin de bail) 538; (bail, durée) 477; (balayage, cour, escalier) 523, 565; (concierge, rétribution 569; (concierge, rôle) 565;

565 ; (congé) 499, 500 ; (déménagement, délai, usage) 544 ; (échéances) 515 ; (entrée en jouissance) 472 ; (fosse d'aisances, vidange) 650 ; (garnis) 742 ; (gérants d'immeubles) 73, 243 ; (impôts, portes et fenêtres) 394 ; (loyer, lieu de payement,) 243 ; (papiers peints) 661 ; (porte d'allée, fermeture) 579 ; (résiliation, indemnité) 698.

— fonds de commerce (congé, délai) 894 ; (épicier, porte-pot) 948 ; (magasin, bail, durée) 890.

Usage de Marseille

— biens ruraux, bail à ferme, congé 787 ; (échéances) 796 ; (entrée en jouissance) 777.

— biens urbains (appartement, visite, fin de bail) 537 ; (appartement meublé) 711 ; (bail, durée) 478 ; (balayage, cour, escaliers, vestibule) 523 ; (congé) 501 ; (courtiers) 74 ; (échéances) 514 ; (escalier, éclairage) 602 ; (fosse d'aisances, vidange) 650 ; (ramonage) 658.

— fonds de commerce, entrepôt, congé, délai, 893 ; (magasin, bail, durée) 889.

Usage de Nancy

— bail à ferme (échéances) 797 ; (entrée en jouissance) 779.

— biens urbains (appartement, visite, fin de bail) 539 ; (bail verbal, durée) 479 ; (concierge, rétribution, rôle) 566, 571 ; (congé) 504 ; (déménagement, délai, usages) 545 ; (échéances) 516 ; (éclairage, escalier, vestibule) 603 ; (entrée en jouissance) 474 ; (fosse d'aisances, vidange) 650 ; (garnis) 743 ; (porte d'allée, fermeture) 579 ; (ramonage) 658 ; (résiliation, indemnité) 699.

— fonds de commerce, magasin, congé, délai 895.

Usage de Paris

— appartement meublé 708 s. ; (visite, fin de bail) 534.

— concierge, lettres, remise 554 s. ; (locataire, appartement, clef) 551, 576 ; (paquets) 563 ; (prospectus et catalogues) 562 ; (rétribution) 568.

— congé, bail au trimestre 496 s.

— déménagement, délai, usage 541.

— denier à Dieu 48 s.

— durée 476.

— échéances 508.

— entrée en jouissance 471.

— escalier (grand) (éclairage) 599 s. ; (tapis) 585.

— état de lieux 68.

— fonds de commerce (épicier) 947 ; (lingerie) 953, 954 ; (magasin, bail, durée) 886 ; (magasin, congé) 891, 891 bis ; (magasin, visite, fin de bail) 534 ; (marchand de vins et charbons) 946.

— fosse d'aisances, vidange 650.

— garnis 738.

— gérance 72.

— hôtel, hygiène, ordonnance de police 763.

— impôt (portes et fenêtres) 394 ; (taxes locatives) 767 s.

— meubles, obligation de garnir les lieux 223.

— papiers peints 660.

— porte d'allée, ouverture 581.

— ramonage 658.

— réparations locatives, état, vérification 673.

— résiliation, indemnité 697.

Usage de Rennes

— bail à ferme, échéances 793 ; (entrée en jouissance) 775 ; (fermier entrant, fermier sortant) 833.

— biens urbains (appartement, visite, fin de bail) 536 ; (bail, durée) 480 ; (balayage, allée, cour, escalier, voie publique) 521 ; (congé) 503 ; (échéances) 511 ; (entrée en jouissance) 475 ; (garnis, congé) 739 ; (papiers peints) 661 ; (villas meublées) 713.

— fonds de commerce, magasin (bail, durée) 888 ; (congé) 892.

Usage de Toulouse
— bail à ferme, durée 789 ; (échéances)
   795.
— biens urbains (arrhes) 47 ; (concierge, congé) 570 ; (concierge,
   rétribution) 570 ; (concierge, rôle)
   564 ; (congé) 502 ; (échéances) 513 ;
   (garni, congé) 741 ; (payement du
   loyer) 254 ; (porte d'allée, fermeture) 579 ; (remise des clefs) 259.

Usages divers
— bail à ferme, fermier entrant et
   fermier sortant (Artois) 831 ;
   (Berry) 832 ; (Seine-et-Oise) 836.
— magasin (congé) 896.

IMPRIMERIE DE LA JURISPRUDENCE GÉNÉRALE DALLOZ